이성의 시대

돋을새김 푸른책장 시리즈 **027**

이성의 시대

초판 발행 2018년 12월 07일

지은이 | 토머스 페인
옮긴이 | 정귀영
발행인 | 권오현

펴낸곳 | 돋을새김
주소 | 서울시 종로구 이화동 27-2 부광빌딩 402호
전화 | 02-745-1854~5 팩스 | 02-745-1856
홈페이지 | http://blog.naver.com/doduls
전자우편 | doduls@naver.com
등록 | 1997.12.15. 제300-1997-140호

인쇄 | 금강인쇄(주)(031-943-0082)

ISBN 978-89-6167-250-4 (03300)

값 12,000원

돋을새김
푸른책장
시 리 즈
0 2 7

이성의 시대

토머스 페인 지음 | **정귀영** 옮김

돋을새김

모든 종류의 오류에 맞설
가장 강력한 무기는 '이성'이다.

토머스 페인 Thomas Paine(1737~1809)

* * *

《이성의 시대》(1794~1796)

 이신론적 입장에서 기독교의 기본원리와 성서에 대한 오류를
논한 책이다. 기독교 보수주의자들로부터 격렬한 비판을 받았다.

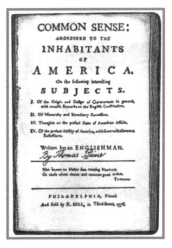

* * *

《상식》(1776)

미국 독립의 정당성과 민주적 공화정치의 정당
성을 주장하여 미국 독립선언서에 지대한 영향
을 미쳤다.

＊ ＊ ＊

1776년 7월 4일 대륙회의에서 토머스 제퍼슨을 비롯한 5인의 기초위원이 미국의 독립선
언문을 의장에 바치고 있다. 미국의 독립선언문은 페인의 주장을 거의 모두 채택했다.
"인간은 모두 평등하게 창조되었다. 인간에게는 그의 창조자가 부여한 양도할 수 없는 권
리가 있다. 그것은 생명, 자유 그리고 행복 추구다."

차 례

제1부

일러두기

1. 이 책은 Project Gutenberg, The Writings of Thomas Paine, The Age of Reason을 원본 텍스트로 했다.(제1부의 중간제목은 편집자가 임의로 붙인 것이다.)

2. 이 책의 본문에 인용된 성서는 대한성서공회의 번역을 따랐다.

The Age of Reason

제1부

나는 이 책을 여러분의 보호 하에 맡기려 합니다. 여기에는 종교에 관한 나의 견해들이 담겨 있습니다. 나의 의견과 다를지라도 누구에게나 자신만의 의견을 가질 권리가 있음을 내가 언제나 강력하게 지지해 왔다는 것을 공정하게 기억해 주시기를 바랍니다. 타인의 이러한 권리를 부정하는 사람은 자신의 의견을 변경할 권리를 미리 차단하는 것이기 때문에 자신이 가진 현재의 의견에 스스로 노예가 되고 맙니다.

모든 종류의 오류에 맞설 가장 강력한 무기는 이성입니다. 나는 이성 외의 다른 어떤 무기도 사용한 적이 없으며, 앞으로도 그럴 것이라고 믿고 있습니다.

당신의 다정한 친구이자 동료 시민인, 토머스 페인
뤽상부르, 플뤼부아즈 8번지
나눌 수 없는 하나, 프랑스 공화국 수립 2년,
1794년 1월 27일

나의 정신이 나의 교회다

　지난 몇 해 동안 종교에 대한 나의 견해들을 공표해야겠다는 생각을 갖고 있었다. 이 주제에 수반되는 여러 가지 어려움을 잘 알고 있었으므로, 그러한 상황을 고려해 인생 경험이 좀 더 많이 쌓일 때까지 미루어 두고 있었다. 나는 이 작업이 전 세계의 동료 시민들에게 건넬 마지막 선물이 되도록 하고 싶었으며, 이 작업에 동의하지 않을 사람들일지라도 나를 이 주제에 관심을 갖도록 이끈 동기의 순수함은 전혀 의심하지 않을 시기에 하고 싶었다.

　국가적인 모든 성직제도와 강제적인 종교 체계와 관련된 모든 것 그리고 강제적인 신앙 조항들의 전면적인 폐기 등 현재 프랑스 내에서 벌어지고 있는 사건들이 이러한 나의 의지를 촉발시켰다. 또한 미신이나 잘못된 정부제도 및 거짓 신학의 전체적인 폐기 없이는 도덕과 인류애 그리고 참된 신학에 대한 판단을 잃게 될 것이므로 이런 종류의 작업이 매우 필요하다는 인식을 갖게 되었다.

　나의 동료들과 그 밖의 프랑스 동료시민들이 자발적으로 개인적인 신앙고백의 본보기를 보여주었듯, 나 역시 나만의 신앙고백을 보여주게 될 것이다. 그리고 이 일을 인간의 정신이 정신 자체와 소통하는 그런 진지함과 솔직함을 가지고 할 것이다.

나는 하나의 신만을 믿는다. 그것이 전부다. 그리고 나는 내세의 행복을 기원한다.

나는 모든 인간이 평등하다고 믿는다. 종교적 의무란 정의를 세우고, 자비를 베풀며, 동료 피조물들의 행복을 추구하려 노력하는 것이라고 믿는다. 그러나 내가 이러한 것들 외에도 다른 많은 것들을 믿고 있을 것이라는 의심을 피하기 위해 앞으로 내가 믿지 않는 것들과 믿지 않는 이유를 밝히려 한다.

나는 유대 교회, 로마 교회, 그리스 정교회, 이슬람 교회, 개신교 교회 등 내가 알고 있는 그 어떤 교회의 신조도 믿지 않는다. 나의 정신이 나의 교회인 것이다.

나에게는 전국적인 규모의 모든 교회들이 — 유대 교회, 기독교 교회 혹은 이슬람 교회이건 상관없이 — 인간을 겁먹게 하고 노예화하여 권력을 독점하고 이익을 얻기 위해 조작해 낸 인간의 창조물로 보인다.

나의 이 선언으로 나와 다른 생각을 가진 사람들을 비난할 의도는 없다. 나만의 의견을 가질 권리가 있는 것처럼 그들 또한 그들의 의견을 가질 권리가 있다. 하지만 인간은 행복하기 위해 정신적으로 자기 자신에게 충실할 필요가 있다. 불신앙(infidelity)이

란 '믿음'이나 '불신'이 아니라, 자신이 믿지 않는 것을 믿는다고
고백하는 것에 있다.

이것을 굳이 표현하자면, 정신적인 거짓말이 이 사회에 끼치
는 도덕적인 해악은 예측할 수 없다는 것이다. 만약 자신이 믿지
않는 것에 직업적인 믿음을 부여하여 정신의 순결성을 타락시키
고 악용한다면 그는 스스로 다른 모든 범죄를 저지를 준비가 되
어 있다 할 것이다. 자신의 이익을 위해 성직을 차지하고 스스로
가 그 직업을 차지할 자격이 있다는 것을 보여주기 위해 거짓 맹
세를 시작한다면, 도덕에 있어 이보다 더 파괴적인 것을 생각해
낼 수 있을까?

미국에서 《상식(Common Sense)》(1776년에 발간. 미국 독립의 정당성
을 주장하여 미국 독립선언서의 기초가 되었다)이라는 소책자를 발간한
직후 나는 정부조직을 개혁한 후에는 곧바로 종교제도에 대한 개
혁이 뒤따를 가능성이 매우 크다고 보았다. 유대교, 기독교 또는
이슬람교 등 어디에서든 교회와 정부 간의 불의한 결합은 이미
정립된 신조나 종교의 제1원칙에 대한 모든 논의를 벌칙과 처벌
에 의해 효과적으로 금지시켜 왔다. 따라서 정부조직이 변화되기
전까지 그러한 주제는 공정하거나 공개적인 방식으로 제기될 수
없었다. 그러나 정부조직의 변화가 이루어진다면 언제든 종교제
도에 대한 혁명이 뒤따르게 될 것이다. 인간의 조작이나 사제들

의 술책 등이 밝혀질 것이고, 인간은 순수하고 뒤섞이지 않았으며 더럽혀지지 않은 하나의 신에 대한 믿음으로 돌아갈 것이다. 그것뿐이다.

계시는 직접 통신으로 제한된다

국가적인 교회나 종교들은 모두 특정한 개인들을 통해 신으로부터 특별한 사명이라도 부여받은 것처럼 주장하며 스스로를 설립했다. 마치 신에게 다가서는 길이 모든 사람에게 동등하게 열려 있지 않았다는 듯이, 유대교에서는 모세를, 기독교에서는 예수 및 사제들과 성인들을 그리고 이슬람교에서는 마호메트를 내세운다.

이런 교회들에서는 저마다 '신의 말씀' 혹은 '계시록'이라고 주장하는 책들을 내세운다. 유대교인들은 신이 모세에게 신의 말씀을 직접 전해주었다고 한다. 기독교인들은 신성한 영감을 통해 신의 말씀을 받았다고 한다. 이슬람교인들은 하늘나라의 천사가 신의 말씀(코란)을 가져왔다고 한다. 각각의 교회들은 다른 교회의 불신을 서로 비난한다. 그리고 나는 그들 모두를 믿지 않는다.

용어가 의미하는 바를 명확히 할 필요가 있으므로 이 주제에 대한 논의를 계속하기 전에 이른바 '계시'라는 용어에 대한 몇 가지 견해들을 덧붙여야겠다. '계시'라는 말을 종교에 적용할 경우 신이 인간에게 직접 전달한 그 어떤 것을 의미한다.

원한다면 어느 때라도 그런 통신을 할 수 있다는 전능한 신의 능력을 부인하거나 논박하는 사람은 아무도 없을 것이다. 하지만 이 경우에 다른 사람이 아니라 특정한 어떤 사람에게 그런 계시가 있었다는 것을 인정한다 해도 그것은 그 특정인에게만 국한된 계시인 것이다. 그가 그 계시를 두 번째 사람에게 전달하고, 두 번째 사람이 세 번째 사람에게, 세 번째 사람이 네 번째 사람에게라는 식으로 계속 전달되었다면 그것은 더 이상 모든 사람들에게 전해진 계시가 아니라고 할 수밖에 없다.

첫 번째 사람에게만 계시인 것이며 다른 모든 사람들에게는 단지 '카더라(풍문)'일 뿐이고 결과적으로 그들에게는 그것을 믿을 아무런 의무가 없는 것이다.

글이든 말이든 우리에게 간접적으로 전달된 어떤 것을 계시라고 부르는 것은 용어와 개념의 모순이다. 계시란 반드시 직접통신으로 제한되어야 하고 그 이후의 모든 간접통신은 계시를 받았다고 말하는 그 사람의 이야기일 뿐이다. 그에게는 그 계시를 믿을 의무가 있겠지만 나는 그가 믿는 방식에 따라 그것을 믿어야 할 당사자가 아니다. 계시는 나에게 내려진 것이 아니며, 단지 그 사람에게 계시가 내렸다는 이야기만 들었을 뿐이기 때문이다.

모세가 유대인들에게 십계명이 새겨진 돌판 두 개를 신으로부터 직접 받았다고 했을 때, 이스라엘 사람들이 그를 믿어야 할 아무런 의무는 없었다. 그렇다는 모세의 말 외에는 그것을 증명할 권위 있는 주장이 전혀 없기 때문이다. 그리고 나에게도 단지 일부 성서학자가 그렇다고 했던 이야기만 있을 뿐 그 어떤 권위 있는 증거도 없다. 십계명에는 신성을 증거할 만한 아무런 내재적 증거(internal evidence)가 없다. 다만 초자연적인 존재의 간섭에 의지하지 않고도 입법자가 될 만한 사람이면 누구나 제안할 수 있는 약간의 선한 윤리적 가르침만을 포함하고 있을 뿐이다.

천국에서 작성된 코란이 천사를 통해 마호메트에게 전달됐다는 이야기는 들었지만 이것 역시 모세의 이야기처럼 '카더라 통신'이거나 간접적인 증거에 불과하다는 점에서는 차이가 없다. 천사를 직접 본 적도 없으니 나에게는 그것을 믿지 않을 권리가 있다.

또한 마리아라는 동정녀가 남자와 함께 살지도 않고 아이를 임신했으며, 그녀와 약혼한 요셉이 천사로부터 그런 말을 전해 들었다는 이야기를 들었을 때, 그 말을 믿을 것인지를 결정하는 것은 나의 권리이다. 이런 경우 단순히 그들의 말보다 훨씬 더 강력한 증거가 필요하지만 우리에게는 기본적인 증거조차 없다. 가령 요셉이나 마리아가 이 사건에 대해 직접 작성한 글도 없다. 단지 다른 사람들로부터 그들이 그렇게 말했다는 이야기를 전해 들었던 것뿐이다. 이는 '카더라 통신'의 연속일 뿐이며, 나는 그런 빈약한 증거에 근거해 믿음을 선택하지는 않을 것이다.

하지만 예수 그리스도가 신의 아들이라는 이야기를 믿는 이유를 짐작해 보는 것은 그리 어렵지 않다. 그는 여전히 이교도의 신화가 유행하고 상당한 세평을 누리던 시기에 태어났으며, 그러한 신화는 사람들로 하여금 그런 이야기를 믿도록 예비시켰던 것이다. 이교도의 신화에 등장하는 특출한 인물들은 모두 그들이 섬기던 신들의 아들로 일컬어지고 있었다.

당시에는 천상의 어떤 존재로부터 사람이 태어난다는 믿음은 전혀 새로운 것이 아니었다. 신과 인간 여자의 교접(영적인 교섭)은 익숙한 견해였으며 이들의 이야기에 따르면, 주피터(제우스)는 수백 명의 여자와 살았다. 따라서 예수의 이야기는 새로운 것도 아니고, 경이로운 것도 아니며, 외설스러운 것도 아니다. 당시의 이교도(Gentile)나 신화작가라고 불리던 사람들 간에 널리 퍼져 있던 견해였고 사람들은 그것을 믿었을 뿐이다. 엄격하게 유일신만을 믿었던 유대인은 이교도의 신화를 거부했고 예수의 이야기에 그 어떤 신빙성도 부여하지 않았다.

이른바 기독교 교회의 이론이라는 것이 이교 신화의 끄트머리에서 어떻게 튀어나왔는가를 살펴보는 것은 매우 흥미롭다. 무엇보다 창시자로 일컬어지는 자를 신의 아들로 만드는 것으로 이교 신화와 직접적인 결합이 이루어졌다. 그에 뒤이어 당시 2~3만 명에 이르던 이방신들의 축소판일 뿐인 '삼위일체의 신'이라는 개념이 제시되었다. 성모 마리아는 에페수스의 다이애나 여신을 대체했으며, 이방 영웅들의 신격화는 '성인'들의 시성식(諡聖式)으로 대체되었다.

신화작가들이 모든 일에 신들을 개입시켰듯이 기독교의 신화작가들은 모든 일에 성인들을 등장시켰다. 판테온 신전이 신들로 채워진 것처럼 기독교의 교회는 성인들로 채워졌다. 그리고 로마는 이교와 기독교 양쪽 모두의 중심지였다. 기독교 이론이란 권력과 이윤추구라는 목적에 맞추어진 고대 이교도들의 우상숭배와 크게 다를 것이 없다. 이 양수겸장의 사기술을 퇴출시키는 일은 이성과 철학에 달려 있다.

아무리 존경심이 없다 해도 '카데라 통신'으로 전해진 것들을 진정한 예수 그리스도의 품격에 적용할 수는 없다. 그는 덕망 있고 온후한 사람이었다. 그가 가르치고 몸소 실천한 도덕률은 최상의 박애정신이었다. 비록 그 이전에는 공자와 일부 그리스 철학자들이 그리고 그 이후로는 퀘이커(로마 가톨릭에서 분파한 개신교 중의 한 교파) 교도들과 역사를 통해 존재했던 많은 성인들 역시 비숫한 윤리관을 가르쳐 왔지만 예수의 가르침을 능가하는 것은 없었다.

예수 그리스도는 자신에 관한 그 무엇도 — 그의 출생이나 부모 혹은 그 어떤 개인적인 것들에 대해 — 기록한 일이 없다. 소위 신약이라는 책에 그가 직접 쓴 것은 단 한 줄도 없다. 그의 개인사에 관한 것들은 모두 다른 사람들의 작품이다. 부활이나 승천은 그의 출생 신화의 속편으로써 필요한 것이었다. 그에 대한 역사를 쓴 사람들이 초자연적인 방법을 통해 그를 이 세상에 내놓았기 때문에 같은 방법으로 이 세상에서 떠나보낼 수밖에 없었던 것이다. 그렇게 하지 않는다면 이야기의 첫 부분부터 그 근거를 상실하게 되는 것이다.

이런 후반부의 이야기에 동원된 비열한 책략은 이전의 모든 이야기들을 능가한다. 첫 번째 부분, 즉 동정녀 잉태의 이야기는 일반인들로부터 특별한 관심을 받을만한 일이 아니었다. 그래서 이 이야기의 작가에게는 비록 사람들이 믿도록 하지는 못한다 해도 거짓이라는 사실이 발각될 수 없다는 이점이 있었다. 그들이 이 이야기를 증명할 것이라고 기대할 수는 없다. 이런 일들은 증명을 받아낼 수 있는 것들이 아니기 때문이다. 또한 이 이야기를 전해들은 사람들이 증명할 수 있는 것도 아니다.

그러나 죽은 사람이 무덤에서 부활하고 하늘로 승천했다는 주장에 대한 증거를 제시하는 일은 남자로부터의 수태 없이 아기가 자궁에 임신되었다는 주장을 증명하는 일과는 그 성격이 매우 다른 것이다.

부활과 승천이 실제로 일어났다면 적어도 당시 예루살렘 성내에서만이라도 떠오르는 풍선이나 한낮에 떠 있는 태양처럼 누구나 볼 수 있는 공개적이고 시각적인 증거가 있어야 한다. 어떤 것을 모든 사람이 믿도록 하려면 그 일에 대한 증거나 증명이 모든 사람에게 보편적이고 동일해야 한다. 따라서 이 후자의 행위(부활, 승천)에 관련한 공개적이고 시각적인 증거만이 전자의 행위(예수의 동정녀 수태설)에 신빙성을 제공해 줄 것이다. 그러나 이런 증거를 제시한 적이 없으니 모든 일들은 그 근거를 상실했다. 그 대신 8~9명이 넘지 않는 소수의 사람들만이 전 인류의 대리인으로서 그 일을 보았다고 말하면서 모든 사람들에게 믿을 것을 요구한다. 그러나 그들의 말에 따르더라도 도마는 부활을 믿지 않았던 것 같으며, 자신이 직접 손으로 만져보고 눈으로 보기 전에는 믿지 못하겠다고 했다. 나도 마찬가지로 믿지 못하겠다. 그 이유는 도마와 마찬가지로 나에게도 그리고 다른 모든 사람에게도 매우 타당하다.

이 문제를 적당히 얼버무리거나 위장하려는 시도는 쓸모없는 짓이다. 적어도 초자연적인 부분과 관련된 이 이야기의 표면에는 사기와 날조의 모든 자국들이 뚜렷이 새겨져 있다. 현재의 우리는 이 이야기의 작가들이 누구였는지 전혀 알 수 없으며, 이 이야기를 전하고 있는 책들에 등장하는 인물들이 작성했던 것인지도 전혀 확인할 수 없다. 현재 그 사건과 관련되어 남아 있는 가장 훌륭한 증거는 유대인들이다. 그들은 이 부활과 승천이 일어났다고 말하는 바로 그 시기에 살았던 사람들의 공식적인 후손들이다. 그리고 그들은 이 이야기가 사실이 아니라고 말한다.

나는 오랫동안 이 이야기의 진실성에 대한 증거로서 유대인들을 끌어들이는 것을 기묘한 모순이라고 생각했다. 이는 어떤 사람이 자신이 했던 말이 진실이라는 것을 증명하겠다면서 그것이 진실이 아니라고 말하는 사람들을 증인으로 내세우는 경우와 같은 일이기 때문이다.

예수 그리스도와 같은 사람이 존재했다거나 당시의 처형 방식이었던 십자가형을 받았다는 것 등은 엄격한 개연성의 범위 내에 있는 역사적인 이야기들이다. 그는 가장 뛰어난 도덕률과 인간의 평등함을 설파했지만 유대교 사제들의 부패와 탐욕에 맞서는 가르침도 펼쳤다. 그로 인해 유대교 사제집단 전체의 증오와 복수의 대상이 되었다. 그 사제집단은 당시에 유대인들을 지배하고 통치하던 로마 정권에 저항하는 선동과 음모죄로 그를 고발했다. 어쩌면 로마 당국도 유대교 사제들만큼이나 그의 가르침으로 인한 영향을 은연중에 걱정했을 수도 있다. 또한 예수 그리스도가 유대민족을 로마의 속박으로부터 해방시키려는 생각을 갖고 있었을 수도 있다. 어쨌든 이 두 가지 가능성 사이에서 이 고결한 개혁자 혹은 혁명가는 그의 목숨을 잃었다.

기독교가 내세우는 근거들

이 평범한 사실들과 앞으로 언급하게 될 그 밖의 이야기들과 함께 스스로를 기독교 교회라 칭하는 기독교 신화작가들은 고대의 그 어떤 신화에서도 찾아볼 수 없는 불합리하고 터무니없는 우화를 만들어냈다.

고대의 신화작가들은 주피터에 맞서 전쟁을 벌이던 거인족의 이야기를 들려준다. 거인족 중의 한 명이 한꺼번에 백 개의 돌멩이를 주피터에게 던졌지만, 주피터는 번개로 그를 물리친 후 에트나 산 속에 가두어 버렸다. 그래서 그 거인이 요동을 칠 때마다 에트나 산에서는 화염이 분출되는 것이라고 한다.

여기서 우리는 에트나 산이 화산이라는 정황으로부터 이 우화가 만들어졌다는 사실을 쉽게 알 수 있다. 이 우화는 단지 그러한 정황에 맞도록 꾸며낸 것이었다.

기독교 신화작가들은 전능한 신과 사탄의 전쟁 이야기를 들려준다. 물론 전능한 신은 사탄을 물리치고 산 속이 아닌 구덩이 속에 감금한다. 우리는 여기에서 앞의 이야기가 원본이라는 것을 쉽게 알아차릴 수 있다. 주피터와 거인의 이야기는 사탄의 이야기에 앞서 수백 년 전부터 떠돌던 것이기 때문이다.

여기까지는 고대 신화와 기독교의 신화가 크게 다르지 않다. 그러나 후자는 이야기를 훨씬 더 진전시키는 것으로 꾸며진다. 그들은 예수 그리스도 이야기의 전설적인 부분을 에트나 산의 우화와 연결시키기를 꾀한다. 그들은 이 이야기의 모든 부분들을 짜맞추기 위해 유대의 전승(傳乘)으로부터 도움을 받는다. 그래서 기독교 신화는 부분적으로 고대의 이교도 신화와 유대의 전승으로부터 만들어진 것이다.

기독교 신화작가들은 이 우화의 속편을 위해 구덩이에 감금했던 사탄이 풀려나오도록 해야만 했다. 그래서 그 사탄은 뱀의 모양으로 에덴동산에 보내진다. 그리고 우리에게 잘 알려진 대로 뱀의 모양으로 이브와 대화를 한다. 이브는 뱀이 말을 한다는 것에 전혀 놀라지 않는다. 어쨌든 이 은밀한 대화의 결말은 뱀이 이브로 하여금 사과를 먹도록 설득하고 그로 인해 모든 인류가 벌을 받도록 한다는 것이다.

기독교의 신화작가들이 조금이라도 친절했다면 사탄이 모든 창조물을 누르고 승리하도록 만든 후에 다시 구덩이 속으로 보내야 했을 것이다. 만약 그렇게 하지 않았다면 사탄의 몸 위에 산이라도 옮겨 놓았어야 했다(그들은 믿음만 있다면 산도 옮길 수 있다고 말하기 때문이다). 아니면 과거의 신화작가들이 그랬듯이 다시는 여자들에게 접근해 장난질을 치지 못하도록 산 속에 잡아넣든지 했어야 한다. 그런데 그렇게 하는 대신 가석방 기간도 정해주지 않고 사탄을 자유롭게 풀어주었다.

비밀을 밝히자면, 그들은 사탄 없이는 아무 일도 할 수 없다는 것이다. 어렵게 사탄을 만들어낸 후 계속 머물도록 그를 매수했던 셈이다. 그들은 사탄에게 모든 유대인들과 모든 이슬람교인들을 넘기기로 미리 약속했으며, 세계의 10분의 9는 덤으로, 마호메트는 떨이로 넘겨버렸다. 이런 일을 겪고 난 후, 과연 어느 누가 기독교 신화작가들의 관대함을 의심이나 할 수 있을까?

천상에서 반란과 전쟁 — 아무도 죽거나 다치지 않은 그런 전쟁 — 을 일으키고, 사탄을 구덩이에 넣었다가 다시 나오게 하고, 또한 사탄이 모든 창조물을 누르고 승리하도록, 다시 말해, 사과를 먹여 전 인류를 저주하도록 한 후, 기독교 신화작가들은 신화의 양끝을 연결한다. 그들은 신이며 동시에 인간이며, 또한 신의 아들이며 성령에 의해 잉태되었다는 고결하고 친근감 있는 예수 그리스도를 이브가 자신의 열망에 따라 따먹은 사과 때문에 스스로를 희생 제물로 바칠 목적으로 온 사람으로 표현한다.

근거들에 대한 검토

웃을 수밖에 없는 터무니없는 모든 것들 혹은 혐오할 수밖에 없는 비속한 모든 것들은 잠시 제쳐두고 단지 이야기의 부분들만을 음미해 보는 선에 국한시킨다 해도 전능한 신을 이보다 더 비하하고, 지혜와 전혀 어울리지도 않으며, 그의 권능과 상반되는 이야기를 만들어낸다는 것은 지극히 불가능한 일이다.

앞으로 일으킬 일들의 기초로 삼기 위해 그 발명가들은 사탄이라 불리는 존재에게 전능한 신보다 더하면 더했지 못하지 않은 그런 권능을 부여할 필요에 직면했던 것이다. 그들은 '사탄의 추락'이라고 부른 사건 이후 사탄에게 구덩이로부터 스스로를 해방시킬 수 있는 권능을 부여했을 뿐만 아니라, 그 권능을 무한대로 늘려 주었다. 추락 이전의 사탄은 다른 여타의 존재들과 마찬가지로 단지 제한된 힘을 가진 천사일 뿐이었다. 추락 이후의 사탄은 기독교 신화작가들에 의해 모든 곳에 편재하는 존재가 되었다. 그는 모든 곳에 동시에 존재한다. 광대한 우주 공간의 모든 곳에 존재하고 있다.

사탄의 신격화에 만족할 수 없었던지 그들은 전략적으로 사탄을 전능한 신의 모든 지혜를 가졌으며 피조물인 동물의 형태를 가진 존재로 묘사한다. 그들은 사탄에 대해 전능한 신이 직접 창조한 세계 전체를 자신의 통치권 혹은 자신의 정부 하에 두도록 강제할 수 있는 존재로 묘사한다. 그래서 이들의 구제를 위한 조건부 협상의 일환으로 신 자신이 인간의 형상으로 지상으로 내려와 십자가에 처형당하는 시현을 해야만 한다는 것이다.

만일 이 발명가들이 이야기를 반대로 끌고 갔다면, 즉 범죄에 대한 벌로써 사탄을 뱀의 형태로 십자가에 못 박히도록 강제할 수 있는 존재로 전능한 신을 묘사했다면 이야기는 덜 우스꽝스럽고 덜 모순되었을 것이다. 그렇게 하는 대신 그들은 범죄자를 승리하는 존재로, 전능한 신은 추락하는 존재로 만들었다.

나는 선한 많은 사람들이 이 괴상한 신화를 믿으면서도 착한 삶을 영위하고 있다는 사실을(믿음은 죄가 아니다) 전혀 의심하지 않는다. 사실 처음부터 그들은 이 신화를 믿도록 교육받았다. 그리고 다른 그 어떠한 것 또한 믿을 것이다. 인간에 대한 신의 무한한 사랑이라는 개념에 열광적으로 도취된 사람들이 많다. 이 개념에 대한 열의는 자기희생의 과정에서도 이들이 이 이야기에 내포된 어처구니없음이나 모독성을 깨닫는 것을 금지시키거나 단념하도록 한다. 부자연스러울수록 더욱 더 음울한 찬미의 대상이 될 수 있는 것이다.

진정한 신학이란

하지만 우리가 감사나 찬미의 대상을 간절히 원한다면 그 대상은 매시간 우리 눈앞에 자신을 드러내지 않았던가? 우리가 태어나는 순간, 아름다운 삼라만상이 우리를 영접할 준비를 하고 있다는 것을 보지 않았던가? 우리의 두 손에, 아무런 대가없이 마련되어 있는 세계가 있지 않았던가? 태양을 빛나게 하고, 비를 내려 지구를 풍요롭게 만든 것이 우리들일까? 우리가 자고 있거나 깨어 있거나 상관없이 광대한 우주의 기계장치는 작동을 멈추지 않는다. 이런 모든 것들 그리고 그것들이 가리키는 미래에 대한 축복이 우리에겐 아무것도 아니란 말인가? 우리의 전반적인 감정이 자살과 비극이라는 주제 외에는 감응하지 못하는 것일까? 아니면 인간의 음침한 자존심이 참을 수 없을 정도가 되어, 창조주의 희생 없이는 달랠 길이 없다는 것일까?

나의 이 불손한 연구 조사가 많은 사람들을 깜짝 놀라게 하리라는 것을 알고 있다. 하지만 그들의 이야기를 참고 들어주는 것은 그들의 우매함에 대한 과분한 찬사가 될 것이다. 시대와 주제가 이 연구 조사를 요구하고 있다. 이른바 기독교 교회가 내세우는 신학이 참으로 터무니없는 것이라는 의심은 많은 나라에서 광범위하게 제기되고 있다. 그런 의심 아래에서 망설이면서, 무엇을 믿고 무엇을 믿지 않을까 갈등하고 있는 사람들에겐 이 주제가 자유롭게 연구되는 것이 위안이 되리라. 그러므로 먼저 구약과 신약이라고 불리는 책부터 살펴보려고 한다.

구약에 대한 검토

우리는 창세기에서 시작해 요한 계시록(이 마지막 책에 대해 한마디 하자면, 이 수수께끼 모음집을 해설하기 위해선 정말로 계시가 필요하다)으로 끝나는 이 책들을 신의 말씀이라 듣고 있다. 따라서 도대체 누가 그런 말을 했는가를 알고 싶어 하는 것은 당연하다. 그래야 그런 보고서(報告書)에 어느 정도의 신빙성을 부여할지를 알 수 있는 것이다. 이 문제에 대한 답은 우리가 서로에게 그렇더라고 말했다는 것 외에는 아무도 대답할 수 없다는 것이다. 그런데 이 문제는 역사적으로 다음과 같이 전개된 것으로 보인다.

기독교 신화작가들이 처음 교회를 세울 때, 찾아낼 수 있는 모든 문서들을 수집하여 자신들이 원하는 대로 다루었다. 하지만 현재 구약과 신약이라는 이름의 이 문서들이 그들이 처음 수집했던 상태로 남아있는 것인지 아니면 덧붙이고 변경하고, 축소하고, 꾸며낸 부분이 있는지는 전혀 확실하지 않다.

어쨌든, 그들은 수집한 책들 중에서 어떤 것은 '신의 말씀'에 속해야 하고 어떤 것은 아니라는 것을 투표로 결정했다. 몇 권의 책들은 채택하지 않았고 '외경(Apocrypha)'에 속한 것들은 의심스러운 책으로 결정하는 투표를 했다. 단지 다수의 표를 획득한 책들만을 '신의 말씀'으로 채택했던 것이다. 만약 그들이 다른 방식으로 투표를 했다면 현재 스스로를 기독교인이라 자처하는 모든 사람들은 다른 믿음을 갖게 되었을 것이다. 즉 그들의 신앙은 다른 사람들의 투표에서 유래되었던 것이다. 이런 일들을 했던 그들이 어떤 사람들이었는지에 대해선 알려진 것이 없다. 우리가 아는 것이라곤 그들이 스스로를 일반적으로 '교회'라고 부른다는 것뿐이다.

위에서 언급한 모든 것들이 전혀 증거나 권위가 될 수는 없지만, 이것들 외에는 이 책들을 신의 말씀으로 믿어야 할 외적인 증거나 권위를 찾을 수 없으므로 나는 다음 단계, 즉 책의 내용 자체에서 증거를 찾아보려 한다.

이 책의 앞부분에서 '계시'에 대해 설명했다. 그래서 현재 의문의 대상이 된 이 책들을 조사할 목적으로 '계시'에 대한 나의 이론을 적용해 보려 한다.

계시란 그것을 받은 사람이 그 전에는 모르고 있던 어떤 사실을 전달하는 것이다. 그러므로 만약 내가 어떤 일을 했거나 어떤 일이 이루어진 것을 보았다면, 내가 그 일을 했거나 보았다는 사실을 나에게 알려주기 위해 계시를 내릴 필요는 없다. 또는 내가 그 일을 말하거나 기록할 수 있도록 계시를 내릴 필요도 없다.

그러므로 계시는 이 지구상에서 행해진 어떤 일에도 적용될 수 없다. 모든 일들이 인간이 그 행위자이거나 증인이기 때문이다. 결과적으로 성서에 기술된 역사적 혹은 일화와 관련된 부분들은 — 이 부분들이 성서의 대부분을 차지하는데 — 계시라는 단어의 의미나 범위를 벗어난다. 따라서 그것들은 신의 말씀이 아니다.

그가 정말 그랬는지 모르지만(물론 그가 정말 그랬는지의 여부는 우리와 큰 상관은 없다), 삼손이 가자의 대문 기둥을 뽑아냈다거나 들릴라를 방문했다든가 아니면 여우를 잡았다거나 혹은 그 외의 다른 일들을 했다 하더라도 도대체 그것이 계시와 어떤 관계가 있다는 것일까?

만약 그런 일들이 사실이고 후세에 남겨둘 가치가 있거나 기록해둘 가치가 있었다면 삼손이 직접 그들에게 이야기할 수 있었을 것이다. 만약 그에게 수행원이라도 있었다면 그가 그 일들을 기록할 수도 있었을 것이다. 만약 그 일들이 단지 지어낸 이야기라면 계시라고 부른다고 해서 사실이 되지는 않는다. 그래서 우리가 그 일에 대해 안다고 한들 우리를 더 현명하게 만들지도 않을 것이며, 더 선하게 만들지도 않을 것이다. 인간이 지닌 최대한의 지식으로도 겨우 일부분만을 알아차릴 수 있는 '무한한 우주'를 다스리고 지배하는 그 '존재'의 무한함을 깊이 생각해본다면 우리는 이런 하찮은 이야기를 '신의 말씀'이라고 부르는 것을 부끄러워해야만 할 것이다.

창세기의 시작 부분에 있는 창조 이야기는 모두 이스라엘 사람들이 이집트로 오기 전에 자신들 사이에서 전해내려 오던 전승의 형태를 갖추고 있다. 이집트를 떠날 즈음 그들은 이 이야기의 유래를 모른다는(이것이 가장 개연성이 있을 것이다) 것을 밝히지 않은 채, 자신들의 역사의 가장 앞머리에 배치해 두었다. 이 이야기로 시작하는 형식은 이것이 전승이라는 사실을 보여준다.

창조 이야기는 갑작스럽게 시작된다. 말하는 사람도 없고 듣는 사람도 없으며, 이야기의 대상도 전혀 없다. 일인칭도, 이인칭도 아니며 삼인칭도 아니다. 여기에는 전승의 모든 요소들이 있다. 여기에는 아무 증빙서류도 없다. 모세는 그가 다른 경우들에 적용했던 것처럼 '주님이 모세에게 말씀하셨다…'는 식으로 격식을 갖춰 이 일에 대한 책임을 지지 않는다.

왜 이 이야기를 모세의 창조 이야기라 부르는지 나로서는 이해하기 어렵다. 내가 보기에 모세는 자신의 이름을 그 이야기의 저자로 넣기에는 이런 주제에 대한 판단력이 매우 좋은 사람이다. 그는 이집트인들과 함께 교육을 받았는데, 당시의 이집트인들은 과학, 특히 천문학에서 그 어느 민족보다 우수한 기술을 보유하고 있었다. 모세가 이 이야기를 인증하는데 있어 침묵을 지키며 신중했던 것은 그가 이 이야기를 전했거나 믿지도 않았다는 좋은 증거가 된다.

실제로 세상의 모든 민족국가는 이 세상의 창시자라고 자처해 왔으며 이스라엘 사람들 역시 다른 민족들과 마찬가지로 '세상의 창조'라는 작업을 내세울 권리가 있다. 이스라엘 사람이 아닌 모세는 이런 전통을 부정하고 싶지 않았을지 모른다. 어쨌든 이 이야기는 특별히 해로울 것은 없으며 성서의 다른 부분들도 그렇다고 할 수 있다.

성서의 절반 이상을 차지하고 있는 관능적인 방탕과 잔인하고 가학적인 처형 혹은 냉혹한 복수심에 대한 외설적인 이야기들을 읽어 보면 신의 말씀이기보다 악마의 말이라고 부르는 것이 보다 일관성이 있겠다. 이것은 인간을 부패하게 만들고 짐승처럼 취급하는데 일조한 사악함의 역사이다. 나는 이것들을 진심으로 혐오하며, 잔인한 모든 것들을 혐오한다.

몇몇 구절들을 빼놓고, 성서의 나머지 잡다한 부분들에 이르기까지 혐오나 경멸의 대상이 되기에 충분한 것들 외에는 찾아보기 어렵다. 저자 미상인 시편이나 욥기에서 ― 특히 욥기 ― 우리는 전능자의 권능과 자비에 대한 존경과 제고된 감정의 표현을 많이 보게 된다. 그러나 이전이나 이후에 나온 비슷한 주제를 다룬 다른 작품들에 비해 그 수준이 높은 것은 아니다.

솔로몬이 썼다는 잠언은, 아마 수집된 자료들이겠지만(솔로몬 자신이 처한 상황에서는 도저히 얻을 수 없는 인생의 지혜들이기 때문에), 윤리적 교훈들의 모음집이다. 이것들은 그 예리함에 있어 스페인 사람들의 잠언에 비해 열등하며, 미국인 프랭클린의 잠언들에 비해 현명하지도 않고 경제적이지도 않다.

흔히 예언서로 알려져 있는 성서의 나머지 부분들은 모두 유대 시인들의 작품이거나 떠돌이 설교자들의 작품들이다. 이것들은 흔히 시와 일화들과 기도의 혼합물이다. 그리고 번역이 된 후에도 시적인 형태를 유지하고 있다.

시는 주로 심상(비유적인 표현)과 운율의 두 가지 요소로 구성된다. 시의 운율은 길거나 짧은 음절들을 혼합하는 방식에서 산문과 전혀 다르다. 시문에서 긴 음절을 빼고 그 자리에 짧은 음절을 집어넣거나 짧은 음절의 자리에 긴 음절을 넣는다면 문장에서의 시적인 조화가 깨지게 된다. 마치 노래에서 음표를 잘못 집어

넣은 것과 같은 효과를 가져오게 된다.

예언서라 불리는 책들에서 볼 수 있는 비유적인 표현들은 모두 시에 속한다. 모두 가공적이고 터무니없어 시 외의 다른 작법으로는 간주할 수 없다.

성서라고 부르는 이 책들 전체를 통해 우리가 시인이나 시라고 부르는 것을 지칭하는 그 어떤 단어도 찾아볼 수 없다. 사실은 후세의 사람들이 새로운 의미를 덧붙였던 예언자라는 단어가 성서에서는 시인을 대신하는 것이다. 그리고 예언을 한다는 말은 시를 쓴다는 것을 의미했다. 또한 어떤 기악의 음률에 맞추어 시를 낭송하는 것을 의미하기도 했다.

우리는 피리나 북 또는 나팔을 동반하여 '예언'을 낭송한다는 말을 듣는다. 혹은 하프, 현악기, 심벌이나 당시 유행하던 다른 모든 악기들의 합주 속에 '예언'한다는 말을 듣게 된다. 만약 지금 바이올린을 켜거나 피리를 불면서 또는 작은 북을 두드리며 예언을 발표한다면 그 내용들은 아무 의미가 없거나 우스꽝스럽게 보일 것이다. 예언이라는 말의 의미를 변형시켰다는 이유로 경멸하는 사람들도 있을 것이다.

우리는 사울이 선지자들 중의 한 명이었으며, 예언을 했다는 말을 들어왔다. 하지만 그들이나 그가 어떤 예언을 했는지에 대해서는 아무 말도 듣지 못했다. 사실은 전해줄 예언이 전혀 없었던 것이다. 예언자라는 사람들은 단지 악공이나 시인들의 동료였기 때문이다. 사울도 이 연주회에 함께 했고 그것이 예언 행위였던 것이다.

사무엘서에 따르면 사울은 예언자 집단 즉, 많은 예언자들을 만났다. 현악기와 작은 북과 피리와 하프를 가지고 온 그들과 함께 사울도 예언을 했다. 그런데 나중에 사울이 '예언'을 잘못했다고 한다. 그 말은 자신이 연주할 부분을 제대로 못해냈다는 것이다. 그것은 이렇게 전해진다. '신이 보낸 악령'이 사울에게 임했고 그는 '예언(즉, 연주)'을 했다

자, 만일 성서라 불리는 이 책에 '예언'이라는 말이 그 원래의 의미를 상실하고 다른 의미로 대체됐다는 사실을 보여주는 그 외의 다른 문장들이 없다면 이것만으로도 충분하다. 예언이란 말을 우리가 후세에 부여한(즉, 진짜 예언의 뜻으로) 의미로만 해석한다면, 성서에서 사용되고 적용된 것을 대신해 사용하고 적용하는 것은 불가능하기 때문이다. 성서에서 사용된 방식에는 이 말에 대한 모든 종교적 의미가 상실되어 있다. 동시에 이는 어떤 사람이 투철한 윤리나 불후의 인격을 소유했는지와 관계없이 당시에 예언자였거나 예언을 했을 법한 사람이 현 시대에서는 시인이나 음악가일 수 있다는 것을 보여준다. 이 말은 원래 시나 음악에 구분 없이 적용되던 과학용어였고 시나 음악의 대상이 된 주제에

따라 제한을 받는 것은 아니었다.

드보라나 바락은 예언자로 불렸지만, 무엇을 예측했기 때문이 아니라 이미 행해진 일들을 축하하기 위해 그들의 이름으로 시와 노래를 지었기 때문이다. 다윗은 음악가이기 때문에 예언자의 반열에 올라 있다. 또한 시편의 (아마도 착오일 것이지만) 저자로 알려져 있다. 그러나 아브라함이나 이삭, 야곱은 예언자로 불리지 않는다. 그들에 대한 어떤 이야기에서도 그들이 노래를 했다거나 음악을 연주했거나 시를 썼다는 말은 보이지 않는다.

그들은 더 위대한 예언자들과 덜 위대한 예언자들에 대해 말한다. 또한 우리에게 더 위대하거나 덜 위대한 신에 대해 말해 줄지도 모른다. 그런데 현대적 의미에서 예언을 일관되게 하는 데에 어떤 등급을 매길 수는 없다. 그러나 시에는 등급이 있다. 따라서 우리가 위의 말들을 훌륭한 시인과 덜 훌륭한 시인으로 이해한다면 이 말의 표현과 실제 상황을 일관성 있게 일치시킬 수 있다.

이것 이외에 필치가 좋은 이 '예언자'들이 쓴 것들에 대해 더 이상의 언급은 필요하지 않다. 나는 예언이라는 말의 진정한 의미가 잘못 이해되어 왔다는 것을 보여주는 단 한번의 도끼질로 그 뿌리를 자르려 한다. 결과적으로 이 책들로부터 추정한 모든 것들이나, 이 책에 바쳐진 헌신적 존경이나 잘못된 의미에 기초하여 고심 끝에 작성된 주석들에 대해서는 더 이상 논란을 계속

할 가치가 없다. 그러나 많은 것들 중에서 이들 유대 시인들의 작품들은 신의 말씀이라는 어처구니없는 이름 아래 다른 잡동사니들과 함께 묶였던 것보다는 조금 더 나은 운명을 맞았어야 했다.

우리가 어떤 사물에 대해 옳은 생각을 하도록 하려면 필수적으로 그것의 변경 불가능성뿐 아니라 어떤 수단으로나 혹은 여하한 사고에 의해서도 변경이 일어나는 것이 불가능하도록 그 생각을 고정해야 한다. 그래야만 '신의 말씀'이라는 이름을 인정할 수 있다. 따라서 신의 말씀은 어떤 글로나 인간의 언어의 형태로는 존재할 수 없다.

그 의미가 지속적인 변화의 대상이 될 수밖에 없는 단어나, 번역의 필요성을 피하게 해주는 보편적 언어의 결핍, 혹은 번역과정에서 회피할 수 없는 오류, 복사자나 출판자들의 실수 등과 더불어 내용의 고의적인 변경 등의 요인을 고려할 때 인간의 언어가 말의 형태이거나 글의 형태이거나에 상관없이 신의 말씀을 전달하는 매체로는 부적합하다는 증거가 된다. 신의 말씀은 이런 것 외의 다른 어떤 것으로 존재한다.

성서라 불리는 책이 그 사상이나 표현의 순수성에 있어 현재 세계에 존재하는 모든 책들을 능가한다 하더라도 나는 이 책을 신의 말씀으로서, 나의 신조로 삼지는 않을 것이다. 그럼에도 불구하고 내가 기만당할 가능성이 존재하기 때문이다. 그러나 나는 이 책의 대부분에서 가장 추잡스러운 악의 역사와 가장 보잘 것 없는 경멸스러운 이야기들의 모음 외에는 거의 아무것도 볼 수 없다는 것을 알았을 때 이것에 신의 이름을 결부시켜 나의 창조주의 명예를 더럽힐 수는 없었다.

신약에 대한 검토

구약성서에 대해서는 이 정도로 하고 소위 신약이라 부르는 책으로 넘어가 보자. 신약성서! 즉 새로운 것이다. 이것은 마치 창조주의 유언장(혹은 의지)이 두 개가 있다는 말로 들린다.

만약 새로운 종교를 세우는 것이 예수 그리스도의 의도나 목적이었다면 그는 의심할 바 없이 경전들을 손수 썼거나 자기 생전에 이것들이 작성되도록 조치했을 것이다. 그러나 그의 이름으로 인증된 간행물은 전혀 없다. 신약에 속한 모든 책들은 그의 사후에 씌어졌다. 그는 유대 태생이었고 유대교 신자였다. 그는 다른 모든 사람들과 동일한 의미에서 신의 아들이다. 창조주는 모든 것의 어버이이기 때문이다.

신약성서의 처음 네 권의 책, 즉 마태, 마가, 누가 그리고 요한복음에는 예수 그리스도의 생애에 대한 기록이 없다. 다만 그에 대한 단편적인 일화만 있을 뿐이다. 이 책들로부터 판단컨대 그가 설교자로서 보낸 전체 기간은 18개월을 넘지 않아 보인다. 그리고 단지 이 짧은 기간만이 신약 저자들이 그를 알게 된 기간이다. 그들은 그가 열두 살 때의 이야기를 한다. 그가 유대 신학자들과 마주앉아 질문도 하고 대답도 했다는 것이다. 이 이야기는 그들이 그를 알기 수년 전에 일어난 일이니 그들은 아마도 이 이야기를 그의 부모로부터 들었을 것이다. 이후 약 16년간 그에 대한 이야기는 없다. 그가 어디서 살았으며 그가 이 기간 동안 어디에 취직을 해서 무슨 일을 했는지 전혀 알려진 바가 없다. 아마도 목수인 아버지를 따라 목수로 일했을 것이다. 그가 정규교육을 받은 것 같지는 않다. 그래서 그는 글을 쓸 줄 몰랐을 가능성이 크다. 그의 부모는 그가 태어날 때 돈이 없어 방을 빌리지 못했을 정도로 매우 가난했기 때문이다.

공교롭게도 기록상 가장 보편적으로 알려져 있는 세 사람은 모두 한미한 부모 밑에서 태어났다. 모세는 주워 기른 아이였고, 예수 그리스도는 마구간에서 태어났다. 그리고 마호메트는 노새 몰이꾼이었다. 처음 사람과 맨 나중 사람은 모두 새로운 종교의 창시자들이다.

그러나 예수 그리스도는 아무런 새로운 종교도 세우지 않았다. 그는 사람들이 윤리적 미덕과 유일신에 대한 믿음을 실천할 것을 주창했다. 그의 가장 두드러진 특색은 박애정신이다.

그가 체포될 당시의 정황은 그가 당시에는 잘 알려진 사람이 아니었다는 사실을 보여준다. 또한 체포 당시에 있었던 추종자들과의 회합이 비밀이었다는 사실도 보여준다. 그리고 당시에는 이미 그가 공중 앞에서의 설교를 포기했거나 중단했던 것으로 보인다. 그렇지 않았다면 유다가 그를 체포한 관리들에게 그가 어디 있는지 알려 주고 체포 당시 그를 지목해 주는 식으로 그를 배반할 수는 없었을 것이다. 유다에게 돈을 쥐어주고 이런 일을 맡기게 된 이유는 앞서 말한 대로 그의 거취가 잘 알려져 있지 않고 그가 숨어서 생활했기 때문일 것이다.

그의 잠복생활은 그의 신성이라는 평판과는 어울리지 않을 뿐 아니라 여기에는 그의 무기력함이 내포되어 있다. 그가 당한 배신, 혹은 다른 말로 해서 추종자의 제보에 의한 체포는 그가 체포당할 의사가 없었다는 것을 보여준다. 결과적으로 그는 십자가형을 감수할 의도가 없었던 것이다.

기독교 신화작가들은 그리스도가 세상의 죄를 대속하기 위해 죽었다고 말한다. 그리고 그가 죽기 위해 세상에 왔다고 한다. 그렇다면 그가 열병이나 마마를 앓다가 죽거나 아니면 늙어 죽거나 혹은 다른 방법으로 죽었더라도 마찬가지가 아닐까?

아담이 사과를 먹어 범죄를 저지른 사건에 대한 그들의 판결문에는 반드시 십자가형에 처하는 것이 아니라 반드시 죽을 것이라고 되어 있다. 즉 사형을 선고한 것이었지 사형 방법을 적시한 판결은 아니었다. 십자가형이거나 다른 특별한 방법으로 사형당하는 것은 아담이 감수해야 할 선고의 한 부분이 아니다. 또한 그들의 책략을 따른다 해도 아담을 대신해 그리스도가 처형되는 것은 선고의 일부분이 될 수는 없다. 어느 쪽이라도 직접적인 이유가 있었다면 십자가형과 마찬가지로 열병으로 처형되었어도 마찬가지였을 것이다.

그들이 우리에게 말하는 아담에게 내려진 사형 선고는 아담이 자연사한다는 것, 즉 사는 것을 멈추게 된다는 것이거나 이들 신화작가들이 말하는 저주를 의미해야만 한다. 그 결과로서 예수 그리스도가 대신한 죽음의 행위는, 그들의 가설에 따르자면, 아담과 우리들에게 이 두 가지 일들 중 한 가지 혹은 다른 한 가지가 일어나는 것을 막는 예방책으로써 적용되어야 한다.

우리는 모두 죽을 것이기 때문에 이것이 우리의 죽음을 막지 못한다는 것은 분명하다. 그리고 수명에 대한 그들의 이야기가 진실이 되려면, 십자가형 이후로 사람들은 더 빨리 죽게 된다. 그리고 두 번째 설명에(여기에 예수 그리스도의 '자연사'가 인류의 영원한 죽음 또는 천벌을 대신했다는 것을 포함해) 따르면 창조주가 마치 죽음이라는 말로 말장난을 하거나 모호한 표현으로 판결을 내리거나 철회하는 것처럼 매우 부적절하게 묘사하고 있다.

만약 사도 바울이 자신의 이름으로 출판된 책들을 작성했다는 것이 사실이라면, 이 모호한 표현을 창작한 그는 '아담'이라는 말로 또 다른 말장난을 덧붙여 이 모호한 표현을 거듭었던 것이다. 그는 두 명의 '아담'이 있도록 했다. 한 명은 실제로 범죄를 저지르고 대리인에게 고통을 당하도록 한 아담이며, 다른 한 명은 대리인이 범죄를 저지르게 하고 실제로 고통을 당한 아담이다. 이처럼 모호한 표현과 속임수와 말장난이 뒤섞인 종교는 신앙 고백자들에게 이런 기술들에 익숙해지도록 가르치려는 경향이 있다. 그들은 원인도 모르는 채 이런 습성을 갖게 되는 것이다.

만약 예수 그리스도가 이들 신화작가들이 말한 것과 같은 그런 존재였다면, 그리고 죽음 대신 그들이 종종 사용하듯 고통을 당하기 위해 이 세상에 왔다면 그에게 있어 견뎌내야 할 실제적인 고통이란 '살아 있는' 것이다. 그의 지상에서의 생활은 망명 상태이거나 천국으로부터 이주한 것이고 자신의 고향으로 가는 길은 죽는 것이다. 요컨대 이 이상한 신학체계에서는 모든 것이 의도하려는 것과는 반대로 나타난다. 그것은 진실의 반대이며, 나는 이 체계의 모순과 어리석음을 살펴보는 것에 지쳐버렸다. 그래서 좀더 나은 진전을 위해 서둘러 결론을 맺으려 한다.

신약이라 부르는 책들 중 저자로 알려진 사람들이 실제로 어떤 부분을 얼마나 썼는지에 대해 우리는 알 길이 없다. 또한 그것들이 원래 어떤 언어로 씌어졌는지도 모른다. 확실한 것은 신약에 포함된 모든 것들은 일화나 편지 형태의 두 종류로 분류할 수 있다는 것이다.

이미 언급한 마태, 마가, 누가, 요한의 복음은 모두 일화 모음집이다. 그들은 사건들이 일어난 후에 이야기를 들려준다. 그들은 예수 그리스도가 행했던 일이나 했던 말들을 전해준다. 또한 다른 사람들이 행했던 일이나 그들이 예수에게 했던 말들을 전해준다. 많은 경우, 그들은 동일한 사건을 다르게 이야기한다. 계시록은 필연적으로 이 네 권의 책들과 관련해 생각해볼 수는 없다. 저자들의 불일치뿐만 아니라 계시는 어떤 일들이 일어난 것을 보았던 사람에 의한 설명이거나, 직접 어떤 강연이나 대화를 들었던 사람에 의한 설명이나 기록에는 적용될 수 없기 때문이다. (작자 미상의 작품인) 사도행전이라 불리는 책 역시 일화들의 모음집에 속한다.

계시록이라고 불리는 수수께끼 같은 책을 제외하면, 신약의 다른 부분들은 모두 사도서간(使徒書簡)이라 불리는 편지들의 모음이다. 당시에는 편지의 위조가 매우 보편적인 관행이었으므로 이 편지들이 진품이거나 위조품일 확률은 적어도 반반이다. 그러나 한 가지 사실은 논란의 여지가 거의 없다. 즉 이 책들이 담고 있는 내용과 함께 몇몇 옛이야기들의 도움을 받아 교회는 자신들이 받드는 인물이 지닌 품성과는 정반대의 종교 체계를 창시했다는 사실이다. 교회는 겸손하고 가난한 일생을 보낸 인간을 모방하는 척하면서 허세와 수익을 위한 종교를 창립했던 것이다.

연옥(煉獄)의 발명 그리고 기도에 의해 그곳으로부터 영혼이 해방된다는 개념의 발명은 교회를 돈으로 산다는 것이었다. 즉, 면죄부와 관면장(寬免狀) 그리고 은사(恩赦)의 판매는 그런 이름을 붙이지 않았거나 그런 외형을 띠지 않는, 수익을 위한 율법이다. 하지만 그럼에도 불구하고 이러한 일들이 사실은 십자가형의 발작과 그것으로부터 도출된, 즉 한 사람이 다른 사람을 대신할 수 있고, 그를 위해 갸륵한 일을 해 줄 수 있다는 이론에서 유래했다는 것이다. 그러므로 이 전체 이론이거나 소위 대속(代贖: 다른 사람을 대신하는 어느 한 사람의 행위로 성취된다)이라 부르는 교리는 처음부터 모든 부차적이고 금전적인 보상을 공표하고 확립시키려는 목적으로 꾸며냈을 개연성이 있는 것이다. 그리고 대속의 사상이거나 이론의 토대가 되는 이 책들의 구절들은 그런 목적으로 날조되고 꾸며낸 것이었다.

교회가 이 책들의 모든 부분이 진짜라고 말할 때 우리는 왜 교회가 말한 것 외의 모든 것이나 교회가 일으켰다는 기적들을 믿는 것 이상으로 교회를 믿어야 하는 것일까? 교회가 기록을 할 수 있으니 기록을 꾸며낼 수도 있다는 것은 분명하다. 그리고 의심받는 기록들의 구성으로 보아 누구나 할 수 있음직한 것들이다. 그리고 교회가 그것들을 꾸며냈다는 것은, 교회가 했다고 말할 수 있거나 교회가 일으킬 수 있으며 일으켰다는 기적들보다 그 개연성에 있어 모순이 되지 않는다.

그런데 오랜 시간이 지난 이 시점에서 교회가 대속이라 불리는 이 교리를 꾸며냈는지 아닌지를 증명할(이런 증거는 유리한 것이든 불리한 것이든 꾸며냈을 것이라는 동일한 의심을 받게 될 것이다) 외부적인 증거를 제시할 수 없으니 그 자체 내에 수반하고 있는 내부적인 증거를 인용하는 수밖에 없다. 이 내부적인 증거는 날조되었다는 매우 강력한 추정의 근거를 제공한다. 이 내부적 증거는 대속이라는 이론 혹은 교리가 도덕적 정의가 아닌 금전적인 정의에 대한 생각에 기반을 두고 있는 것이기 때문이다.

만약 누군가에게 빚을 졌는데 갚지 못한다면 그는 나를 감옥에 가두겠다고 협박할 것이다. 다른 사람이 그 빚을 떠안고 나 대신 갚아 줄 수 있다. 그러나 내가 범죄를 저질렀다면 사건의 모든 주변환경이 변한다.

도덕적 정의는 죄 없는 사람에게 죄를 씌울 수 없다. 비록 그가 스스로 죄를 감수하겠다고 해도 그렇게 할 수는 없다. 정의가 그런 일을 할 것이라고 가정하는 것은 정의라는 존재의 원칙을 파괴하는 것이다. 정의는 그 자체가 원칙이다. 그렇게 할 경우 그 것은 더 이상 정의가 아니며, 무차별적인 복수가 된다.

　이 한 가지 성찰만으로도 대속의 교리가 다른 사람이 갚아줄 수 있는 빚과 관련되어 있는 단순한 금전적인 생각에 근거하고 있다는 것을 보여준다. 이런 금전적인 생각은 면죄부를 위해 교회에 제공하는 금전이라는 수단을 통해 획득할 수 있는 제2의 대속이라는 체계와도 또 다시 일치한다. 여기에서 이 두 가지 형태의 대속 개념은 모두 동일인이 꾸며냈을 개연성이 있다. 사실을 말하자면 대속 같은 것은 없다. 이것은 황당무계한 것이며, 인간은 이 땅에 존재해온 이래로 줄곧 자신의 창조주와 상대적인 조건을 동일하게 유지하고 있다. 그리고 그렇게 생각하는 것이 인간에게는 커다란 위안이 된다.

　사람들이 이것을 믿도록 한다면 다른 어떤 신학체계에 의한 것보다 더 일관되고 더 도덕적으로 살게 될 것이다. 인간들은 스스로를 범법자, 부랑자, 가난뱅이, 가짜 거지 그리고 마치 창조주로부터 한없이 멀리 떨어진 곳에 있는 똥더미 위로 내쫓긴 자로 생각하도록, 그리고 어떤 중간적인 존재들에게 굽실거리며 벌벌 기어서나 다가갈 수 있다고 생각하도록 교육받는 것에 의해 종교라는 이름 아래 모든 것들을 경멸하면서 무시하거나, 아무것에도 관심을 갖지 않게 되거나, 소위 신앙심이 깊은 사람이 된다.

후자의 경우, 사람들은 자신의 일생을 슬픔이거나 슬픔에 빠져 있는 척하는 것으로 소비한다. 그가 올리는 기도들은 비난이며, 그가 보여주는 비하는 배은망덕이다. 그는 자신을 벌레라고 부르며, 풍요로운 지구를 똥더미로 부른다. 그리고 인생의 모든 축복들을 배은망덕한 헛된 이름으로 부른다. 그는 신이 인간에게 내린 가장 고귀한 선물인 '이성의 은혜'를 멸시한다. 그래서 이성이 혐오하는 신앙체계에 스스로를 억지로 내맡겨 버림으로써, 마치 인간이 '이성'을 스스로에게 부여할 수 있는 것처럼 감사할 줄도 모르고 이것을 '인간의 이성'이라고 부른다.

게다가 이러한 모든 비하의 기묘한 표출 그리고 인간의 이성에 대한 경멸과 더불어 사람들은 가장 뻔뻔스러운 일들을 감행한다. 그는 모든 것에서 잘못을 찾아내며, 이기심은 충족되는 법이 없다. 그의 배은망덕은 절대 멈추지 않는다. 심지어 이 우주의 정부에서 전능자인 신에게 해야 할 일들을 지시하는 역할을 스스로 떠맡는다. 그는 오만하게도 맑은 날에는 비가 내리기를, 비가 오는 날에는 날씨가 맑아지기를 기도하는 것이다. 자신이 기도하는 모든 일에 그와 똑같은 생각을 적용한다. 자신의 모든 기도는 오직 전능자의 생각을 바꾸어 다르게 행동하도록 만들려는 것이기 때문일까? 그것은 마치 '당신은 내가 아는 것만큼 모르는 것 아니오?'라고 말하는 것과 같다.

신의 창조물이 신의 말씀이다

하지만 어쩌면 이렇게 말하는 사람들도 있을 것이다. '우리에 겐 신의 말씀이 전혀 없는 것일까? 계시도 전혀 없나?' 나는 있다 고 대답할 것이다. '신의 말씀도 있고, 계시도 있다.'

신의 말씀은 우리가 보고 있는 신의 창조물이다. 그리고 그것 들은 이 세상 안에 있다. 인간의 그 어떤 발명품으로도 위조하거 나 변형할 수 없는 그것이 바로 신이 인간에게 널리 퍼뜨리신 말 씀인 것이다.

인간의 언어는 지역에 한정되어 있으며 불안정하다. 그러므로 변할 수 없는 보편적인 정보를 전달하는 수단으로 사용될 수 없 다. 그들이 말하는 대로 신이 예수 그리스도를 보내 지구의 한끝 에서 다른 끝에 있는 모든 나라들에 기쁜 소식을 공표하도록 했 다는 생각은 단지 이 세상의 범위에 대해 전혀 아는 것이 없던 당 시 사람들의 무지와 일맥상통할 뿐이다. 그들은 세상의 구원자들 이 믿었던 것처럼 믿었던 것이며, 그후 수 세기 동안 계속해서 지 구는 (과학자들의 발견과 항해가들의 경험과는 상반되게) 마치 나무접시처럼 편평하며 인간이 그 끝까지 걸어갈 수 있다고 믿었던 것이다.

하지만 예수 그리스도는 어떻게 모든 나라들에 무엇인가를 알릴 수 있었던 것일까? 그는 오직 한 가지 언어인 유대어만을 할 수 있었으며, 세상에는 수백 종의 언어가 있다. 두 나라가 같은 언어를 구사하는 경우는 거의 없으며 또한 서로를 이해할 수도 없다. 통역에 있어서도, 언어들에 대해 조금이라도 아는 사람이라면 누구나 원래의 의미를 상당 부분 잃게 될 뿐만 아니라 종종 그 의미를 틀리지 않고 통역하는 것이 불가능하다는 사실을 안다. 이런 모든 것들 외에도 인쇄술은 그리스도가 살았던 시대에는 전혀 알려져 있지도 않았다.

어떤 목적을 성취하기 위한 수단은 반드시 그 목적의 성취와 대등해야 한다. 그렇지 못하면 그 목적은 달성될 수 없다. 바로 이 점에서 무한한 지혜와 힘 그리고 유한한 지혜와 힘의 차이가 스스로를 나타낸다. 인간들은 흔히 목적 달성을 위한 타고난 능력의 부족으로 그의 목적을 이루는 데 실패한다. 그리고 종종 능력을 적절히 적용하지 못하는 지혜의 부족으로 실패한다. 그러나 무한한 지혜와 능력이 있는데 인간이 실패하는 것처럼 실패하는 것은 불가능하다. 무한한 지혜와 능력이 사용하는 수단은 언제나 목적과 대등하다. 그러나 인간의 언어는, 특히 보편적인 언어가 없을 때, 변하지 않으며 한결같은 정보의 수단으로 사용하는 것이 불가능하다. 따라서 인간의 언어는 신이 인간에게 자신을 널리 드러내 보이는 수단이 아닌 것이다.

오직 우주에서만(천지만물) 신의 말씀에 대한 우리의 생각과 개념이 하나가 될 수 있다. 인간의 말이나 언어와는 관계없이, 그것들이 제아무리 많고 다양할지라도, 우주는 보편적인 언어로 말한다. 이것은 태고 이래로 존재해 온 원전으로 모든 인간들이 읽을 수 있다. 위조품을 만들 수도 없으며 사라질 수도 없고 변경시킬 수도 없으며 억누를 수도 없다. 이것이 공표될 것인가 아닌가는 인간의 의지에 좌우되지 않으며, 이 지구의 한끝에서부터 다른 끝에 이르기까지 스스로를 공표한다. 모든 나라와 전 세계에 퍼지는 신의 이러한 말씀은 모든 인간들에게 신에 대해 알아야 할 필요가 있는 모든 것을 드러낸다.

그의 능력에 대해 생각해보기를 원하는가? 우리는 우주의 광대함에서 그것을 확인한다. 그의 지혜에 대해 생각해보기를 원하는가? 우리는 불가해한 완전체를 운행하는 일정불변한 질서에서 그것을 확인한다. 그의 너그러움을 생각해보기를 원하는가? 우리는 이 지구를 채우고 있는 풍족함에서 그것을 확인한다. 그의 자비에 대해 생각해보기를 원하는가? 우리는 감사할 줄 모르는 인간에게도 그 풍족함을 거두어들이지 않는다는 것에서 그것을 확인한다. 요컨대, 신이 무엇인지 알기를 원하는가? 그것은 어떤 인간의 손으로 만든 것일 수도 있는 경전이라 불리는 책에서 찾아서는 안 되며 오직 우주라고 부르는 경전에서 찾아야만 한다.

오직 이성의 실천만으로 신을 발견할 수 있다

인간이 신의 이름에 첨부할 수 있는 유일한 생각은 소위 '최초의 원인' 즉 모든 것들의 원인이다. 인간에게는 '최초의 원인'이 무엇인가는 이해할 수도 없고 난해하지만, 그것을 믿지 않는 것이 열 배는 더 어려우므로 인간들은 그것을 믿게 된 것이다. 우주 공간이 끝이 없을 수 있다는 생각은 표현이 불가능할 정도로 어렵지만, 그 끝을 생각하는 것은 더 어렵다. 우리가 시간이라 부르는 영겁(永劫)의 기간을 생각하는 것은 인간이 지닌 능력의 한계를 벗어난 어려운 일이다. 하지만 시간이 없었던 때를 생각하는 것은 더욱 불가능하다.

이와 같은 방법으로 추론해 보면 우리가 보는 모든 것들은 그 자체 내에 스스로를 만들지 않았다는 내적인 증거를 수반하고 있다. 모든 사람은 스스로가 자기 자신을 만들지 않았다는 증거가 된다. 그의 아버지나 그의 할아버지도 그의 종족의 그 누구도 스스로를 만들 수는 없었다. 나무나 식물 또는 동물도 스스로를 만들 수 없었다. 그리고 이것은 우리가 지니고 있는 증거로부터 생겨난 확신이다. 이를테면, 영원히 존재하는 최초의 원인에 대한 믿음의 필요성에 의해 생겨난 확신이며, 우리가 알고 있는 그 어떤 물질적 존재와도 전혀 다른 특성을 지닌 그것의 힘에 의해 모든 것들이 존재한다는 확신이다. 인간은 이 최초의 원인을 신이라고 부른다.

인간은 오직 이성의 실천에 의해 신을 발견할 수 있다. 이성을 저버린다면 인간은 아무것도 이해할 수 없다. 그럴 경우, 성서라 불리는 책을 인간에게 읽어주나 말에게 읽어주나 마찬가지일 것이다. 그렇다면 도대체 왜 그 사람들은 이성을 거부하는 척하는 것일까?

성서라 불리는 책에서 조금이라도 신의 개념을 전하고 있는 부분은 욥기의 몇몇 장들과 시편 19장 정도뿐이다. 다른 부분은 기억나지 않는다. 이 부분들은 진정한 자연신교적(이신론, 理神論)인 저술이다. 신격을 그의 작품 전체를 통해 다루었기 때문이다. 그들은 창조의 책을 신의 말씀으로 택하였고 다른 어느 책도 참고하지 않았다. 그리고 모든 추론은 이 책을 근거로 하고 있다.

여기에 애디슨(Addison 1672~1719. 영국의 수필가, 시인)이 영어 운문으로 의역한 시편 19장을 삽입한다. 산문은 기억하지 못한다. 그리고 이 글을 쓰는 이곳에서는 그것을 볼 기회가 없다.

"무형의 푸른 하늘과, 드넓은 창공 높은 곳에, 그리고 반짝이는 천상, 빛나는 틀, 그들의 위대한 원래의 선포여. 날부터 날까지 지칠 줄 모르는 태양은, 그의 창조주의 권능을 나타내는구나. 그리고 전능하신 손이 지으신 걸작들을 온누리에 펼쳐 보이신다.

곧 어둠의 그늘이 다가오면, 달이 신비의 이야기들을 이어받아, 지상의 밤 귀에 그녀의 탄생 이야기를 되풀이하는구나. 모든 별들이 그녀의 탄생을 둘러싸고, 모든 혹성들이 그들의 순서를 기다리고, 돌면서 기별을 다짐하는구나. 그래서 북극으로부터 남극까지 진리를 펼치시다.

무엇이 이 장엄한 침묵을 통해 이 지상의 원구를 돌아 움직이는가? 목소리도 없고, 들리는 소리도 없으나, 그들의 빛나는 눈 가운데서 찾은 것은 무엇인가? 이성의 귀에 그들은 모두 환희한다. 그들은 빛나며, 영원히 노래한다. 그리고 영광의 목소리로 외친다. 우리를 만든 손은 신성이시다."

이 모든 것들을 만든 손이나 권능이 신성하고 전능하다는 것 외에 인간은 무엇을 더 알고 싶어 할까? 만약 인간의 이성이 작용하도록 한다면 이것을 저항할 수 없는 힘으로 믿도록 할 것이며 도덕적인 삶의 원칙이 당연히 뒤따르게 될 것이다.

욥기에서 암시하는 것들은 모두 이 시편과 동일한 경향을 보여준다. 즉 다른 방법으로는 알려지지 않았을 진리를 이미 알려져 있는 진리로부터 추론하거나 증명하는 것이다.

욥기의 구절들을 정확히 인용할 정도로 기억하지는 못한다. 그렇지만 내가 지금 말하고자 하는 주제에 적용할 수 있는 한 구절은 떠오른다.

'네가 찾으므로 신을 찾을 수 있느냐? 네가 전능하신 분을 온전히 찾을 수 있느냐?'

성서를 갖고 있지 않아서 인쇄업자가 이 부분을 어떻게 강조했는지 모르겠지만, 이 구절은 두 개의 명확한 답을 허용하는 두 개의 명확한 질문들을 담고 있다.

첫째, '네가 찾으므로 신을 찾을 수 있느냐?' 찾을 수 있다. 그 이유는 무엇보다 먼저 내가 내 자신을 만들어내지 않았지만 내가 존재한다는 것을 알고 있기 때문이다. 자연에 있는 다른 것들을 찾아보면 그것들도 자기 자신을 만들어낼 수 없었지만 수백만의 다양한 것들이 존재한다는 것을 알게 되기 때문이다. 그러므로 이러한 나의 추구의 결과에서 비롯된 확고한 결론에 의해 이런 모든 것들보다 뛰어난 권능이 있으며 그 권능이 신이라는 것을 알고 있는 것이다.

둘째, '네가 전능하신 분을 온전히 찾을 수 있느냐?' 찾을 수 없다. 내가 보고 있는 창조의 구조 속에 나타나 있는 그의 권능과 지혜가 나로서는 이해할 수 없는 것일 뿐만 아니라 그 자체로 위대한 이 구현마저도 어쩌면 무한한 지혜와 권능의 작은 일부분일 수도 있기 때문이다. 나로서는 너무 멀리 떨어져 있어 볼 수조차 없는 수백만의 다른 세계들이 이 무한한 권능과 지혜로 창조되어 줄곧 존재해왔기 때문이다.

이 질문들이 모두 질문을 전달받는 사람들의 이성을 향해 던져졌다는 것은 분명하다. 그리고 오직 첫 번째 질문에 대한 긍정적인 답변에 의해서만 두 번째 질문이 이어질 수 있다는 것도 명백하다. 만약 첫 번째 질문에 부정적으로 대답했다면 첫 번째 질문보다 답하기 어려운 두 번째 질문은 던질 필요도 없으며 심지어는 어리석은 일이 될 것이다. 이 두 가지 질문은 서로 다른 목적이 있다. 첫 번째 질문은 신의 존재와 관련이 있는 것이며, 두 번째 질문은 신의 속성과 관련이 있는 것이다. 이성은 그 한 가지를 찾을 수는 있지만 다른 것의 전체를 발견하기에는 한없이 부족할 뿐이다.

나는 사도라고 불리는 사람들이 썼다는 글에서 신에 대한 개념을 전하는 단 한 구절도 떠올리지 못한다. 이 글들은 주된 논쟁의 대상이며, 한 남자가 십자가에 매달려 고통 속에 죽어간다고 그들이 강조하는 주제는 수도원의 독방에 있는 음울한 천재 수도사에게나 더 잘 어울린다. 그래서 창조의 열린 공간에서 숨 쉬는 다른 누구보다 그들에 의해 작성되었으리라는 것은 전혀 불가능하지 않다. 신의 의로운 행위들을 언급하는 단 한 구절이 떠오른다. 신의 권능과 지혜를 알 수 있게 하는 유일한 그 구절은 예수 그리스도가 좀처럼 믿지 않고 근심걱정하는 것을 달래기 위해 했던 말과 관련된 것이다.

"들에 있는 백합화를 보라. 그들은 애쓰지도 않고 길쌈도 아니 하느니라."

그러나 이 구절은 욥기나 시편 19장에서 사용된 암시들에 훨씬 못 미친다. 하지만 그 생각은 비슷한 것이며 그 비유적 표현의 수수함은 인간의 수수함과 일치한다.

과학은 인간의 발명품이 아니다

나에게는 기독교의 신앙체계가 일종의 무신론처럼 보인다. 즉, 신에 대한 종교적인 거부 같은 것으로 보인다. 신보다는 인간에 대한 믿음을 고백하는 이 신앙체계는 아주 약간의 이신론과 함께 주로 마니즘(Manism ; 사자死者, 특히 조상의 사자나 그 밖의 영적 존재에 대한 신앙)으로 구성된 혼합물이다. 마치 황혼이 어둠과 거의 흡사한 것처럼 이것은 무신론과 흡사하다. 여기에서는 마치 달이 자신의 불투명한 존재를 지구와 태양 사이에 끼워 넣는 것처럼 조물주와 인간 사이에 구세주라는 불투명한 존재를 끌어들인다. 이러한 방법으로 종교적인 혹은 비종교적인 빛의 소멸을 일으키는 것이다. 이것은 이성의 전체적인 궤도에서 빛을 빼앗아 간다.

이런 어두컴컴함의 효과는 모든 것들을 혼란스럽게 만들고, 이 신앙체계를 거꾸로 표현하도록 만드는 것이었다. 이런 식으로 마술적으로 이끌어낸 혁명들 중에서 신학의 혁명도 만들어냈다.

우리가 현재 자연철학이라 부르는 것은 과학의 모든 분야를 포함하며 그 중에서도 주요한 위치를 차지하고 있는 천문학은 신의 작품을 연구하는 학문이다. 그리고 그 작품 속에서 신의 지혜와 권능을 연구하는 천문학이 진정한 신학이다.

현재 기독교의 신앙체계 내에서 연구하고 있는 신학에 대해 말하자면, 이것은 신에 관한 인간의 의견이나 인간의 환상에 대한 연구이다. 그것은 신이 만들어낸 작품들 속에서 신 자체를 연구하는 것이 아니라, 사람이 만들어낸 작품이나 저술에 대한 연구인 것이다. 그리고 이것은 기독교 체계가 이 세계에 끼친 해악들 중에서도 적지 않은 것으로, 마치 '훌륭한 바보'처럼 괴롭히고 비난하기 위해 그리고 거짓 신앙의 추한 마녀에게 자리를 마련해주기 위해 신학 고유의 아름다운 체계를 내버렸다.

아름답고 순진무구한 사람 같은 본래의 아름다운 신학체계를 고통과 질책을 위해, 미신이라도 추한 노파에게 자리를 마련해주기 위해 포기해 버렸다.

성서라고 부르는 책 속에서 위치하고 있는 연대기적 순서보다 좀 더 오래된 것이라고 교회에서도 인정하는 욥기와 시편 19장은 본래의 신학체계와 일치하는 신학 논설이다. 이 논설들의 내부적인 증거는 창조의 작업과 그러한 작업에서 드러나고 명시된 신의 권능과 지혜에 대한 연구와 명상이 그것들이 작성될 당시의 종교적인 헌신에서 중요한 부분을 차지하고 있었다는 것을 명확하게 증명해주고 있다.

그리고 현재 과학이라 부르는 것을 확립했던 원리들의 발견을 이끈 것은 이러한 헌신적인 연구와 명상이었다. 인간의 생활을 편리하게 해주는 데 기여한 거의 모든 기술은 이 원리의 발견 덕분에 존재하는 것이다. 비록 무의식적으로 이런 일들을 하는 사람들은 흔히 그 연관 관계를 인식하지 못하는 경우가 많지만 모든 주요한 기술은 과학에서 비롯된 것이다.

과학을 인간의 발명품이라고 부르는 것은 기독교 체계의 눈속임이다. 인간적인 것은 단지 그 응용뿐이다. 모든 과학은 우주가 규정되고 다스려지도록 하는 고정되고 변경할 수 없는 원리들의 체계를 기반으로 삼고 있다. 인간은 원리를 만들 수 없으며, 다만 그 원리를 발견할 수 있을 뿐이다.

예를 들면, 달력을 보는 모든 사람은 일식이 일어날 날짜를 보게 되며, 정해진 날짜에 따라 어김없이 일식이 일어난다는 것도 보게 된다. 이것은 인간이 천체의 운행 법칙을 잘 알고 있다는 것을 보여준다. 그러나 이 지구상에 있는 어떤 교회라도 그 법칙들이 인간의 발명품이라고 말한다면 무지한 것보다 더 나쁜 일이다. 또한 일식이 일어나는 때를 계산하고 미리 알 수 있도록 도와주는 과학적 원리들을 인간의 발명이라고 말하는 것 또한 무지하거나 혹은 그보다 더 나쁜 짓이다. 인간은 영원히 변하지 않는 것을 발명할 수 없다. 그리고 인간이 그러한 목적을 위해 적용하는 과학 원리들은 반드시 그리고 필연적으로 천체가 운행하는 법칙만큼이나 영원히 변하지 않는 것이어야 한다. 그렇지 않다면 그것들이 언제 그리고 어떤 방식으로 일식이 일어나는지를 확인하는 데 활용할 수 없다.

인간이 일식이거나 천체의 운행과 관련된 어떤 것들을 예측하기 위해 사용한 과학적 원리들은 대개 삼각법이라 불리는 과학의 분야에 포함되어 있다. 삼각형의 특성을 다루는 이 분야를 천체의 운행을 연구하는데 적용하면 천문학이라 부르며, 바다를 항해하는 배의 진로를 정하는데 적용하면 항해술이라 부른다. 자와 컴퍼스로 그린 도형의 구조에 적용되면 기하학이라 부르고 설계도면을 그리는데 적용하면 건축학, 지표면의 어느 부분을 측량하는데 적용하면 토지측량술이라 부른다. 결국 이것은 과학의 정수(精髓)이며 영원한 진리다. 이것은 인간들이 말하는 수학적인 증명을 포함하고 있으며 그 활용 범위는 가늠할 수 없다.

사람이 삼각형을 만들거나 그릴 수 있으니 삼각형은 인간의 발명품이라고 말할 수도 있을 것이다. 그러나 그려진 삼각형은 그 원리의 이미지에 불과하다. 이것은 다른 방법으로는 알아차릴 수 없는 원리의 윤곽으로 눈에 전해지고 눈으로부터 정신으로 전해진 것이다. 삼각형이 원리를 만드는 것이 아니며, 그것은 어두운 방에 들고 들어온 촛불이 그 전에는 볼 수 없었던 의자나 식탁을 만드는 것이 아닌 것과 같다. 삼각형의 모든 특성은 그 모양과는 관계없이 존재하는 것으로, 그 어떤 삼각형이 그려지든 사람들이 생각하기 전부터 존재했던 것이다. 인간이 천체의 운행법칙을 만들지 않았던 것만큼이나 삼각형의 특성을 형성하는 데 아무것도 한 일이 없다. 따라서 삼각형의 특성은 천체의 운행법칙과 똑같이 신성한 기원(起源)이 있어야만 한다.

이와 똑같은 방식으로, 사람이 삼각형을 만들 수 있다고 말할 수 있다면 사람이 지렛대라는 기계장치를 만들 수 있다고도 말할 수 있다. 그러나 지렛대의 작동원리는 그 기구와 별개의 것으로 기구가 존재하지 않더라도 원리는 존재할 것이다. 기구가 만들어진 후 그 원리가 기구에 부여되는 것이다. 그러므로 기구는 그 원리가 적용되지 않고서는 작동할 수 없다. 발명을 위한 인간의 모든 노력도 이 원리가 다른 방식으로 작동하도록 만들 수는 없다. 이런 모든 경우에 인간이 효과라고 부르는 것은 원리 자체가 오감이 인식할 수 있도록 만들어준 것일 뿐이다.

인간이 원리를 만들 수 없다면 어디에서 그런 지식을 얻어 지상의 사물들에 적용할 뿐만 아니라 모든 천체들이 그렇듯이, 무한히 먼거리에 있는 천체들의 운행을 확인하는데 적용할 수 있을까? 나는 이렇게 묻겠다. 진정한 신학의 연구로부터 얻는 것 외에 인간이 어디에서 이런 지식을 얻을 수 있을까?

이런 지식을 인간에게 가르쳐준 것은 우주의 구조다. 이 구조는 수리과학의 모든 분야가 근거로 삼고 있는 모든 원리들의 영원한 전시장이다. 이 과학의 자손이 역학이다. 역학은 이 과학의 원리들이 실용적으로 적용된 것일 뿐이기 때문이다. 제분기의 여러 부분들을 조화롭게 구성한 사람은 마치 우주를 건설할 권능이라도 가진 것처럼 이와 동일한 과학 원리들을 활용한다. 하지만 그는 보이지 않는 대리자가 우주라는 무한한 기계의 모든 부품들이 서로에게 영향을 끼치게 하고, 눈에 보이는 접촉 없이도 운동의 조화를 이루게 하는 인간이 인력, 중력, 반발력이라고 부르는 것들을 물질에 부여할 수는 없으므로 그 대리자의 자리를 조악한 톱니의 모형과 톱니바퀴로 대신하는 것이다.

인간의 소우주에서는 모든 부분들이 눈에 보이게 접촉해야만 한다. 하지만 인간이 그 대리자에 대해 알게 되어 그것을 실제에 적용할 수 있게 되었다면 우리는 그제서야 '신의 말씀'이 담긴 정전(正典)으로 인정할 또 다른 책이 발견되었다고 말할 수 있을 것이다.

만약 인간이 지레의 성질을 바꿀 수 있다면 삼각형의 특성도 바꿀 수 있을 것이다. 지레는(설명의 편의상 대저울steelyard이라는 일종의 지레를 예로 들자) 작동될 때 삼각형을 형성하기 때문이다. 지레의 받침대에서 나온 줄과 (이 줄의 한 끝은 지레의 받침점에 있다) 끝점에 잇도록 내려간 줄 그리고 지레의 끝점이 공중에 그리는 호형(弧形)을 잇는 줄이 이 삼각형의 세 변을 이룬다. 지레의 다른 팔 역시 삼각형을 이룬다. 이 두 삼각형의 대응하는 변들은 과학적으로 계산하거나 기하학적으로 측정하든 혹은 각으로부터 정현(正弦, Sine), 정접(正接, Tangent), 정할(正割, Secant)로 계산하거나 기하학적으로 측정해보면 이들은 서로 같은 비례를 갖는다. 지레 위에서 서로 다른 무게들이 균형을 이루면서 지레 자체의 무게는 상관이 없게 된다.

사람이 바퀴와 축을 만들 수 있으며, 서로 다른 크기의 바퀴들을 한축에 달 수 있으니 제분기를 만들어내는 것이라고 말할 수도 있을 것이다. 여기에서도 요점은 같다. 즉 바퀴들이 그런 힘을 낼 수 있는 원리를 인간이 만든 것이 아니라는 점이다. 앞에서의 경우와 마찬가지로 이 원리는 변경이 불가능한 것으로 눈에만 다르게 보일 뿐 동일한 원리 하에서 작동한다는 것이다.

크기가 다른 두 개의 바퀴가 서로에게 작용하는 힘은, 마치 두 바퀴의 반경이 결합된 것과 동일한 비례로 앞서 설명한 것과 같은 종류의 지레가 되어 반경들이 연결된 부분에서 멈추게 된다. 과학적으로 생각해보면 두 개의 바퀴는 이 혼합된 지레의 움직임에 의해 생성되는 두 개의 원에 불과하기 때문이다.

모든 과학 지식은 진정한 신학의 연구에서 비롯되며 이 지식으로부터 모든 기술들이 파생된다.

전능하신 강연자는 우주의 구조 내에 과학 원리를 펼쳐 보이는 것으로 인간에게 연구하고 모방하도록 권하고 있다. 그것은 마치 우리가 우리 것이라고 부르는 이 지구의 거주자들에게 이렇게 말하는 것과 같다.

'나는 인간들이 살 수 있도록 지구를 만들고 천상의 별들을 볼 수 있도록 하여 인간들에게 과학과 기술을 가르치려 한다. 이제 인간들은 스스로 평안하게 살 수 있으니, 모두에게 아낌없이 베

푸는 나의 너그러움을 배워 서로 다정하게 살도록 하라.'

까마득히 먼 거리에서 우주 공간에 떠돌고 있는 광대무변한 세상을 볼 수 있는 능력을 부여한 것이 인간들에게 무언가를 가르치려 했던 것이 아니라면 대체 무슨 소용이 있을까? 이 광대무변한 세상을 인간들에게 보이도록 한 것은 어떤 목적이 있을까? 인간이 플레이아데스 성단(황소 자리의 일곱별)이나 오리온 좌, 시리우스 혹은 북극성이라 부르는 별, 토성, 목성, 화성, 금성 및 수성이라 부르는 움직이는 천체들을 관찰하는 것이 아무런 쓸모도 없는 일이라면 그것들이 인간과 무슨 관계가 있다는 것일까? 만약 지금 인간이 누리고 있는 무한한 공간이 번쩍거리는 구경거리들이 있는 황폐한 공간이라도 되는 듯이 단지 소모되기 위해 주어진 것이라면 인간의 가시능력은 지금보다 더 나빴어도 충분했을 것이다.

과학책에서나 과학 학파들이 그렇듯이 천체라 부르는 것을 유심히 관찰해 보는 것만으로도 사람들은 눈에 보이는 것을 활용할 방법이거나, 자신의 무한한 시각에서 비롯된 이점을 발견하게 된다. 하지만 이런 관점에서 이 주제를 성찰할 때 사람들은 아무것도 헛되이 만들어진 것은 없다고 말할 또 다른 동기를 찾게 된다. 만약 헛되이 만들어진 것이라면 관찰할 수 있는 능력은 인간들에게 아무것도 가르쳐주지 않을 것이기 때문이다.

과학교육에 끼친 기독교의 영향

기독교의 신앙체계가 신학에 혁명을 일으켰듯이 학문의 상황에도 혁명을 일으켰다. 현재 학문이라고 부르는 것들은 원래의 학문이 아니었다. 현재의 학교에서 가르치는 것처럼 학문은 언어에 대한 지식에 있는 것이 아니라 언어가 명명한 것들에 대한 지식이다.

그리스인들은 학식이 있는 사람들이었지만, 그들에게 학문은 그리스어를 말하는 것이 아니었다. 그것은 로마인이 라틴어를 말하거나 프랑스인이 불어를, 영국인이 영어를 말하는 것이 학문이 아닌 것과 같다. 우리가 그리스인들로부터 알 수 있는 것은 그들이 자신들의 언어 외의 언어를 알았다거나 연구했던 것처럼 보이지는 않는다는 점이다. 그리고 이것이 바로 그들이 그처럼 박식하게 된 한 가지 원인이었다. 그로 인해 그들은 더 훌륭한 것들을 연구하는데 더 많은 시간을 활용할 수 있었던 것이다.

그리스의 학파들은 과학과 철학의 학파들이지 언어의 학파는 아니었다. 그리고 학문은 과학과 철학이 가르쳐주는 것들에 대한 지식인 것이다.

현존하는 거의 모든 과학적 지식은 그리스로부터 혹은 그리스어를 사용하는 사람들로부터 전해진 것이다. 그래서 다른 언어를 사용하는 다른 나라의 사람들은 그리스의 과학과 철학 책을 각 나라의 언어로 번역하는 것으로 그리스의 학문을 배우고 자신들의 나라에 전하기 위해 그리스어를 배워야만 했다.

그래서 그리스어를 배우는 것은(라틴어도 마찬가지이지만) 언어 학자들이 해야 할 단조롭고 고된 일일 뿐이었으며, 그렇게 배운 언어는 다만 그리스의 학문을 배우기 위한 수단 혹은 도구일 뿐이었다. 이것은 학문 자체의 일부분이 아닌 별개의 일이었으며, 예를 들어 유클리드 초등 기하학 같은 작품을 번역하기에 충분할 정도로 그리스어를 익힌 사람들도 그들의 작품들이 담고 있는 학문을 제대로 이해하지 못하는 것은 충분히 가능한 일이었다.

유용한 책들은 이미 모두 번역이 되어 있고, 지금은 죽은 언어로부터 배울 새로운 것은 전혀 없어 그 언어들은 쓸모가 없게 되었으므로 그것들을 가르치고 배우는데 사용되는 시간은 낭비인 것이다. 언어 학습이 지식의 발달과 전달에 공헌할 수는 있겠지만 (지식은 창조와는 아무런 관련이 없기 때문에) 새로운 지식은 살아있는 언어에서만 찾을 수 있다.

일반적으로, 한 청년이 살아있는 언어로 1년 동안 배울 수 있는 것이 죽은 언어로 7년간 배울 수 있는 것보다 더 많다는 것은 분명하다. 또한 교사 자신도 죽은 언어에 대해 충분히 알고 있는 경우도 드물다. 죽은 언어를 배우는데 따르는 어려움은 그 언어 자체의 포괄적인 난해함에서 기인하는 것이 아니라 지금은 죽어 있으면서 그 발음이 모두 소멸되었다는 것에서 비롯된다. 죽은 언어는 모두 이와 같은 경우를 겪게 될 것이다.

현재의 가장 뛰어난 그리스어 학자일지라도 그리스인 농부나 소젖을 짜는 그리스인 하녀만큼 그리스어를 이해하지는 못한다. 마찬가지로 로마인 농부나 하녀와 비교하여 라틴어 학자가 라틴어를 더 잘하지는 못한다. 따라서 학습의 장에서 죽은 언어를 폐지하고 원래의 목표대로 학습을 과학지식으로 채우는 것이 더 유용하다.

가끔 죽은 언어를 계속 가르치는 것에 대한 변명으로 어린이들이 기억력 외의 다른 지적 능력을 발휘할 수 없는 시기에 배우는 것이라고 하지만 이것은 전적으로 잘못된 것이다. 인간의 정신은 과학지식과 그와 관련된 것들에 대한 타고난 성향이 있다.

놀이를 시작하기 전에도 어린이들이 가장 처음으로 즐기는 오락은 어른들의 작업을 모방하는 것이다. 어린이들은 막대기나 카드로 집을 짓고 커다란 대접에 작은 바다를 만들어 종이배를 띄워 항해한다. 혹은 도랑에 댐을 만들고 물방앗간이라고 부르는 것을 고안해 낸다. 그들은 자신들이 이룩해 놓은 것들에 애착에 가까운 관심을 쏟는다. 나중에 학교에 가서 죽은 언어에 대한 쓸모없는 학습에 의해 그들의 천재성은 사라지고 죽은 언어학자들 사이에서 철학자들은 길을 잃는다.

하지만 지금 계속해서 죽은 언어를 가르치는 것에 대한 변명으로 내세우는 것이 무엇보다 학습을 편협하고 초라한 언어학의 영역에 국한시키는 근거가 될 수는 없다. 따라서 그 근거는 다른 곳에서 찾아야만 할 것이다. 이런 종류의 탐색에서 얻어낼 수 있는 가장 좋은 증거는 그 자체에 수반되는 내적인 증거와 그것과 결합된 상황적인 증거일 것이다. 이 경우 그 두 가지를 찾아내는 일은 어렵지 않다.

신이 죄인을 대신해 죄 없는 사람이 고통 받도록 했던 것이라고 가정하여 신의 도덕적 정의를 모욕하고, 또한 아담에게 내려졌다는 판결을 집행하지 않으려는 구실을 만들기 위해 신이 스스로 인간의 형상으로 변신했다고 가정하는 허술한 도덕성과 저속한 책략은 별개의 고려사항으로 제쳐두고서도, 이른바 기독교 신앙체계로 불리는 것은 — 창조에 대한 엉뚱한 설명, 이브에 대한 이상한 이야기, 뱀과 사과, 신인(神人)에 대한 애매모호한 생각, 신의 죽음에 대한 물질적인 생각, 신들의 가계에 대한 신화적인 발상 그리고 하나가 셋이고 셋이 하나라는 기독교식 산술법을 포함하여 이들 모두가 상호 모순이라는 것은 분명하다. 신이 인간에게 내린 이성이라는 신성한 재능뿐만 아니라 과학의 도움과 신이 창조한 우주의 구조를 연구함으로써 인간이 얻게 된 신의 능력과 지혜에 대한 지식과도 분명히 모순된다.

그러므로 기독교 신앙체계의 선동꾼들과 옹호자들은 과학의 도움으로 우주의 구조와 창조주의 모든 작품들 속에 명백히 드러나 있는 신의 권능과 지혜에 대해 인간이 얻게 될 지속적으로 누적된 지식이 그들의 신앙체계의 진실성에 불리하게 작용하여 의심을 품게 될 것을 예측하지 않을 수 없었던 것이다. 따라서 그들의 계획에 위협이 되지 않을 정도로 학문의 수준을 낮춰야 한다는 목표가 필요하게 되었다. 그리고 그 목표는 학문에 대한 생각을 죽은 언어에 대한 죽은 학습으로 제한하는 것으로 달성했다.

그들은 기독교 학교에서 과학 학습을 거부했을 뿐만 아니라 박해했으며, 과학에 대한 연구가 되살아난 것은 지난 2세기도 채되지 않았다. 1610년이 되어서야 피렌체 사람인 갈릴레오가 망원경을 발견하여 사용법을 소개했고, 천체의 운동과 외형을 관찰하는 데 이용하는 것으로 우주의 진정한 구조를 확인하는 추가적인 수단을 제공했다. 이런 발견으로 존중받는 대신 그는 가증스러운 이단으로서 망원경과 그로부터 비롯된 견해들을 포기하라는 판결을 받았다. 그리고 그 이전 시대에 비르질리오(Virgilius : 700?~784.

수도사. 수학에 능통했으며 구형球形지구설을 주장했다)는 대척점 이론, 혹은 다른 말로 하면, 지구는 공같이 둥글며 육지가 있는 모든 곳에서 사람이 거주할 수 있다는 주장으로 화형을 선고받았다. 하지만 그러한 진실은 이제 어디서에나 언급될 정도로 너무나 잘 알려져 있다.

만약 도덕적으로 나쁘지 않은 오류에 대한 믿음이 아무런 해악도 끼치지 않는다면 그것을 반대하거나 없애려는 것이 인간이 지켜야 할 도덕적 의무의 일부분이 되지는 않는다. 지구가 동글납작한 나무 접시 모양으로 편평하다고 믿는 것에는 도덕적인 사악함이 없다. 지구가 공처럼 둥글다고 믿는 것에 도덕적인 미덕이 없는 것과 같다.

또한 창조주가 이 세계 외의 다른 세계는 전혀 만들지 않았다는 믿음에는 도덕적인 죄악이 없다. 그가 수백만 개의 세계들을 만들었으며 무한대의 공간은 그 세계들로 채워져 있다고 믿는 것에 도덕적인 미덕이 없는 것과 같다. 그러나 진실이 아닌 가상의 창조체계에서 비롯된 종교체계가 그 자체를 거의 분리할 수 없는 방법으로 서로를 결합시키게 되면 이 문제는 전혀 다른 양상을 띠게 된다. 그때부터는 도덕적으로 나쁘지 않은 오류들이 마치 본래부터 그랬다는 듯이 해악으로 가득 찬 것이 되고 만다. 그러면 그 자체로는 중립적이었을 진실은 부합하는 증거에 의해 확인하거나, 상충되는 증거에 의해 거부하는 기준이 됨으로써 본질적인 요소가 되어 종교 자체의 현실이 된다. 문제를 이런 관점에서 본다면, 종교체계와 관련된 천체의 구조 또는 창조의 다른 부분들이 제공해 주는 가능한 모든 증거들을 얻어내는 것은 인간의 도덕적인 의무이다.

그러나 기독교 체계의 후원자나 열성적인 지지자들은 마치 그 결과가 두렵다는 듯이 끊임없이 반대하면서 과학을 거부할 뿐만 아니라 전문가들을 박해했다. 만약 뉴턴이나 데카르트가 3, 4백년 전에 살았고 그들이 했던 그런 연구들을 수행했다면 연구를 마칠 때까지 살아남지 못했을 가능성이 크다. 당시에 프랭클린이 구름으로부터 번개를 끌어냈다면 화염 속에서 사라지는 운명에 처해졌을 것이다.

그 다음 시대에는 모든 비난이 고트족(Goths)과 반달족(Vandals)에게 쏟아졌다. 그러나 기독교 체계의 열성 지지자들은 믿거나 인정하지 않으려 하겠지만 무지의 시대는 기독교 체계와 함께 시작되었다는 것은 진실이다. 그 시기 이전의 세상에는 그 후의 수세기보다 더 많은 지식이 있었다. 그리고 이미 언급했듯이 종교적 지식에 있어 기독교 체계는 그저 또 다른 종류의 신화일 뿐이며 그들이 계승한 신화는 고대의 인격신론이 변조된 것이다.

신학과 종교에 일어난 모든 타락은 사람들이 계시종교라 부르는 것을 받아들임으로써 일어난 것이다. 신화학자들은 기독교도들보다 더 많이 계시종교를 주장했다. 그들에게는 거의 모든 경우에 신의 말씀을 육성으로 받아 전달한다는 그들만의 신탁(神託)과 성직자들이 있었다.

그 이후로 몰렉(Moloch: 암몬 사람들이 민족신으로 섬긴 우상)에서부터 현대판 예정론 그리고 이교도의 인간 희생제물과 기독교 창조자의 희생에 이르기까지 모든 타락은 계시종교라 불리는 것들을 받아들임으로써 일어난 것이었다.

이러한 모든 악과 사기를 방지하는 가장 효과적인 방법은 창세기에 명시된 것 외의 그 어떤 계시도 받아들이지 않고, 그 창조를 신이 행했거나 영원히 존재하게 될 진실하고 실재하는 유일한 신의 말씀으로 깊이 생각하는 것이다. 그 외에 신의 말씀으로 불리는 모든 것들은 우화이거나 속임수다.

다른 원인이 아닌 이 장기간에 걸친 과학의 공백기로 인해 우리는 현재 수백 년이라는 엄청난 간극을 통해 고대 문명인이라고 부르는 훌륭한 인물들을 살펴보아야만 한다. 이전에 존재했던 그 종족들과 함께 지식의 진보가 조화롭게 진행되었다면 이 간극은 뛰어난 지식을 지닌 인물들로 채워져 있었을 것이다. 그리고 우리가 지금 그토록 존경하는 그 고대 문명인들이 무대의 배경에 훌륭하게 등장했을 것이다. 하지만 기독교 체계는 모든 것을 황폐하게 만들었다. 만약 우리가 16세기 초기에 있었다면, 우리는 마치 시야를 가로막는 한 그루의 관목도 없는 드넓은 사막 너머로 기름진 언덕을 바라보는 것처럼, 길고 긴 시간적 간극을 통해 고대인들을 돌아보고 있을 것이다.

모든 것이 종교의 이름하에 존재해야만 하며, 신이 만든 우주의 구조에 대한 연구와 성찰을 반종교적이라고 주장하는 것은 도저히 신뢰할 수 없는 모순이다. 그러나 그 사실은 확고하게 굳어져 있어 거부할 수도 없다.

다른 무엇보다 이 장기간에 걸친 전제적인 무지의 사슬을 끊는 데 공헌한 것은 루터의 개혁으로 알려져 있는 사건이다. 비록 루터나 개혁파로 불리는 자들이 의도한 것으로 보이지는 않지만, 이때부터 과학 분야들이 되살아나고 과학의 자연스러운 동반자인 자유의사에 대한 존중이 나타났다. 이것은 종교개혁이 이루어 낸 유일한 공공의 이익이었다. 종교적 이익을 위해서는 일어나지 말았어야 했던 일이었다. 신화는 여전히 똑같이 존속되었으며 기독교 왕국의 교황이 몰락하면서 민족주의적인 다수의 교황들이 나타나게 되었다.

누구나 스스로가 자신의 선생이 된다

이렇게 사안의 내적인 증거로부터 학문의 장(場)에서 변화가
발생하게 된 원인과 과학 대신 죽은 언어의 학습으로 대체하게
된 동기를 보여주었으니, 계속해서 이미 앞에서 제시한 몇 가지
관찰 결과에 더해 기독교의 종교체계와 관련해 우주의 구조가 제
공하는 증거와 비교하거나 대비해 보기로 하자. 그러나 내가 젊
은 시절에 가졌던 생각들을 언급하는 것보다 이 부분을 더 잘 시
작할 수는 없을 것이다. 그리고 이런 생각들은 분명 거의 모든 사
람들이 언젠가 한번쯤은 생각해보았을 것이다. 그것들이 어떤 생
각이었는지를 설명하고 나서 이 주제로부터 파생될 다른 문제들
을 덧붙여 서문 형식으로 전체적인 내용을 짧게 소개하려 한다.
    퀘이커 교도를 부친으로 둔 나는 참으로 훌륭한 도덕 교육과
유용한 지식을 상당히 많이 쌓는 행운을 누렸다. 나는 중학교에
다니기는 했지만 라틴어를 배우지 않았다. 내가 어학을 전혀 좋
아하지 않았을 뿐만 아니라 언어를 가르치는 책들을 퀘이커 교도
들이 반대했기 때문이기도 했다. 하지만 이런 일들이 내가 학교
에서 사용된 모든 라틴어 책들의 과목을 익히는 것을 막지는 않

았다.

나는 천성적으로 과학을 좋아했다. 시도 약간 좋아했고, 시에 재능이 있다고 믿기도 했지만 나를 상상의 세계로 너무 깊이 이끌어갔기 때문에 빠져들기보다 억제하려 했다. 돈을 쓸 수 있는 나이가 되자마자 나는 즉시 한 쌍의 지구본을 구입했으며, 마틴과 퍼거슨 씨의 철학 강의를 수강했다. 그 후 왕립학회(Royal Societ)의 베비스(Bevis) 박사를 알게 되었다. 당시 템플에 살고 있던 그는 훌륭한 천문학자였다.

소위 정치라는 것에는 전혀 관심이 없었다. 정치는 내게 경마잡이라는 단어 속에 포함된 정도의 개념으로만 다가왔다. 그래서 정부의 문제에 대해 관심을 갖게 되었을 때, 그동안 교육받았던 도덕과 철학의 원칙과 조화를 이루는 나 자신만의 체계를 형성해야만 했다. 나는 미국의 정세에서 정치 자체가 세상을 향해 펼쳐 보이고 있는 거대한 현장을 보았으며, 적어도 보았다고 생각했다. 그리고 나에게는 미국인들이 영국 정부와 관련해 진행하고 있던 계획을 변경하고 스스로 독립을 선언하지 않는다면, 수많은 새로운 어려움에 빠져들게 될 뿐만 아니라 당시에 그들을 수단으로 삼아 인류에게 제시되고 있던 전망을 가로막게 될 것으로 보았다.

이런 동기들로부터 나는 《상식》이라는 제목의 작품을 출간했다. 그것은 내가 처음으로 출간한 작품이었다. 나 자신에 대해 판단할 수 있는 한, 만약 미국의 상황을 위한 것이 아니었다면 나는 그 어떤 주제로도 이 세상에 저자로 알려지지는 않았을 것이라고 믿는다. 나는 《상식》을 1775년 말에 쓰고 1776년 1월에 발행했다. 뒤이어 7월 4일에 독립이 선언되었다.

자신의 정신을 관찰하는 것으로 인간 정신의 상태나 발전 과정을 관찰해 본 사람이라면 이른바 사상이라는 것에는 뚜렷하게 구별되는 두 가지 종류가 있다는 것을 알아차릴 수밖에 없다. 즉 반성과 사고 행위에 의해 스스로 만들어내는 것들과 자연스럽게 정신 속에 심어지게 되는 것들이다. 만약 간직할 만한 가치가 있다면, 나는 이 자발적인 방문자들을 정중하게 대접하면서, 내가 할 수 있는 한 언제나 조심스럽게 검토해보는 것을 원칙으로 삼고 있으며, 내가 갖고 있는 거의 모든 지식은 그렇게 얻은 것들이다.

한 사람이 학교 교육으로부터 얻는 배움이라는 것은 마치 약간의 자본금 같은 것이어서 그 이후로 스스로 배우기 시작할 수 있는 길로 들어서게 하는 역할을 할 뿐이다. 배우는 사람들은 누구나 결국에는 스스로가 자신의 선생이 된다. 그 이유는 여러 가지 상황들에 대한 독특한 속성을 지닌 원칙들은 기억에 새겨질 수 없기 때문이다. 정신 속에 있는 그들의 거주지는 이해력이며 절대로 생각을 시작할 때처럼 지속되지는 않는다. 이 정도면 서문으로는 충분하리라.

어떤 일정한 의견을 갖게 되고, 심사숙고에 의해 그것을 행동에 옮길 수 있게 되었던 때부터 나는 기독교 체계의 진실성에 의심을 품거나 이상한 일이라고 생각했다. 어떤 것이었는지 정확히 알지는 못했지만 7, 8살 무렵 나는 교회 일에 열성적이던 친척이 읽어준 신의 아들의 죽음에 의한 구원이라는 주제의 설교를 들었던 것은 잘 기억하고 있다.

설교가 끝난 후 정원으로 나가 계단을 내려가면서― 내가 들었던 것을 다시 떠올리자 반감이 생겼다. 그리고 그 설교가 전능한 신을 마치 다른 방법으로는 복수를 할 수 없게 되자 스스로 자신의 아들을 죽여 버린 성미 급한 남자처럼 행동하도록 만들고 있다고 생각했다. 그리고 그런 일을 한 남자라면 교수형에 처해질 것이라고 확신했으므로 그런 설교를 하는 목적이 무엇인지를 도저히 알 수 없었다. 그것은 어린아이다운 경솔함이 담겨 있는 그런 종류의 생각은 아니었다. 신은 그런 행동을 하기에는 너무 현명하며, 또한 그런 일을 할 필요도 없을 만큼 전능하다는 생각에서 비롯된 진지한 의견이었다.

나는 지금 이 순간에도 그렇게 믿고 있다. 더 나아가 어린이의 정신에 그런 식의 충격을 줄 수 있는 내용을 담고 있는 종교체계라면 진정한 체계가 될 수 없다고 믿는다.

그것은 마치 기독교도인 부모가 자녀들에게 자신들의 종교 원리에 대해 말해주는 것을 부끄럽게 생각하는 것처럼 보인다. 그들은 때때로 자녀들에게 도덕을 가르칠 것이며, 그들이 신의 섭리라 부르는 것의 미덕에 대해 말해줄 것이다. 기독교 신화에는 다섯 가지의 신격 ─ 성부, 성자, 성령, 신의 섭리(God Providence), 자연 여신(Goddess Nature) ─ 이 있기 때문이다. 그러나 신인 아버지가 자신의 아들을 죽도록 만들었다거나 사람들을 시켜 그렇게 하도록 했다는(이것은 그 이야기를 평상적인 언어로 말한 것이다) 기독교의 이야기는 부모들이 자녀에게 해 줄 수는 없을 것이다. 그리고 인류를 더 행복하고 더 잘 살도록 하기 위해 그렇게 했다고 말하는 것은 이야기를 더욱 나쁘게 만들어버린다. 마치 인류가 살인의 본보기에 의해 더 나아질 수 있다는 것처럼 된다. 그리고 어린이에게 이 모든 것이 신비한 일이라고 말하는 것은 이야기의 허무맹랑함을 변명하는 것일 뿐이다.

이것은 순수하고 단순한 이신론(理神論)의 신앙고백과 얼마나 다른가! 진정한 이신론자는 단 하나의 신격을 믿는다. 그리고 그의 종교는 신의 행위 속에서 신의 능력과 지혜와 은혜를 명상하면서, 모든 도덕적, 과학적 그리고 기계적인 것들을 본받으려 노력하는 것으로 구성되어 있다.

다른 모든 종교들 중 도덕과 자애라는 면에서 진정한 이신론에 가장 가까이 다가서 있는 것은 퀘이커 교도들의 신앙고백이다. 하지만 그들은 신앙체계로부터 신의 행위를 배제시킴으로써 스스로 너무 많이 위축되어 있다. 비록 나는 그들의 박애정신을 존중하지만 그들의 기발한 착상에 대해서는 미소를 짓지 않을 수가 없다. 만약 창조의 과정에서 퀘이커교도들의 성향이 반영되었다면 얼마나 고요하고 생기조차 없는 무덤덤한 창조가 되었을까! 꽃 한 송이도 화사한 색깔로 피어나지 못했을 것이며 새들도 노래하지 못하게 되었을 것이다.

이런 생각들은 멈추고, 다른 문제들을 생각해보기로 했다. 지구본과 태양계의(儀: 태양계를 표현한 모형)의 사용법을 스스로 익히고 나자 공간의 무한함과 물질의 영원한 가분성(可分性)에 대해 생각하게 되었다. 그리고 자연철학이라 불리는 학문에 대해 일반적인 지식을 그런대로 습득하고 나자, 앞서 말했듯이, 기독교 신앙체계가 제공해주는 것들과 영원한 증거를 비교하고 대비해 보기 시작했다.

비록 우리가 살고 있는 이 세상이 거주할 수 있는 창조물의 전부라는 것이 기독교 체계의 직접적인 설명은 아니지만 여기에서 확대되어 이른바 창조에 대한 모세의 설명, 이브와 사과 이야기 그리고 이것과 짝을 이루는 신의 아들의 죽음 이야기에서부터 이와는 다르게 믿는 것, 즉 신이 다수의 세계를 창조했으며 적어도 우리가 별이라고 부르는 것들만큼 많이 창조했다는 것은 기독교 신앙체계를 단번에 하찮고 허무맹랑한 것으로 만들어버려 공중에 흩날리는 깃털처럼 정신 속에 흩뜨려 놓는다. 이 두 가지 믿음은 하나의 정신 속에 함께 담아 둘 수 없다. 그리고 이 두 가지를 모두 믿는다고 생각하는 사람은 이 두 가지를 모두 전혀 생각해 보지 않은 것이다.

비록 다수의 세계가 있다는 믿음은 고대인들에게는 친숙했지만 우리가 살고 있는 지구의 크기와 치수가 확인된 것은 겨우 지난 3세기 내에 있었던 일이었다. 마치 원의 둘레를 따라 걸어간 사람이 원의 반대편을 지나 출발했던 곳으로 돌아오듯이, 다수의 선박들이 바다의 항로를 따라 전 세계를 일주했다. 세계에서 가장 긴 원주상의 거리는, 마치 사과나 공의 가장 긴 길이를 재는 식으로 측정해 본다면, 적도까지의 69.5마일을 합산해서 단지 2만 5천 2십 (영국)마일이며 3년간의 항해로 일주할 수 있다.

언뜻 생각해보면 이 정도 크기의 세계는 우리에게 매우 큰 것으로 보인다. 그러나 공중에 떠 있는 비눗방울이나 풍선처럼 만약 이 세계가 떠 있는 광대한 공간과 비교한다면 가장 작은 모래 알갱이를 이 세계와, 혹은 가장 작은 이슬의 입자를 바다 전체와 비교할 때의 비례보다 지극히 작다. 그러므로 이 세계는 그저 작을 뿐이다. 그리고 앞으로 설명하겠지만, 이 세계는 우주적인 창조를 구성하고 있는 세계의 체계들 중 한 가지일 뿐이다.

만약 생각의 진행 과정을 따라가 본다면, 어렴풋하게라도 이 세계와 다른 모든 세계들이 떠 있는 우주의 무한한 공간에 대한 일정한 생각에 도달하는 것은 어렵지 않다. 어떤 방의 크기나 면적을 생각해 볼 때 우리의 생각은 저절로 사방의 벽들로 제한되며 그곳에서 멈추게 된다.

그러나 우리의 눈이나 상상력을 우주 속으로 던져보게 되면, 즉 열려 있는 공간을 올려다볼 때 그곳에 어떤 벽이나 경계가 있을 수 있다는 생각은 할 수가 없다. 그리고 우리의 생각을 가다듬기 위해 어떤 경계를 가정한다면 의문은 곧 다시 떠오르게 되고 '그 경계 밖에는 무엇이 있을까?'라는 질문을 던지게 된다.

또 이와 같은 방식으로 '그 다음의 경계 밖에는 무엇이 있을까?'와 같은 질문이 이어지면서 지친 상상력은 마침내 이렇게 말하게 된다. '우주는 끝이 없다.' 그렇다면 창조주가 우리의 이 세계를 지금보다 더 크게 만들지 않았을 때, 공간의 제한을 받지 않았다는 것은 분명하며 우리는 그 이유를 다른 곳에서 찾아야만 한다.

만약 우리들의 세계 혹은 창조주가 무한한 창조의 체계 중에서 우리의 몫으로 사용하도록 건네준 이 세계를 관찰해 본다면, 우리는 그 모든 부분들이 — 대지와 바다 그리고 그것을 둘러싸고 있는 대기 — 생명체들로 채워져 있다는 것을 알게 된다. 우리가 알고 있는 가장 큰 동물들부터 육안으로 볼 수 있는 가장 작은 곤충들까지 그리고 그보다 더욱 작아서 현미경의 도움 없이는 전혀 볼 수 없는 생명체들로 붐비고 있는 것이다. 모든 나무와 모든 식물과 모든 나뭇잎이 주거지로서 역할을 할 뿐만 아니라, 풀잎의 부산물이 수천 종의 식량이 되어 동물의 생존이 지극히 정교해질 때까지 수많은 종족들의 세계로서 역할을 한다.

그렇다면 우리 지구는 비어 있는 곳이 전혀 없는데, 왜 광대한 우주는 텅 비어 있으며 영원히 버려져 있을 것이라고 가정해야 하는 것일까? 우리 지구와 같거나 더 큰 수백만 개의 세계들을 위한 공간이 있으며 각각의 세계들은 서로 수백만 마일의 간격을 두고 떨어져 있다.

이제 이 지점에 이르러, 만약 우리의 생각을 아주 조금만 더 진전시킨다면, 어쩌면 우리의 행복을 위해, 창조주가 왜 광대무변한 공간으로 뻗어나가는 광대한 하나의 세계를 창조하는 대신 지구가 그 중 하나인 행성이라고 부르는 몇 개의 뚜렷이 구분되고 분리된 세계들로 분할하고 싶어 했는지에 대한 진정한 이유를, 적어도 아주 훌륭한 이유를 알게 될 것이다. 그러나 이 주제에 대한 나의 생각을 설명하기 전에(이미 알고 있는 분들을 위해

서가 아니라 모르는 분들을 위해) 우주의 체계가 무엇인지 보여
줄 필요가 있을 것이다.

우주의 체계

우주의 일부로서 태양계라 불리는(우리 지구가 속한 세계의 체
계를 의미하며 솔Sol 혹은 영어로 태양Sun이 중앙이다) 체계는 태양
외에도 6개의 별개의 천체, 혹은 행성, 혹은 세계와 그 밖의 위성
혹은 달이라고 부르는 2차적인 천체들로 구성되어 있다. 우리 지
구는 일 년에 한번 태양을 돌 때 지구를 따라 회전하는 한 개의
달이 있다. 망원경을 통해 볼 수 있듯이, 그와 같은 방식으로 다
른 위성 혹은 달들도 그들이 각자 속해 있는 행성들 또는 세계들
을 따라 다닌다.

태양이 중심에 있고 그곳으로부터 여섯 개의 세계 혹은 행성이
태양을 중심으로 각각 다른 거리에서, 서로에게 집중되어 원 주
위를 돈다.(실제로 행성은 타원 궤도를 돌며 2개의 타원 초점 중 하나에 태
양이 위치한다: 여기서 저자는 개략적으로 설명하려는 의도로 보인다: 역주)
각 세계는 태양 주변을 거의 동일한 궤도를 따라 끊임없이 회전
하면서 동시에, 마치 팽이가 땅에서 돌 때 그 회전축이 약간 기울

어서 도는 것과 같이, 거의 수직의 축 방향으로 자전한다.

지구 자전축의 경사(23.5도)가 여름과 겨울을 있게 하고 밤과 낮의 길이를 다르게 한다. 만일 지구가 태양 궤도면과 그 자전축이 직각이 되도록 자전하며 태양 주위를 회전한다면 밤과 낮의 길이는 각각 12시간으로 항상 일정할 것이며 일 년 내내 계절은 변하지 않고 동일하게 될 것이다.

우리 지구를 예로 들자면, 행성이 자전할 때마다 우리들이 밤과 낮이라 부르는 것이 만들어진다. 그리고 행성이 태양 주위를 완전하게 한 바퀴를 돌 때마다 우리가 일 년이라고 부르는 것이 만들어진다. 결과적으로 우리의 세계는 태양 주위를 한 바퀴 돌 때마다 365번의 자전을 하게 된다.

옛 사람들이 이들 6개의 세계에 붙여준 수성과 금성 그리고 우리 것이라고 부르는 이 세계와 화성과 목성 그리고 토성이라는 이름은 지금도 똑같이 불리고 있다. 이것들이 별들보다 더 크게 보이는 것은 다른 그 어떤 별들보다 우리 지구에 수백만 마일 더 가깝게 있기 때문이다. 금성은 저녁별이라고 불리며 때로는 새벽별이라고 불리기도 한다. 해가 진 후나 해가 떠오르기 전에 나타나는 이 별은 어느 경우에나 세 시간 이상 보이지는 않는다.

앞서 언급했듯이 태양이 중앙에 있으며, 태양에 가장 가까운 행성은 수성이다. 수성과 태양의 거리는 3천 4백만 마일이며, 마치 팽이가 방아를 돌리는 말의 발자국을 따라 돌아가는 것처럼 항상 이 거리를 유지하면서 태양 주위를 돈다. 두 번째 세계는 금성이다. 금성은 태양으로부터 5천 7백만 마일 떨어져 있으며, 그로 인해 수성보다 훨씬 큰 원 주위를 따라 공전한다. 세 번째 세계는 우리가 살고 있는 이곳으로 태양과의 거리는 8천 8백만 마일이고 결과적으로 금성보다 한층 더 큰 원 주위를 돌고 있다. 네 번째가 화성으로 태양과의 거리는 1억 3천 4백만 마일이므로 지구보다 더 큰 원 주위를 따라 돌고 있다. 다섯 번째가 목성으로 태양과의 거리는 5억 5천 7백만 마일이므로 화성의 궤도보다 더 큰 원 주위를 따라 돌고 있다. 여섯 번째가 토성으로, 태양과의 거리는 7억 6천 3백만 마일이므로 다른 모든 세계 혹은 행성의 원 주위 혹은 궤도들을 둘러싼 원 주위를 따라 움직인다.

따라서 공중이거나 광대한 공간 내에서, 여러 개의 세계들이 태양의 주위를 공전하고 있는 태양계가 차지하고 있는 공간은 토성이 태양의 주위를 공전하고 있는 궤도의 전체 직경의 직선거리에 해당하는 정도이다. 이것은 토성과 태양간의 거리의 두 배이므로 5억 2천 6백만 마일이며 그 원형의 넓이는 거의 50억 마일이며 이 공 모양의 부피는 거의 35억 곱하기 35억 평방 마일이 된다.

그러나 실제로 광대한 이 태양계는 단지 여러 세계들로 이루어진 하나의 체계일 뿐이다. 도저히 계산할 수 없는 광대한 거리에 있는 태양계 너머의 우주 공간에는 항성이라 불리는 별들이 있다. 그것들은 내가 설명했던 여섯 개의 세계 혹은 행성들과 달리 회전하는 움직임이 없기 때문에 항성(혹은 붙박이 별)이라고 불린다. 이 항성들은 서로 언제나 동일한 거리를 유지하며, 태양계의 중앙에 있는 태양처럼 언제나 똑같은 자리에 있다. 따라서 이들 각각의 항성들 또한 태양이며 그 주변으로 또 다른 세계이거나 행성의 체계가 비록 너무 멀리 떨어져 있어 발견할 수는 없지만 우리의 태양계가 태양을 중심으로 돌고 있는 것처럼 공전과 자전을 하고 있을 개연성이 있다.

이처럼 쉬운 생각의 진행에 의해 무한한 우주는 세계들의 체계들로 채워져 있는 것으로 보이며, 마치 지구가 빈틈없이 육지와 바다로 채워져 있는 것과 다름없이 헛되이 버려져 있는 공간은 없다.

익숙하고 쉬운 방법으로 우주의 구조에 대한 생각들을 전달하려고 노력했으니, 이제는 앞에서 언급했던 주제, 즉 창조주가 광대무변한 오직 하나의 거대한 세계를 창조하기보다 우리의 시스템과 같은, 중심에 태양이 있고 위성을 제외하면 여섯 개의 행성으로 구성된 다수의 세계들을 창조했기 때문에 인간에게 커다란 이익이 생긴다는 주제로 돌아와 설명하려 한다.

모두에게 동일한 보편적인 과학

내가 절대로 놓치지 않고 있던 생각은 우리의 모든 과학적 지식은 우리의 태양계를 구성하는 행성들 혹은 세계들이 태양 주위의 궤도를 회전한다는 사실로부터 (우리의 눈에 보이고 그래서 우리가 이해하는) 유래되었다는 점이다.

그래서 만약 이 여섯 개의 세계들에 포함된 물질들을 모두 혼합하여 단 하나의 구(球)를 만들었다면 회전 운동이 전혀 존재하지 않았거나 지금 우리가 알고 있는 과학에 대한 생각과 지식을 우리에게 충분히 제공하지 못하게 되었을 것이다. 우리가 지상에서 누리는 행복과 편안함에 크게 공헌한 기계공학적 기술들은 모두 그 과학에서 비롯된 것이다.

따라서 창조주가 쓸모없이 만드는 것은 전혀 없으므로, 그가 우주의 구조를 인간의 이익에 가장 유리한 방법으로 구성했다는 것 또한 믿도록 해야만 한다. 그리고 우리가 알고 있고, 경험으로 느끼고 있듯이 현재와 같이 구성된 우주의 구조로부터 유래된 이점은 만약 우리의 태양계와 관련된 구조가 단일한 한 개의 구(球)였다면 누릴 기회조차 갖지 못했을 것이므로, 우리는 적어도

다수의 세계들이 왜 만들어졌는지에 대한 한 가지 이유를 발견할
수 있으며, 그 이유는 인간의 경탄은 물론 경건한 감사의 마음을
불러일으킨다.

그러나 다수의 세계로 인해 발생하는 이점들은 지구에 거주하
는 우리들에게만 한정된 것이 아니다. 우리의 태양계를 구성하고
있는 각각의 세계에 있는 거주자들도 우리와 똑같은 지식을 쌓을
기회를 누린다. 우리가 그들의 회전 운동을 바라보듯이 그들도
지구의 회전 운동을 바라본다. 모든 행성들이 서로가 보이는 곳
에서 회전한다. 그러므로 모두에게 동일한 보편적인 과학 학습을
제공하는 것이다.

지식도 여기에서 멈추지 않는다. 우리와 이웃하는 세계들의
체계(즉, 다른 태양계: 역주)도 그 회전 운동에서 태양계가 우리에게
제시하는 것처럼 그 체계의 거주자들에게 동일한 과학 원리와 학
습을 광대무변한 공간 전체를 통해 동일한 방법으로 제시한다.

창조주의 전능함뿐만 아니라 그의 지혜와 은혜에 대한 우리의
생각은 우주의 크기와 구조를 더 자세히 관찰하는 것에 비례해
점점 더 확장된다. 광대무변한 우주에서 돌고 있거나 정지해 있
는 단 하나의 세계에 대한 단 하나의 생각은 인간에게 기꺼이 가
르침을 제시하기 위해 고안된 세계들이라는 — 그 움직임만으로
도 — 즐거운 생각으로 대체되었다. 우리는 지구가 풍족하게 채

워져 있다는 것을 알고 있다. 하지만 우리는 그 풍족함이 우주라는 거대한 기계장치가 보여준 과학적인 지식에 얼마나 많이 빚지고 있는가에 대해 생각해보는 것은 잊고 있다.

경건한 거짓말

그러나 이런 사색의 와중에, 앞에서도 밝혔듯이, 그 넓이가 2만 5천 마일도 채 되지 않는 오직 하나의 세계라는 생각으로 형성된 기독교 신앙체계에 대해 우리는 어떻게 생각해야 하는 것일까? 이것은 한 사람이 한 시간에 3마일씩 하루에 12시간을 원형 방향으로 계속 걸어간다면 2년 내에 지구를 완전히 돌 수 있는 거리이다. 아! 이것이 거대한 우주공간과 창조주의 전능한 능력과 어떤 관계가 있다는 말일까?

그렇다면 수백만 개의 세계를 동시에 자신의 보호 아래 두고 있는 전능한 신이 다른 모든 세계들을 보살피기를 그만 두고 우리 세계로 와서, 그들이 말하듯이, 한 남자와 한 여자가 사과를 먹었기 때문에 죽은 것이라는 독특하고 괴상한 발상은 어디에서 생겨날 수 있었을까?

또한 이 무한한 우주 속의 모든 세계에 이브와 사과와 뱀과 구세주가 있을 것이라고 상상해야 하는 것일까? 이럴 경우에는 불경스럽게도 신의 아들이거나 때로는 신 자신이라고 불리는 사람은 한 세계에서 다른 세계로 옮겨 다니면서 살아 있는 순간도 거의 없이 끊임없이 죽음을 반복해야 할 뿐이다.

창조의 과정에서 신의 말씀이거나 행위가 우리의 오감에 제공한 증거와 그 증거에 대한 우리 이성의 활동을 거부하는 것으로 너무나도 많은 거칠고도 변덕스러운 신앙과 종교 체계가 조작되고 설정되었던 것이다. 도덕적으로 전혀 나쁘지 않으며 많은 면에서 도덕적으로 훌륭한 종교 체계가 많을 수도 있겠지만, 진실한 것은 오직 하나만이 있을 수 있다. 그리고 그 하나는 필연적으로 우리가 신의 행위들 속에서 확인하는 영원한 신의 말씀과 모든 면에서 일치해야만 하며, 영원히 일치할 것이다. 그러나 기독교 신앙체계의 기묘한 구조는 하늘이 인간에게 제공한 모든 증거를 직접적으로 부정하거나 허무맹랑한 것으로 만들어 버렸다.

이 세상에는 이른바 경건한 거짓말이 적어도 어떤 특수한 상황에서는 선한 결과를 만들어낸다고 확신하는 사람들이 있다고 믿는 것은 가능하다. 나 자신도 언제나 기꺼이 그렇게 믿으려 한다. 그러나 그 거짓말은 일단 확립되고 나면 그 후로는 설명할 수 없게 된다. 나쁜 행위가 그렇듯이 경건한 거짓말은 계속해서 해야만 하는 몹시 불행한 필요성이 생기기 때문이다.

기독교의 신앙 체계와 예수 그리스도가 설파한 도덕성을 적당히 결합시켜 처음으로 설교했던 사람들은 그것이 당시에 유행하던 이교의 신화보다 더 훌륭하다고 확신했을 수도 있다. 이 거짓말은 첫 번째 설교자로부터 두 번째, 세 번째 설교자로 이어지면서 경건한 거짓말이라는 생각이 진실이라는 믿음이 되어 점점 사라질 때까지 계속되었다. 그리고 그 믿음은 그것을 설교하는 것으로 생계를 유지하는 사람들의 이해타산에 의해 다시 힘을 얻게 되었던 것이다.

　　그러나 비록 그런 수단에 의한 그런 믿음이 평신도들 사이에서는 거의 일반적인 것이 되었다 해도, 만약 교회가 그 믿음이 본래 경건한 사기였을 뿐이라는 기록이나 전승을 갖고 있지 않았거나 우주의 구조가 제시하는 증거를 거스르며 유지될 수 없을 것이라고 예측하지 못했던 것이 아니라면, 수백 년 동안 교회에 의해 자행된 과학과 과학 전문가들에 대한 지속적인 박해를 설명하는 것은 불가능에 가깝다고 할 것이다.

불가사의와 기적 그리고 예언

　　이렇게 우주에 존재하는 진정한 신의 말씀과 누구나 만들 수 있는 인쇄된 책에서 우리에게 보여준 신의 말씀이라고 불리는 것 사이의 양립할 수 없는 모순을 증명했으므로, 계속해서 모든 시대에 그리고 어쩌면 모든 나라에서 인류를 기만하기 위해 사용된 세 가지의 주요한 수단에 대해 알아보기로 한다.

그 세 가지 수단은 불가사의와 기적 그리고 예언이다. 앞의 두 가지는 진정한 종교와 양립할 수 없으며, 세 번째 것은 언제나 의심받아야만 한다.

불가사의에 관해서는, 우리가 보는 모든 것은 어떤 의미에서는 우리에게 불가사의한 것들이다. 우리들의 존재 자체가 불가사의다. 모든 식물의 세계도 불가사의다. 우리는 한 톨의 도토리를 땅에 묻으면 어떻게 스스로 자라나 참나무가 되는지 설명할 수 없다. 우리가 뿌린 씨앗이 어떻게 스스로 싹을 틔우고 번식하여 그처럼 적은 자본으로 그처럼 풍부한 이익을 돌려주는지도 전혀 모른다.

하지만 작동하는 원인과는 별개로 그 사실은 불가사의가 아니다. 우리는 그것을 눈으로 보며, 우리가 사용하게 될 방법 역시 알고 있기 때문이다. 그 방법은 그저 씨앗을 땅에 심으면 되는 것이다. 그러므로 우리는 알아야 할 필요가 있는 만큼은 알고 있는 것이다. 그리고 우리가 모르는 작동에 대한 부분은 만약 우리가 안다 해도 수행할 수는 없으며, 창조주가 우리를 위해 직접 그 일을 수행한다. 그래서 우리가 그 비밀을 알아내 우리 스스로가 그 일을 하는 것보다 더 풍족하게 살 수 있는 것이다.

그러나 비록 모든 피조물들이 이런 의미에서는 불가사의라 해도 어두컴컴한 것을 빛이라고 말할 수 없는 것처럼 불가사의라는 말을 도덕적 진실에 적용할 수는 없다. 우리가 믿는 신은 도덕적 진실의 신이지 불가사의하거나 모호한 신이 아니다. 불가사의는 진실의 적대자다. 이것은 진실을 가리기 위해 인간이 만들어낸 안개이며 왜곡을 의미한다. 진실은 결코 불가사의로 덮어 스스로를 가리지 않으며 언제든 진실을 가리고 있는 불가사의라면 진실의 적대자가 만든 작품이지 결코 진실이 아니다.

그러므로 신에 대한 믿음과 도덕적 진실의 실천인 종교는 불가사의와 연관될 수 없다. 불가사의와 전혀 관계가 없는 신에 대한 믿음은 앞에서 살펴보았듯이 우리의 필요에 의해 생긴 것이기 때문에 모든 믿음들 중에서도 가장 쉬운 것이다. 그리고 도덕적 진실의 실천은, 다른 말로 하자면, 신의 도덕적 선함을 실질적으로 본받는 행위는 신이 우리 모두에게 자애롭게 대하듯 우리도 서로에게 자애롭게 대하는 것이다. 우리는 그러한 봉사 없이 살아갈 수 없는 사람들을 섬기는 방법으로는 신을 섬길 수 없다. 따라서 신을 섬기는 것에 대해 우리가 가질 수 있는 유일한 생각은 신이 만든 살아있는 피조물들의 행복을 위해 기여하는 것이다. 이것은 우리 스스로가 속세를 떠나 이기적인 헌신 속에서 은둔 생활을 영위하는 것으로는 달성할 수 없다.

　종교의 본질과 목적 자체는, 굳이 표현한다면, 불가사의한 모든 것으로부터 자유로워야만 하며 불가사의한 모든 것의 방해가 없다는 것을 명확하게 증명한다. 의무처럼 여겨지는 종교는 살아있는 모든 인간에게 한결같은 의무로 지워져 있으므로 모든 사람의 이해와 깨달음의 수준에 맞아야만 한다. 사람들은 종교를 직업상의 비밀이나 비결을 배우는 것처럼 배우지는 않는다. 그들은 종교의 원리를 성찰에 의해 배운다. 자신이 바라보는 사물들이거나 우연히 듣거나 읽게 된 것들에 대한 정신 작용으로부터 생기며 예배의식이 그것에 연결된다.

　정치적이든 경건한 사기이든 상관없이 인간이 창조 속의 신의 말씀이나 작업과 상반되며 인간의 이해를 넘어설 뿐만 아니라 모순되는 종교체계를 설립했을 때, 그들에겐 모든 질문이나 연구 그리고 성찰을 가로막는 언어를 발명하거나 채택할 필요가 생기게 된다. 불가사의라는 단어가 이러한 목적에 부합했으므로, 그 자체로는 불가사의할 것도 없는 종교는 불가사의라는 안개로 오염되었던 것이다.

　불가사의가 전반적인 모든 목적에 부합했듯이 기적이 시시때때로 보조적인 역할로서 수반되었다. 전자는 정신을 현혹시키고 후자는 판단을 곤혹스럽게 만드는 역할을 했다. 한 가지는 알 수 없는 말이며 다른 한 가지는 궤변이었다.

하지만 이 주제를 더 자세히 다루기 전에 기적으로 이해되고 있는 것들에 대해 조사해 보는 것이 적절할 것이다.

모든 것을 불가사의라고 말할 수 있다는 것과 똑같은 의미에서 모든 것이 기적이라고 말할 수 있다. 그리고 다른 것보다 더 큰 기적이란 없다. 코끼리는 비록 매우 크지만 생쥐보다 더 큰 기적이 아니듯이 산(山) 또한 원자보다 더 큰 기적은 아니다.

전능한 신은 어느 한 가지를 더 어렵게 만들지 않으며, 하나의 세계보다 수백만 개의 세계를 만드는 것이 더 어려운 일도 아니다. 그래서 어떤 의미에서는 모든 것이 기적이며, 또 다른 의미에서 기적 같은 것은 없다. 우리의 능력이나 이해력과 비교할 때는 기적이지만, 그것을 수행한 권능과 비교할 때는 기적이 아니다. 하지만 이 표현에는 기적이라는 단어에 첨부된 생각을 전달하는 것이 전혀 없으므로 이 연구는 조금 더 진행되어야 할 필요가 있다.

인류는 스스로 일정한 법칙들을 생각해냈으며, 그 법칙들에 의해 자연이라 부르는 것이 작동한다고 추측했다. 그리고 기적은 그러한 법칙들의 작동과 결과에 반대되는 것들이다. 하지만 우리가 그러한 법칙들의 전체적인 범위와 일반적으로 자연의 힘이라 부르는 것을 제대로 알지 못한다면, 우리에게 경이롭고 기적적인 것으로 보이는 것들일지라도 자연적인 힘의 작동에 속하는 것인지 또는 그 이상인지 아니면 반대되는 것인지 판단할 수 없다.

대기 중의 평범한 공기보다 몇 배나 더 가벼운 공기가 만들어 질 수 있으며, 이 가벼운 공기를 담고 있는 풍선이 주변의 평범한 공기에 의해 몇 배나 더 작게 부피가 압축되지 않도록 막기에 충분한 탄성을 가지고 있다는 것이 알려지지 않았다면, 어떤 사람이 수마일 높이의 공중에 떠오른 것은 기적이라는 생각을 구성하는 모든 요소를 다 갖추고 있는 것이다.

마찬가지로, 쇠를 부싯돌에 부딪칠 때 볼 수 있는 것과 같은 불꽃을 인간의 몸에서 추출해 내거나, 눈에 보이는 아무런 장치도 없이 쇠나 강철을 움직이게 하는 경우에도, 우리가 전기와 자기에 대해 모르고 있었다면 기적으로 간주되었을 것이다. 물리학의 수많은 실험들은 이 주제에 대해 익숙하지 않은 사람들에게는 기적으로 보일 것이다. 물에 빠진 사람을 살려 낼 때처럼, 죽은 것처럼 보이는 사람을 소생시키는 경우, 생기(生氣)가 소멸되지 않고 정지될 수도 있다는 것을 모르고 있었다면, 이 또한 기적이 될 수도 있었을 것이다.

그 외에도 무대 위에서 재빠른 손재주를 이용한 공연도 모두 기적처럼 보이기는 하지만 알고 나면 아무것도 아니다. 그 외에도 기계적 혹은 시각적인 속임수도 있다. 지금 파리에서 전시되고 있는 유령이나 요괴는 관람객들에게 진짜라고 속이려고 하는 것은 아니지만 깜짝 놀랄만한 모습을 하고 있다. 이렇게 우리는 자연이나 기술이 어느 정도까지 확장될 수 있는지 모르기 때문에 기적이 무엇인지를 결정할 명확한 기준이 없다. 그리고 기적이 있다는 생각으로 눈에 보이는 겉모습을 신뢰하는 한 인류는 줄곧 속임수의 대상이 될 것이다.

그러므로 사람들이 쉽게 속아 넘어갈 수 있는 겉모습을 갖고 있으며 가짜가 진짜와 매우 닮았으므로 소위 기적이라고 부르는 수단을 신이 사용했을 것이라고 가정하는 것보다 더 모순되는 일은 없을 것이다. 그것을 실행하는 자들은 사기꾼이라는 의심을 받게 되고, 그것을 설명하는 자들은 거짓말쟁이로 의심받으며, 그것에 의해 지원받으려는 교리는 황당무계한 발명품으로 의심받게 될 것이기 때문이다.

종교라는 이름이 주어진 그 어떤 체계나 견해가 믿음을 얻기 위해 발명해냈던 모든 증거의 유형들 중에서도 기적은 그 속임수가 얼마나 성공을 거두었던가와 상관없이 가장 일관성이 없다. 왜냐하면, 첫째 그 믿음을 얻으려는 목적을 위해(기적이란 그 단어가 어떤 의미로 사용되든 구경거리이기 때문이다) 보여주기에 의지한다면, 그것은 설교되고 있는 교리가 불완전하거나 약점이 있다는 것을 의미하기 때문이다. 둘째, 기적은 전능자를 바라보고 경탄하도록 만들거나 사람들을 즐겁게 하기 위해 속임수나 쓰는 흥행사로 타락시킨다. 또한 기적은 설정할 수 있는 가장 애매모호한 종류의 증거이기도 하다. 믿음이란 이른바 기적이라 불리는 것에 의존하는 것이 아니라 그것을 보았다고 말하는 전달자의 신뢰에 달려있기 때문이다. 따라서 그 일이 진실일지라도 거짓일 경우보다 더 큰 신뢰를 얻을 가능성은 없는 것이다.

만약 내가 이 책을 쓰기 위해 앉아 있는데 공중에서 어떤 손이 내려와 펜을 들더니 이 책 속의 모든 단어들을 썼다고 말한다면 누가 믿어줄까? 분명 아무도 믿지 않을 것이다. 만일 그것이 사실이라면 사람들이 조금이라도 더 믿어줄까? 분명히 믿지 않을 것이다. 그러므로 진정한 기적이 일어났다 해도 거짓과 똑같은 운명에 처해질 것이기 때문에 전능자가 본래 의도된 목적에 상응하지 않는 수단을 사용한다고 가정하는 것은 비록 그것이 참된 것이라 할지라도 모순만 더 커질 뿐이다.

만약 자연이 그 행로를 완전히 벗어난 것이 기적이며, 기적을 완성하기 위해 자연은 행로를 벗어나야만 하는 것이라고 가정한다면, 그래서 그런 기적을 보았다고 말하는 사람이 제시한 자초지종을 확인해본다면 우리의 머릿속에는 쉽게 결정할 수 있는 한 가지 질문이 떠오르게 된다. 즉, 자연이 그 정상적인 행로를 벗어났을 가능성이 더 클까, 아니면 그 사람이 거짓말을 하고 있을 가능성이 더 클까? 현 시대에 우리는 자연이 행로를 벗어난 사례를 본 적은 없지만, 동시대에 수백만 번의 거짓말이 전해지고 있다는 것을 믿을 만한 타당한 이유가 있다. 따라서 적어도 수백만 대 1의 확률로 기적을 전하는 사람이 거짓말을 하고 있는 것이다.

비록 그렇게 할 수 있을 만큼 크기는 하지만, 고래가 요나를 삼켰다는 이야기는 대단히 경이로운 일에 가깝다. 하지만 만약 요나가 고래를 삼켰다고 했다면 이 이야기는 더욱 기적에 가까웠을 것이다. 여기에서, 모든 기적의 경우에 해당하는 것, 즉 앞에서 언급했듯이 사안 자체로 결정할 수 있는 것은 어떤 사람이 고래를 삼켰다는 것일까 아니면 거짓말을 했다는 것일까?

그러나 요나(BC 8세기경에 활동한 이스라엘의 예언자)가 실제로 고래를 삼켜 자신의 뱃속에 넣은 채 니네베로 갔으며, 그것이 진실이라는 것을 사람들에게 확인시키기 위해 그들 앞에 온전한 길이와 크기의 고래를 토해냈다고 가정한다면 사람들은 그를 선지자가 아닌 악마로 믿지 않았을까? 혹은 고래가 요나를 니네베로 데리고 가서 똑같이 공개적인 방법으로 그를 토해 냈다면 사람들이 고래는 악마이고 요나는 그가 거느리는 꼬마 악마 중의 하나라고 믿지는 않았을까?

신약에 씌어 있는 기적이라고 불리는 것들 중 가장 터무니없는 것은 악마가 예수 그리스도와 함께 날아올라 그를 높은 산꼭대기로 이끌어 가고, 가장 높은 성전의 첨탑 꼭대기에 데리고 가 온 세상을 보여주면서 그에게 온 세상의 왕국을 약속하는 장면이다. 어떻게 그는 미국을 발견하지 못했던 것일까, 혹은 그 거무스름한 전하께서는 오로지 왕국들에만 관심이 있었던 것일까?

나는 그리스도의 도덕적 품격을 너무 존중하기 때문에 그 자신이 기적의 고래에 대해 이야기했다고 믿을 수가 없다. 엔 여왕의 파딩(영국의 청동화로 ¼ 페니)을 감식하는 사람들이나 유물과 골동품 수집가들을 속일 목적이 아니었다면, 어떤 목적으로 그 이야기를 꾸며냈는지 혹은 돈키호테가 과도한 기사도를 보인 것처럼 과도한 기적을 말함으로써 기적에 대한 믿음의 어리석음을 표현하려 했던 것인지, 혹은 신 혹은 악마 중 누구의 능력에 의해 기적이라 불리는 그 어떤 것이 실행되었는지에 대한 의구심을 불러일으킴으로써 기적에 대한 믿음을 혼란에 빠뜨리려 했던 것인지도 설명하기가 쉽지 않다. 그렇지만, 이 기적을 믿기 위해서는 악마에 대한 엄청난 믿음이 있어야만 한다.

기적이라 불리는 것들을 모든 관점에서 생각해 보면, 기적의 실체는 있음직하지도 않으며 있어야 할 필요도 없다. 앞에서 살펴보았듯이, 그것들이 모두 사실이라 해도 그 어떤 유익한 목적에도 부합하지 않는다. 아무런 기적도 없는 명확한 도덕적 원리보다 기적에 대한 믿음을 얻는 것이 더 어렵기 때문이다. 보편적으로 도덕적 원리는 그 자체로 명확하다. 기적은 순간의 일이며 소수의 사람들에게만 보인다. 그 이후의 사람이 보고한 기적을 믿기 위해서는 신으로부터 인간에게 믿음이 전달되어야 할 필요가 있다. 그러므로 어떤 종교 체계가 진실이라는 증거로써 기적에 대한 이야기들을 인정하는 대신 그 종교가 터무니없는 것이라는 사실에 대한 징후라고 간주해야만 한다. 온전하고 올곧은 진실의 특성을 위해서는 의존할 목발을 거부할 필요가 있다. 그리고 이것은 진실이 거부하는 보조기구를 찾으려 하는 우화의 특성과 일치한다. 이렇게 해서 불가사의와 기적에 대해서는 충분히 살펴보았다.

불가사의와 기적이 과거와 현재를 담당하는 반면 예언은 미래를 담당하며 믿음의 시제를 두루뭉술하게 만든다. 무엇이 이루어졌는가를 아는 것만으로는 충분하지 않고 무슨 일이 일어날 것인가를 알아야 한다. 예언자로 상정된 사람은 앞으로 다가올 시간의 역사가로 가정된다. 만약 그가 천년의 긴 활을 이용해 천 마일 안에 있는 어떤 표적을 우연히 맞추었다면 후세의 재능있는 사람들은 그것을 표적으로 만들어낼 수 있을 것이다. 그리고 만약 제대로 맞추지 못했다면, 요나와 니네베의 경우처럼, 신이 스스로 후회하면서 마음을 바꾼 것이라고 가정할 수밖에 없다. 허무맹랑한 교리 체계가 인간을 바보로 만들어버리고 있는 것이다!

앞에서 예언자 혹은 예언한다는 말의 원래 의미는 변형된 것이며, 현재 사용하고 있는 예언자라는 단어의 의미는 현대적 발명의 산물이라는 점을 밝혔다. 그리고 이 의미의 변화로 인해 유대 시(詩)의 비약과 은유 그리고 그것들이 사용될 당시에 적용된 현지 상황을 잘 모르므로 현재 애매한 것으로 간주되는 문구와 표현들은 마치 예언인 것처럼 정립됐으며 종파주의자와 해설자 그리고 주석자들이 제멋대로 붙인 설명과 기발한 착상을 따르도록 만들었다. 불가해한 모든 것은 예언이 되었고 무의미한 모든 것들은 표본이 되었다. 커다란 실수는 예언으로, 접시닭이 행주는 예징(豫徵)으로 다루어지는 것이다.

만약 우리가 미래에 일어날 어떤 사건에 대해 전능자와 소통하는 사람을 예언자라고 생각하는 것이라면, 그런 사람은 있을 수도 있고 없을 수도 있다. 만약 있었다면 그렇게 소통했던 사건은 충분히 이해할 수 있는 말로 전달되었을 것이다. 듣는 사람이 이해할 수 없는 부정확하고 모호한 방식으로 전달되거나 너무 불분명해서 나중에 발생할 어떤 상황에도 짜 맞출 수 있도록 전달되어서는 안 된다고 믿는 것은 일관성이 있다. 전능자가 이처럼 하찮은 방식으로 인간을 상대한다고 가정하는 것은 그를 매우 불경스럽게 생각하는 것이다. 그럼에도 성서에서 예언이라고 불리는 것들은 모두 이런 식으로 서술되어 있다.

그러나 기적이 그렇듯이 예언도 비록 사실일지라도 목적을 충족시킬 수 없다. 예언을 듣는 사람들은 그가 예언을 하는 것인지 아니면 거짓말을 하고 있는지, 그에게 계시가 내린 것인지 상상한 것이지 알 수가 없다. 그리고 그가 예언했던 것이나 예언하려 했던 일이 일상생활에 일어날 수 있는 수많은 일들 중에서 일어났거나 그 비슷한 일이 있었다 해도, 그가 미리 알고 있었던 것인지 혹은 추측했던 것인지 혹은 우연의 일치였는지는 아무도 모른다. 그러므로 예언자는 아무짝에도 쓸데없는 불필요한 존재이다. 그러므로 안전한 방법은 그런 이야기를 신뢰하지 않는 것을 통해 사기 당하지 않도록 주의하는 것이다.

불가사의와 기적 그리고 예언은 모두 진정한 종교가 아닌 터무니없는 종교에 속하는 부속물이다. 그것들은 너무나도 많은 '보라, 여기를! 보라, 저기를!'를 통해 세상에 널리 퍼졌으며 종교를 하나의 직업으로 만들어온 수단이었다. 한 명의 사기꾼이 거둔 성공이 다른 사기꾼들을 부추겼으며, 선행을 하는 것으로 의심을 잠재우는 경건한 사기술을 유지하는 것으로 양심의 가책을 느끼지 못하도록 보호했다.

처음에 의도했던 것보다 주제를 훨씬 더 광범위하게 확장했으므로 이제 전체를 요약하는 것으로 논의를 마칠까 한다.

첫째, 인쇄물이나 저작물 혹은 연설 속에 존재하는 신이란 단어에 대한 생각이나 믿음은 그 자체로 앞서 제기한 이유들 때문에 일관성이 없다. 다른 많은 것들 중에서도 이 이유들은 보편적 언어의 결핍, 언어의 변덕스러움, 통역 과정에서의 오류, 어떤 단어를 전적으로 배제하거나 변경시키거나 전체를 조작하거나, 그것을 세상에 강요할 가능성 등이다.

둘째, 우리가 보는 천지창조는 실재하는 것이며 영원히 존재하는 신의 말씀이다. 우리는 그 안에서 기만당할 수 없다. 천지창조는 신의 능력을 증명하는 것이며 신의 지혜를 보여주며, 신의 선함과 은혜를 나타낸다.

셋째, 인간의 도덕적 의무는 창조의 과정에서 신이 자신의 피조물에게 보여준 도덕적 미덕과 은혜를 본받는 일로 구성되어 있다. 우리가 매일 확인하는 모든 인간에 대한 신의 미덕은 모든 인간들이 서로에게 그와 똑같이 실천하라는 본보기인 것이다. 그래서 결과적으로 사람과 사람 사이의 박해와 복수, 동물들에 대한 모든 잔인한 행위는 도덕적 의무를 위반하는 것이다.

나는 미래의 생존 방식에 대해 걱정하지 않는다. 나를 존재하도록 한 권능은 이 몸이 있거나 없거나 그가 만족해하는 어떤 형태나 방식으로든 존재를 지속시킬 수 있을 것이라는 믿음을 강한 확신으로까지 갖고 있는 것에 스스로 만족한다. 나로서는 존재가 시작되기 전에 존재했어야 했던 것보다 지금처럼 앞으로도 내가 계속 존재할 가능성이 더 큰 것으로 보인다.

내가 지금처럼 존재했어야 했던 것보다 그 존재가 시작되기 전에 내가 앞으로도 계속 존재할 가능성이 더 많아 보인다.

어느 한 때에는 지구상의 모든 나라와 모든 종교가 모두 하나의 신을 믿고 있었다는 것은 분명하다. 그들의 의견이 일치하지 않았던 것은 그 믿음에 부가되어 있는 군더더기들이다. 따라서 만약 보편적인 종교가 널리 보급된다면 그것은 어떤 새로운 것을 믿는 것이 아니라 군더더기들을 제거하고 인간이 최초로 믿었던 것을 믿는 것이 될 것이다. 만약 그와 같은 인물이 있었다면, 아담은 이신론자(理神論者)로 창조되었던 것이다. 하지만 모든 사람에게는 그렇게 할 권리가 있으므로 자신들이 선호하는 종교와 예배를 따르도록 하자.

제1부 끝

108

†

　여기까지는 1793년 12월 28일에 작성했다. 그날 저녁에 프티 베르(Petis Peres)의 필라델피아 호텔(전 화이트 호텔)로 갔다. 그곳은 파리를 방문하면 묵던 곳이었고 내가 국민공회의 위원으로 선출되었던 곳이기도 하다. 그러나 9개월 가량 그곳을 떠나 있었고 도심에서보다 좀 더 편히 쉴 수 있도록 포부르 생드니가에 숙소를 잡았다.

　필라델피아 호텔에서 미국인 일행을 만나 그날 저녁을 함께 보내기로 했으며, 내 숙소가 1마일 반 이상 떨어져 있었으므로 호텔에 침실 하나를 예약해두었다. 그들과는 대략 12시에 헤어졌고 나는 곧바로 잠자리로 향했다. 새벽 4시쯤에 방문을 두드리는 소리에 잠을 깼다. 문을 열자 호텔 주인과 함께 호송병이 서 있었다. 호송병은 나를 체포하기 위해 왔다면서 서류가방의 열쇠를 요구했다. 나는 그들에게 들어오라 하고 옷을 갈아입고 나서 곧바로 그들과 함께 나섰다.

　마침 그 호텔에는 칼레에서 온 아쉴르 오디베르 씨가 있었으므로 그의 방으로 안내해 줄 것을 부탁했다. 그 방에 도착했을 때 그 호송병에게 이 호텔에는 하룻밤만 묵기로 했으며, 지금 인쇄

중인 책의 원본이 자코브 가의 메종 브레타뉴에 있으니 그곳으로 먼저 데리고 가 달라고 부탁을 했다. 그리고 그들은 그렇게 해 주었다.

내 책을 인쇄 중이던 인쇄소는 미국 육군의 블랙든 대령과 조엘 발로우 대령이 묵고 있던 메종 브레타뉴의 근처에 있었다. 나는 조엘 발로우 대령에게 인쇄소의 교정본과 원고를 비교해 줄 것을 요청했다. 32페이지부터 76페이지까지의 나머지 원고는 나의 숙소에 있었다. 하지만 내가 투옥되거나, 어떤 일이라도 생겨 발간이 중단되지 않도록 내 원고의 모든 부분들을 함께 모아 두어야 할 필요도 있었다. 또한 소지품 중에는 미합중국의회 의장(대통령)인 워싱턴 장군, 미 의회 외무장관 제퍼슨(Thomas Jefferson 1743~1826. 미국의 제3대 대통령. 재위 1801~1809)씨 그리고 고 벤자민 프랭클린(Benjamin Franklin 1706~1790. 정치가, 미국 독립 선언문의 기초 위원)으로부터 받은 서신들이 있었으므로, 내 서류들을 검사하는 동안 미국인 동료들과 함께 있는 것은 지극히 적절한 판단이었다. 그리고 나로서는 검찰 조서를 미 의회에 보내는 것이 필요하게 될 수도 있었다.

조엘 발로우 대령은 단지 한 부의 교정본만을 받았으며 그것을 원고와 비교한 후 인쇄소로 돌려보냈다고 했다.

그래서 우리 일행은 조엘 발로우 대령과 함께 숙소로 갔다. 호송병 혹은 경찰들은 통역관을 대동하고 보안위원회로 갔다. 나로서는 그들이 내 서류들을 최대한 꼼꼼하게 살펴보는 것이 만족스러웠다. 그들은 아주 정중하게 조사를 진행하였을 뿐만 아니라 나의 인격에 대한 존경의 표시를 해주었으니 공정했다고 말할 수 있겠다.

나는 그들에게 앞서 이야기한 원고의 나머지 부분을 보여주었다. 통역관은 이를 검토하고 돌려주면서 '흥미진진한 작품이군요. 아주 큰 도움이 될 것입니다'라고 했다. 그에게 다른 원고도 보여주었다. 공공 안전 위원회(Committee of Public Safety)를 위해 작성했던 것으로 〈미국과 프랑스간의 무역에 관한 고찰〉이라는 제목이었다.

서류들에 대한 조사가 끝나고 호송병은 나를 뤽상부르의 감옥으로 호송해갔다. 그들은 안타까워하면서 부당한 운명에 처한 사내를 그곳에 남겨두었다. 그들이 작성한 조서의 말미에 그들이 명령을 성실히 이행했다는 나의 의견을 적어두고 싶다고 했지만 거절했다.

The Age of Reason

제2부

이 책의 앞부분에서 종교에 관한 나의 견해를 공표해야겠다는 생각을 오래 전부터 갖고 있었다고 했다. 내 일생의 마지막 작업으로 삼고 싶었으므로 원래는 내 인생의 후반부로 미뤄두고 있었다. 그러나 1793년 후반기에 프랑스에서 벌어진 상황은 그 일을 더 이상 미룰 수 없다는 결정을 내리도록 했다.

처음에 철학이 확산시킨 혁명의 정당하고 인도적인 원칙은 이미 어긋나버렸다. 비록 이제는 더 이상 없지만, 성직자가 죄를 용서할 수 있다는 것과 같은 신에게 불경스럽고 언제나 사회에 위험을 끼치는 생각은 인류의 의식을 둔하게 만들며 사람들에게 모든 형식의 범죄를 저지를 수 있도록 준비시켰다.

교회의 박해에 의한 불관용 정신은 그대로 정치로 옮겨졌다. 재판 형식의 혁명은 종교재판소 같은 심문의 장소를 제공하고 단두대와 화형장은 교회의 장작더미와 화염을 능가했다. 가장 친했던 많은 친구들이 처형되었으며 다른 친구들이 매일 감옥으로 끌려가는 것을 보았다. 그리고 그와 똑같은 위험이 내게도 다가오고 있다는 것을 믿을 수밖에 없게 되었다.

이런 열악한 환경에서 《이성의 시대》 전반부를 집필하기 시작했다. 게다가 구약과 신약을 모두 반박하는 글을 쓰면서도 정작 두 권 다 없었고 구입할 수도 없었다. 그럼에도 불구하고 나는 성서를 믿는 누구일지라도 반박할 수 없는 작품을 만들어냈다.

그 해 12월 말이 다가올 무렵 국민공회(the convention)에서 외국인을 배제하려는 움직임이 있었고 실행에 옮겨졌다. 외국인은 단 두 명뿐이었는데, 아나카르시스(Anacharsis Cloots)와 나였다. 그러한 조치에 대한 부르동 들루아즈(Bourdon de l' Oise)의 연설에서 특히 나를 지목하고 있다는 것을 알 수 있었다.

그 후 내게는 단지 며칠간의 자유밖에 남지 않았다는 생각이 들어 자리에 앉아 가능한 한 신속하게 작업을 마치려 했다. 여섯 시간 이상은 해야 작업을 마칠 수 있었지만 그 전인 새벽 3시에 호송병이 공공안전위원회와 보장위원회 두 단체의 서명이 담긴 명령서를 가지고 와 외국인이란 이유로 체포하고 뤽상부르의 감옥으로 호송해 갔던 것이다. 감옥으로 가는 동안 이런저런 이유를 만들어 조엘 발로우 대령을 불러냈고 내 원고를 그에게 맡겼던 것이다. 감옥에서 내가 가지고 있는 것보다 더 안전할 것이고, 저자나 작품이 프랑스에서 어떤 운명에 처할지 알 수 없으니 미국 시민의 보호에 맡긴 것이었다.

이 명령을 수행한 호송병이나 내 문서들을 조사하기 위해 함께 온 공공보장위원회의 통역관은 나를 정중하게 대해 주었을 뿐 아니라 존경심을 갖고 대해 주었다고 말하는 것이 타당할 것이다. 마음씨 좋은 뤽상부르 감옥의 간수인 베누아 씨는 최대한의 친절을 베풀어 주었다. 악의적인 고발을 당한 그는 직위에서 파면되고 체포되어 재판에 회부되었지만 석방되었다.

뤽상부르에서 약 3주를 보낸 후 당시 파리에 있던 미국인들이 직접 국민공회로 찾아가 그들의 동포이며 친구라고 주장하며 나의 석방을 요구했다. 그러나 그들은 나에 대한 체포 명령서에 서명한 공공안전위원회의 위원장이자 대표자 회의 의장인 바디에(Vadier)로부터 내가 영국 태생이라는 대답을 들어야 했다. 그 후로 나는 혁명력 9년인 1794년 7월 27일, 로베스피에르가 몰락하기 전까지 감옥 밖의 소식은 누구에게서도 들을 수 없었다.

이 사건이 있기 두 달 전에 나는 열병에 걸렸고, 병의 진전 상태에서 나타난 모든 증세로 보아 죽음에 이를 것 같았으며 병의 손아귀에서 벗어나지 못하고 있었다. 그 무렵《이성의 시대》전반부를 모두 쓴 것에 대해 진심으로 자축하면서 새삼스럽게 만족해했다. 당시에는 회복되리라는 기대는 거의 할 수 없었고 나 자신의 문제에 대한 것은 더욱 더 기대할 것이 없었다. 그러므로 경험을 통해 나 자신의 원칙에 대한 양심의 재판을 알고 있다.

당시에 나는 세 명의 감방 동료들과 함께 지냈다. 브루지 출신의 조셉 반후엘과 샤를르 바스티니 그리고 루뱅에서 온 미셸 루뱅이었다. 이들은 밤낮을 가리지 않고 줄곧 나를 보살펴 주었다.

나는 감사하는 마음으로 그것을 기억하며 기쁜 마음으로 밝혀두고자 한다. 당시 오하라 장군의 부속실에 소속된 의사그레함과 외과의 본드 씨가 뤽상부르에 와 있었다. 영국 정부에 소속된 그들에게 감사한 마음을 표현해도 괜찮을지 따져보진 않았지만 만약 그렇게 하지 않는다면 내 마음이 편치 않았을 것이다. 또한 뤽상부르에 근무하는 의사 마르코스키 박사에게도 감사의 마음을 전한다.

이 병이 나를 구해주었다고 믿을 만한 약간의 이유가 있다. 다른 이유는 찾아볼 수 없기 때문이다. 대의원 위원회가 조사하여 국민공회에 보고한 로베스피에르의 서류들 중 그가 친필로 작성한 노트에는 다음과 같은 문구가 있었다:

"미국과 프랑스의 이익을 위해 토머스 페인을 대상으로 한 고발에 대해 판결을 내릴 것을 요구함."

어떤 이유로 그의 뜻이 실행에 옮겨지지 않았는지 알지 못하며 또 알아낼 수도 없다. 그래서 나는 그 병 때문에 그것이 불가능했던 것으로 여기고 있다.

국민공회는 내가 참고 견뎌야 했던 부당한 처사를 최대한 보상해주기 위해 내게 공개적으로 그리고 만장일치로 국민공회로 돌아올 것을 권유했다. 나의 원칙들 혹은 나의 성향을 훼손당하지 않으면서 내게 입힌 상처를 견뎌낼 수 있다는 것을 보여주기 위해 그들의 제안을 받아들였다. 올바른 원칙들이 훼손당하는 것이 아니라 폐기될 예정이었기 때문이었다.

자유의 몸이 된 후에 《이성의 시대》 전반부에 대한 반박으로 미국과 영국에서 발간된 몇몇 출판물들을 보았다. 만약 그 저자들이 그렇게 하는 것을 즐길 수 있다면 그들을 말릴 생각은 없다. 그들은 나의 작품과 나에게 마음껏 반대할 수도 있다. 그들이 의도했던 것 이상으로 나를 대접해주고 있으며 나는 그들이 글을 쓰는 것에 대해 전혀 반대할 수 없다. 하지만 그들에 대한 반론으로 작성된 것은 아니지만 제2부에 의해 그들은 다시 자신들의 작업으로 돌아가 박약한 추론을 다시 시작해야만 한다는 것을 알게 될 것이다. 첫 번째 것은 우연히 무시되었다.

이제 그들은 내게 구약과 신약이 있다는 것을 알게 될 것이다. 그리고 그 책들이 내가 생각했던 것보다 훨씬 더 나쁘다는 것을 알게 되었다고 말할 수 있다. 만약 내가 《이성의 시대》 전반부에서 어떤 오류라도 범했다면, 그 책들이 마땅히 받아야할 정당한 평가보다 더 좋게 말했다는 것이다.

나의 모든 반대자들이 어느 정도는 자신들이 성서적 증거라고 말하는 것에 의존하고 성서의 권위로부터 도움을 받으려는 것에

주목한다. 또한 그들은 진위에 대한 논란과 교리에 대한 논란을
혼동할 만큼 이 주제에 대해서도 너무 아는 것이 없다. 하지만 나
는 그것을 바로잡을 것이다. 그래서 만약 그들이 이 주제에 대한
글을 더 쓰려고 한다면 어떻게 시작해야 할 것인지를 알게 될 것
이다.

— 1795년 10월, 토머스 페인

제1장 구약성서

흔히들 성서의 모든 것이 증명될 수 있다고 했지만, 어떤 것이 성서에 의해 증명된 것으로 받아들여지기 전에 성서 자체가 진짜인가를 증명해야만 한다. 만약 성서가 진짜가 아니거나 혹은 성서의 진위가 의심스럽다면 권위는 실추되고 그것에 의한 어떤 증명도 받아들여질 수 없다.

기독교의 모든 성서 주석자들과 설교자들은 성서를 진리의 결정체이자 신의 말씀으로 강요하는 것이 관례였다. 그들은 성서 속의 특정한 부분이나 구절이 어떤 의미가 되어야 하는지에 대해 토론하고 언쟁해왔으며 서로를 공식적으로 저주하기도 했다. 어떤 사람은 어느 한 구절의 의미는 이래야 한다 주장하고 다른 사람은 정반대의 뜻이라고 고집한다. 그리고 세 번째 사람은 그 중 어느 것도 아니며 그 둘과 또 다른 의미라고 한다. 그들은 이렇게 하는 것이 성서에 대한 이해라고 한다.

내가 확인한 《이성의 시대》 전반부에 대한 반박들은 모두 성직자들이 작성한 것이다. 이 경건한 자들은 자신들의 전임자들과 마찬가지로 경쟁하고 논쟁하며 성서를 이해한 척한다. 각자 전혀 다르게 이해하고 있지만 저마다 가장 잘 이해한다는 것이다. 생각이 일치하는 것도 전혀 없지만 그들은 독자들에게 토머스 페인이 제대로 이해하지 못하는 것이라고 전한다.

자, 이제 시간을 낭비하는 대신 그리고 성서에서 뽑아낸 교리적 관점에 대한 성마른 논쟁으로 열을 올리는 대신, 그들이 제일 먼저 알아야만 하는 것은 성서를 신의 말씀이라고 믿는 것에 충분한 권위가 있는지의 여부일 것이다. 만약 모른다면 그들에게 알려주는 것이 예의바른 일일 것이다.

이 책에는 로베스피에르나 카리에르(Jean-Baptiste Carrier 1756~1794. 프랑스 대혁명기의 급진적인 혁명가) 혹은 조세프 르봉(Joseph le Bon 1765~1795. 프랑스 혁명 당시 국민공회 의원. 반혁명분자를 가혹하게 처벌하다가 자신도 처형되었다)이 프랑스에서, 또한 영국 정부가 동인도에서, 또는 현대의 다른 어떤 암살자가 저질렀던 일들만큼이나 우리 인류에게 그리고 우리가 도덕적 정의로 생각하는 모든 사상에 충격을 주는 일들이 신의 분명한 명령에 의해 행해졌다고 언급되어 있다.

우리는 모세나 여호수아 등이 기록했다는 책들에서 그들(이스라엘 사람들)은 아무런 해도 끼치지 않은(역사에서 알 수 있듯이) 모든 나라의 사람들에게 몰래 다가갔으며, 그 모든 나라들을 무력으로 내몰았으며, 노인이든 갓난아기든 자비를 베풀지 않았으며, 남자 여자 그리고 어린이들 모두를 완전히 말살했으며, 숨이 붙어 있는 인간은 한 명도 남겨두지 않았다는 이야기들을 읽게 된다.

이 책들에서 거듭해서 반복적으로 또한 의기양양한 잔인함을 담고 표현된 이런 이야기들을 읽을 때 과연 이 이야기들이 사실이라고 확신할 수 있을까? 인간의 창조자가 이런 일들을 하라고 명령을 내렸다는 것을 확신할 수 있을까? 그리고 과연 이런 이야기를 전해주는 책들이 신의 권위에 의해 작성된 것이라 확신할 수 있을까?

그것은 그 어떤 진실의 증거가 있는 고대의 이야기가 아니라 오히려 허무맹랑하다는 징조일 뿐이다. 어떤 역사를 더욱 더 오래된 것이라고 꾸밀수록 더욱 더 우화를 닮게 된다. 모든 국가의 기원은 전설적인 전승 속에 파묻혀 있으며 유대인들의 이야기도 다른 나라의 것들만큼이나 의심을 받아야 한다.

모든 암살이 그렇듯이 행위들 자체의 성격상 그리고 모든 도덕적 정의의 원칙에 의해, 이런 행위들을 전능자의 명령으로 돌리는 것은 죄악이다. 특히 유아 살해는 심각한 사건이다. 성서는 이 모든 살육행위가 신의 명시적인 명령에 따른 것이라 말하고 있다. 따라서 성서가 진실한 것이라고 믿으려면 신의 도덕적 정의에 대한 우리의 믿음을 포기해야 한다. 울거나 웃는 아기의 어떤 점이 죄를 범하게 한다는 것일까? 성서를 공포감이 없이 읽으려면 우리는 인간의 마음에서 다정함, 동정심 그리고 자비심과 같은 것을 모두 제거해야만 한다. 내 의견을 말하자면, 만약 성서가 터무니없는 것이라는 다른 어떤 증거가 없다 해도 성서가 진실이라는 것을 믿기 위해 내가 제물로 삼아야만 하는 것이 있다면 그것만으로도 나의 선택을 결정하기엔 충분하다.

성서에 대한 모든 도덕적 증거에 더하여, 이 글의 진행과정에서 성직자도 부인할 수 없는 증거를 제시할 것이다. 그리고 그런 증거들로부터 성서는 신의 말씀이라고 신뢰할 만한 자격이 없다는 것을 보여줄 것이다.

하지만 이 고찰을 진행시키기 전에 신빙성을 확립하는데 필요한 증거의 특징이라는 관점에서 성서가 고대의 다른 모든 저술들과 어떤 점에서 다른지 보여주려 한다. 이렇게 하는 것이 더 타당할 것이다.

성서의 옹호자들은《이성의 시대》전반부에 대한 반론에서, 마치 어떤 한 가지에 대한 우리의 믿음이 다른 것에 대한 믿음의 잣대가 될 수 있다는 듯이, 성서의 신빙성이 다른 어떤 고대의 책만큼이나 잘 확립되어 있다고 장담하고 강조했기 때문이다.

하지만 나는 보편적인 동의와 믿음을 권위 있게 요구할 수 있는 단 권의 책만을 알고 있으며, 그것은《유클리드의 기하학 원리》다. 그 이유는, 이 책은 저자와는 완전히 독립적으로 그리고 시간과 장소와 상황과 관련된 모든 것에 관계없이 그 자체로 자명하게 논증될 수 있기 때문이다. 이 책이 담고 있는 내용은 만약 다른 저자에 의해 쓰였더라도, 익명의 작가가 쓴 작품이거나 저자가 누구인지 알려지지 않았더라도 현재와 동일한 권위를 갖게 될 것이다. 저자가 누구인가라는 신분의 확실성은 이 책이 담고 있는 내용들에 대한 우리의 믿음에 전혀 영향을 끼치지 않기 때문이다.

하지만 모세나 여호수아, 사무엘이 작성했다는 책들은 전혀 그렇지 않다. 그것들은 자연스럽게 믿을 수 없는 일들에 대한 증언집이다. 따라서 이 책들의 신빙성에 대한 우리의 전체적인 믿음은 우선 모세나 여호수아나 사무엘에 의해 작성되었는가의 확실성에 달려 있다. 그 다음으로는 그들의 증언에 대한 우리의 신뢰에 달려 있다.

우리는 첫째 항목, 즉 저자의 확실성은 믿을 수 있지만 증언은 믿지 않을 수도 있다. 마찬가지로 어떤 사람이 어떤 사건에 대한 증거를 제시했다는 사실은 믿을 수 있지만 그가 제시한 증거 자체는 믿지 않을 수도 있다. 그러나 만약 모세나 여호수아나 사무엘이 작성했다는 책들이 그들에 의해 작성된 것이 아니라는 사실이 밝혀진다면 그 책들의 권위와 신빙성은 모두 한순간에 사라질 것이다. 날조되거나 꾸며낸 증언 같은 것은 있을 수 없기 때문이다. 또한 익명의 증언이란 것도 있을 수 없다. 특히, 신과 대면하여 이야기했다거나 해와 달이 인간의 명령에 따라 정지했다는 것과 같은 자연스럽게 믿을 수 없는 이야기는 더욱 그러하다.

다른 고대 책들의 대부분은 천재들의 작품이다. 그것들은 호메로스, 플라톤, 아리스토텔레스, 데모스테네스, 키케로 등이 작성한 것이다. 여기에서도 역시 이들 저작물에 대한 우리의 신뢰에서 저자가 불가결한 것은 아니다. 성명미상 작가의 작품이었다 해도 천재의 작품으로서 현재 평가받고 있는 가치는 동일할 것이기 때문이다. 호메로스가 서술한 트로이의 이야기를 사실이라고 믿는 사람은 아무도 없다(트로이의 유적은 토머스 페인의 시대로부터 몇십년 후인 1870년경 하인리히 슐리만에 의해 발굴되어 역사적으로 존재했을 것으로 추측되고 있다: 역주). 단지 감탄을 자아내는 시이기 때문이다. 비록 그 이야기는 믿을 수 없다 해도 그 시인의 우수함은 남게 될 것이다.

하지만 호메로스가 전하는 일들을 믿지 않는 것처럼 성서 저자(예를 들어 모세)의 이야기들을 믿지 않는다면, 우리의 평가에서 모세는 그저 사기꾼이라는 것 외에는 남는 것이 전혀 없다. 헤로도토스에서 타키투스에 이르기까지 고대의 역사가들에 대해 우리는 있음직하고 신뢰할만한 그들의 이야기에 대해서는 신뢰하지만 그 이상을 넘어서지는 않는다. 만약 그 이상의 것을 믿는다면, 우리는 예수 그리스도의 역사가들이 예수 그리스도가 베풀었다고 전하고 있는 것과 똑같은 방식으로 베스파시아누스 황제가 절름발이와 장님을 치료했다는 기적에 대한 타키투스의 두 가지 이야기를 믿어야만 하기 때문이다. 또한 출애굽기의 홍해가 갈라졌다는 이야기와 마찬가지로 알렉산더의 군대를 통과시키기 위해 팜필리아(Pamphilia) 바다가 열렸다고 요세푸스(Josephus AD 37~100? 유대 역사가)가 언급했던 기적을 믿어야만 할 것이다.

이러한 기적들은 성서의 기적들만큼이나 인증된 것이지만 우리는 그것들을 믿지는 않는다. 결과적으로 자연스럽게 믿을 수 없는 일들에 대한 믿음을 확립하기 위해 필요한 증거는, 그것이 성서든 그밖의 다른 것이든 관계없이, 자연적이며 있음직한 일들이 우리의 신뢰를 얻는데 요구되는 수준보다 훨씬 더 높다 할 것이다. 따라서 성서 옹호자들은 우리가 다른 고대의 저작들에 서술된 것들을 믿는다 해서 우리들에게 성서에 대한 믿음을 요구할 권리가 전혀 없다. 이 저작물들에서 말하는 것들이 있음직하거나 믿을 만하다는 것 이상의 것이 아니기 때문이다. 다시 말해 유클리드의 저작처럼 자명하기 때문이며, 호메로스의 저작처럼 우아하기 때문에 감탄하고, 플라톤처럼 진지하거나 아리스토텔레스처럼 현명하기 때문에 인정하는 것이다.

이러한 것들을 전제로 성서의 신빙성에 대한 고찰을 진행하려한다. 먼저 이른바 모세 오경이라고 불리는 창세기, 출애굽기, 레위기, 민수기, 신명기로부터 시작할 것이다. 나의 의도는 이 책들이 위조된 것이며 모세가 그 책들의 저자가 아니라는 것을 보여주려는 것이다. 더 나아가 이것들은 모세의 시대에 작성된 것도 아니며 그 수백 년 후까지도 작성되지 않았다. 이 책들은 모세의 생애에 대한 역사 그리고 그가 살았다고 전해져오는 시대와 그 이전 시대에 대한 역사로 시도된 것일 뿐이다. 마치 현재의 사람들이 수백 년 혹은 수천 년 전에 일어났거나 일어났을 것이라 추측하는 일들에 대한 역사를 기록하는 것처럼 모세가 죽은 지 수백 년 후에 대단히 무지하고 아둔한 몇몇 인사들이 작가를 자처하며 작성했던 것이다.

이번 경우에 나는 이 책들 자체에서 증거를 찾아낼 것이며, 오직 이 증거에만 국한하려 한다. 만약 성서 옹호자들이 불경스럽다고 지목하는 다른 고대의 저자들로부터 증거를 인용한다면 그들은 내가 그들의 권위를 부정하듯 그 저자들의 권위를 부정할 것이다. 그러므로 나는 그들이 잘 아는 분야에서 상대할 것이며 그들만의 무기인 성서로 반론을 펼칠 것이다.

우선 모세가 이 책들의 저자라고 단언할 수 있는 증거는 없으며, 그가 저자라는 것은 전혀 근거가 없는 의견으로 이런 이야기가 어떻게 퍼졌는지 아는 사람은 아무도 없다. 이 책들을 작성한 문체나 형식은 모세가 썼다고 믿거나 가정할 여지조차 없다. 문체나 형식 모두 다른 사람이 모세에 대해 말하고 있는 것이기 때문이다.

출애굽기나 레위기 그리고 민수기(창세기의 모든 내용은 모세 이전의 일들이고 그 안에서 그를 암시하는 내용은 한마디도 없다)는 모두 3인칭으로 말한다. 언제나 '하느님이 모세에게 가로되' 혹은 '모세가 하느님에게 여쭈어 가로되' 혹은 '모세가 사람들에게 말하되 혹은 사람들이 모세에게 말하되' 등으로 되어 있으며 이것은 역사가가 그들이 기록하는 대상의 생애와 행위에 대해 기술할 때 사용하는 문체와 형식이다. 자신에 대해 3인칭으로 말할 수도 있으니 모세도 그렇게 했다고 말할 수도 있다. 그러나 그런 가정(假定)은 아무 것도 증명하지 못한다. 이 책들을 모세가 작성했다는 믿음을 옹호하는 사람들은 이런 가정보다 더 좋은 주장을 제시할 수 없다면 그저 침묵하는 것이 낫다.

그러나 누구든 그런 형식으로 표현할 수 있으니, 모세도 자신을 3인칭으로 표현했을 수도 있으며 문법적으로 옳다는 것을 받아들인다 해도, 모세를 정말로 엉뚱하고 어리석은 사람으로 보지 않고서는 이 책들의 화자가 모세라는 것을 사실로 받아들일 수는 없다.

예를 들어 민수기 12장 3절; "모세로 말하자면, 땅 위에 사는 모든 사람 가운데 가장 겸손한 사람이다."를 보자. 만일 모세가 자신에 대해 이런 말을 했다면 그는 세상에서 가장 겸손한 자가 아니라, 가장 허영심이 강하고 오만한 어릿광대이다. 이 책들의 옹호자들은 이제 어느 쪽이든 마음에 드는 대로 선택해도 된다. 어느 쪽이든 그들에게 불리하기 때문이다. 만일 모세가 저자가 아니라면 이 책들의 권위는 없을 것이며, 모세가 저자라면 그는 믿을 만한 사람이 아니다. 겸손함을 떠벌리는 것은 겸손함과는 정반대의 일이기 때문이며 이런 감성은 거짓이다.

신명기의 문체나 형식은 모세가 저자가 아니라는 것을 다른 책들보다 더욱 더 분명하게 보여준다. 여기에서는 연극적인 형식을 사용한다. 저자는 짧은 서문 형식의 연설로 주제를 공개한 후 모세의 연설 장면으로 모세를 소개한다. 모세가 장황한 이야기를 마쳤을 때 저자는 자신의 역할을 다시 맡는다. 그리고 다시 모세를 앞세울 때까지 자신의 이야기를 계속한다. 마지막으로 모세의 죽음과 장례 그리고 성품을 설명하면서 이 장면을 마친다.

이 책에서 이러한 화자(話者)의 교체는 네 번 나타난다. 1장 1절부터 5절 마지막까지는 저자가 말을 한다. 그 후 모세가 장황한 이야기를 늘어놓는 장면에서 모세를 소개하며, 이것은 4장 40절까지 계속된다. 여기에서 저자는 모세를 퇴장시키면서 모세가 살아 있을 때 했을 것이라고 가정하는 말들로 인해 어떤 일들이 이루어졌는가를 역사적으로 설명하고 극적으로 열거한다.

저자는 5장 1절에서 모세가 이스라엘 사람들을 불러 모았다고 말하며 이 주제를 다시 꺼낸다. 그 후 앞에서 그랬듯이 모세를 소개하면서 26장 마지막까지 연설 장면을 계속 이어간다. 그는 27장의 시작 부분에서 모세에 대한 소개를 반복하고 앞의 연설 장면처럼 28장까지 모세의 연설을 이어간다. 29장에서 저자는 1절과 2절의 첫 줄까지 마지막으로 모세를 소개하고 33장 끝부분까지 모세가 연설하는 장면을 이어가도록 한다.

저자는 이제 모세의 역할에 대한 이야기를 마치고 전면에 나서면서 마지막 장의 전체를 통해 말한다. 그는 독자들에게 모세가 비스가산 정상으로 갔다는 이야기를 들려주면서 시작한다. 거기에서 모세는 아브라함과 이삭 그리고 야곱에게 약속된 (저자의 말에 따르면) 땅을 보았으며 그곳의 모압 땅에서 죽었지만 오늘날까지 아무도 그의 무덤이 있는 곳을 모른다. 즉 신명기를 쓴 저자가 살던 시대까지 아무도 몰랐다는 것이다. 그리고 저자는 모세가 죽었을 때 그의 나이는 120살이었다고 전한다. 그의 눈은 침침하지 않고 근력 또한 쇠하지 않았다고 한다. 저자는 그 후로 이스라엘에는 모세와 같은 선지자가 다시는 나타나지 않았다고 마무리한다. 이 익명의 저자는 모세가 하느님과 대면했다고 한다.

지금까지 문법적인 증거를 적용해 살펴본 바에 의하면 모세는 이 책들의 저자가 아니다. 신명기 저자의 불일치에 대한 몇 가지 고찰을 하고 난 후 나는 이 책들이 담고 있는 역사적이며 연대기적인 증거로부터 모세가 이 책들의 저자가 될 수가 없기 때문에, 이 책들의 저자가 아니라는 점을 증명하려 한다.

결과적으로 이 책들에서 말하고 있듯이 남자와 여자 그리고 어린이들에 대한 비인간적이며 불쾌한 살육이 신의 명령으로 자행되었다는 이야기를 믿을 만한 근거는 전혀 없다. 성서의 저주들에 맞서 신의 도덕적 정의를 지키는 것은 진정한 이신론자 모두에게 주어진 의무이다.

(익명의 작품이 아니기 때문에) 그가 누구이든, 신명기의 저자는 명확하지 않으며 또한 모세에 대해 전하는 이야기 속에서 스스로 모순에 빠져 있기도 하다.

모세가 비스가산의 정상에 올랐다고 (그리고 그 어떤 이야기에서도 그가 산에서 다시 내려왔다는 이야기는 없다) 말한 후, 모세가 그곳의 모압 땅에서 죽었으며 그가 모압 땅의 골짜기에 그를 묻었다고 한다. 그러나 이 문장에서 대명사 '그'에 대한 선행사가 없기 때문에 실제로 모세를 묻어준 그가 누구인지 알 길이 없다. 만일 그(신)가 모세를 묻어주었다고 말하려 했다면 그(저자)는 그것을 어떻게 알았을까? 혹은 이런 이야기를 전하는 저자가 누구인지도 모르는데 왜 우리(독자들)는 그를 믿어야만 하는 것일까? 분명히 모세는 그 자신이 어디에 묻혔다고 말할 수 없기 때문이다.

또한 저자는 오늘날까지 모세의 무덤이 어디 있는지 아는 사람이 없다고 한다. '오늘날'이 저자가 살고 있던 시대를 의미한다면 저자는 어떻게 모세가 모압 땅의 골짜기에 묻혔다는 것을 알 수 있었을까? 저자가 '오늘날까지'라는 표현을 쓴 것은 분명히 모세가 죽은 지 아주 오랜 시간이 지난 후라는 의미이니 그의 장례식에 참석하지 않았던 것은 분명하다. 반면에 모세 자신이 오늘날까지 자신의 묘가 어디 있는지 아는 사람이 없다고 말했다는 것도 불가능하다. 모세가 그런 말을 했다고 하려면 아이들의 숨바꼭질 놀이에서 숨은 어린이가 "아무도 날 찾지 못할 거야, 아무도 모세를 못 찾아!"라고 소리 지르도록 하는 것이 오히려 더 나아 보인다.

이 저자는 어디에서도 모세의 입을 빌어 연설했던 것들을 어떻게 알게 되었는지 전혀 설명하지 않는다. 그러므로 우리에겐 그것을 그가 작성했던 것이거나 구전으로 전해오는 것을 옮겨 적은 것이라고 결론을 내릴 권리가 있다. 이 둘 중 한 가지일 가능성이 더 커 보인다. 저자가 5장에서 제시한 10계명 중에서 제4계명이라고 했던 것이 출애굽기 20장의 제4계명과 다르기 때문이다.

출애굽기에서는 일곱 번째 날을 지키라고 했던 이유로 '(십계명이 말하기를) 신이 하늘과 땅을 6일 동안에 지으셨고 일곱 번째 날에는 쉬셨기 때문이다'라고 설명하고 있다. 하지만 신명기에서는 그 이유를 이스라엘의 자손들이 애굽에서 나온 날이므로 너희들의 신이신 하느님은 너희들에게 안식일을 지키라고 명한다고 설명한다. 여기에서는 창조에 대해서나 출애굽에 대해서도 전혀 언급하지 않는다.

이 책에는 다른 어떤 책에서도 찾아볼 수 없는 많은 것들이 모세의 법으로 제시되어 있으며 그 중에는 비인간적이고 잔인한 법도 있다. 가령 21장의 18, 19, 20 그리고 21절에서는 부모인 아버지와 어머니에게 말 안 듣는 자기 자식들을 끌고 가서 사람들에게 돌로 쳐 죽이도록 할 수 있는 권한을 부여하고 있다. 하지만 사제들은 언제나 신명기를 가지고 설교하기를 좋아한다. 신명기에는 십일조와 관련된 구절이 있기 때문이다. 신명기 25장 4절의 "곡식을 밟으면서 타작하는 소의 입에 망을 씌우지 마십시오"라는 구절을 인용하여 이를 십일조에 적용하는 것이다. 이 부분은 그저 두 줄도 되지 않지만 그냥 지나칠 수 없도록 장의 시작 부분에 표시를 해 두었다. 오, 사제들이여! 사제들이여! 그대들은 십일조를 받아먹기 위해 기꺼이 소와 비교되려 하는 것인가! 신명기의 저자가 누구인지를 밝혀내는 일은 불가능하겠지만 직업에 의해 그를 알아내는 일은 그리 어렵지 않다. 앞으로 이 작품의 전개 과정에서 증명하겠지만, 그는 유대인 사제로서 모세의 시대에서 적어도 350년 후의 사람이다.

이제 역사적이며 연대기적인 증거에 대해 살펴보기로 하자. 나는 성서의 연표를 활용할 것이다. 그 어떤 증거를 위해서도 성서를 벗어나지 않을 것이며 오직 성서 자체를 이용해 모세가 작성한 것으로 알려진 책들의 저자는 그가 아니라는 사실을 역사적으로나 연대기적으로 증명하려 하기 때문이다. 그러므로 독자들에게 (적어도 이런 사실을 알 기회가 없었던 사람들에게) 다음과 같은 사실을 알리는 것이 적절할 것이다. 크기가 큰 성서와 몇몇 작은 성서에는 매 페이지의 여백에 그곳에 기록된 역사적 사건들이 그리스도의 탄생에 앞서 얼마나 오래 전에 일어났는지 혹은 일어났을 것으로 추정되는지가 기록되어 있다. 그로 인해 각 역사적 상황들 간의 시간적 거리를 알 수 있다.

창세기부터 시작하자. 창세기 14장에서 저자는 다섯 명의 왕에 맞서 네 명의 왕이 싸우는 전투에서 롯이 포로가 된다고 전한다. 롯이 포로가 되는 이야기에서 아브라함이 등장하고 그는 무장한 식솔들을 모두 이끌고 진군하여 단(Dan)까지 쫓아갔다고 말한다.(14절)

단까지 추적했다는 표현이 지금 이 경우에 어떻게 적용되는지를 보이기 위해 미국과 프랑스의 두 가지 상황을 살펴보기로 하자. 미국에서 현재 뉴욕이라고 부르는 도시는 원래 뉴 암스테르담이었다. 그리고 프랑스에서 요새 아브르 마라(Havre Marat)라고 부르는 도시는 전에는 아브르 드 그라스(Havre de Grace)였다. 뉴 암스테르담은 1664년에 뉴욕으로, 아브르 드 그라스는 1793년에 아브르 마라로 개명되었다. 그러므로 만약 날짜가 특정되지 않은 글 속에서 뉴욕이 언급되어 있다면 그것은 뉴 암스테르담이 뉴욕으로 이름을 바꾼 후에 씌어졌다는 확실한 증거가 될 것이다. 따라서 그 글은 1664년 이후에 쓴 것이거나 적어도 그 해에 쓴 글이다. 마찬가지로 날짜가 명시되어 있지 않은 글에서 아브르 마라가 언급되어 있다면 그것은 아브르 드 그라스가 아브르 마라로 개명된 이후에 쓴 글이고, 결과적으로 1793년 이후 혹은 그 해에 쓴 글이다.

이제 이러한 사례들을 적용하여, 모세가 죽은 후 수년이 지날 때까지 단이라는 장소는 없었으며 결과적으로 모세가 '단까지 추격을 했다'고 설명하는 창세기의 저자가 될 수 없다는 것을 제시하려 한다. 성서에서 '단'이라고 부르는 장소는 원래 이방인들이 라이스(Laish)라고 부르던 마을이었다. 단 지파가 이 마을을 점령하고 단이라고 이름을 바꾸었다. 이 지파의 선조이며 아브라함의 증손자인 단을 기념하여 지은 것이었다.

이것을 증거로 인정시키기 위해 창세기부터 사사기 18장까지를 참조할 필요가 있다. 여기 27절을 보면 다음과 같다; "단 지파 자손은, … 한가하고 평화롭게 사는 라이스 백성에게 가서 그들을 칼로 쳐서 죽이고(성서는 살인으로 가득 차 있다), 그들의 성을 불살라 버렸다. … 단 지파 자손은 허물어진 성을 다시 쌓고 그곳에 살았다. … 그들의 조상 단의 이름을 따라, 그 성을 단이라고 불렀다. 그 성의 본래 이름은 라이스이다."(28~29절)

단 지파가 라이스를 탈취하고 그 이름을 단으로 바꾸었다는 이야기는 사사기에서 삼손의 죽음 직후에 나온다. 삼손의 죽음은 기원전 1120년에 일어났고, 모세의 죽음은 기원전 1451년의 일이다. 따라서 역사적 배열에 따라 모세 사후 331년까지는 그곳을 '단'이라고 부르지 않았다.

사사기에는 역사적, 연대기적 배열 사이에 상당한 혼란이 있다. 마지막 다섯 개의 장인 17, 18, 19, 20, 21장은 연대기적으로는 이전 장들보다 앞선 것들이다. 이것들은 16장보다 28년 전이고, 15장보다는 266년 전이며, 13장보다는 245년, 9장보다는 195년, 4장보다는 90년, 1장보다는 15년 전으로 되어 있다. 이것은 불명확하고 믿을 수 없는 성서의 상태를 보여준다. 연대기적 배열에 따르면 라이스를 탈취하여 단으로 이름을 바꾼 때는 모세의 후계자인 여호수아 사후 20년이 되던 해였다. 그리고 책에 나와 있는 역사적 순서에 의하면 여호수아 사후 306년이자 모세 사후 331년이 지난 때이다. 하지만 이러한 두 가지 경우 모두 모세는 창세기의 저자가 될 수 없다. 이 두 가지 서술에 따르면 모세의 시대에는 단이라는 곳이 존재하지 않았기 때문이다. 따라서 창세기의 저자는 라이스라는 마을이 단으로 이름이 바뀐 이후에 살았던 어떤 사람이어야만 한다. 그리고 그 사람이 누구인지는 아무도 모른다. 결과적으로 창세기의 저자는 익명이며 권위도 없다.

이제 나는 또 다른 관점에서 역사적이며 연대기적인 증거를 살펴보는 것으로 앞에서와 같이 모세는 창세기의 저자가 아니라는 사실을 보여주려 한다.

창세기 36장에는 에돔 사람으로 불리는 에서(Esau)의 아들들과 자손의 계보가 있다. 그리고 에돔 왕들의 이름으로 구성된 목록이 있다. 그리고 31절에서 다음과 같이 말한다; "이스라엘에 왕이 아직 없을 때에, 다음과 같은 왕들이 차례로 에돔 땅을 다스렸다."

자, 이제 작성 일자가 명시되지 않은 어느 글에서 과거의 어떤 사건에 대해 언급한다면 저자는 이 사건은 미국에 의회가 생기기 전에 일어났다든가 아니면 프랑스에서 국민공회가 있기 전이라는 식으로 작성했을 것이므로 그런 글이 그 사건이 있기 전에 작성될 수 없다는 것은 자명하다. 그런 글은 오직 미국에 의회가 생긴 이후 혹은 프랑스에서 국민공회가 생긴 이후에 작성될 수밖에 없다. 결과적으로 그런 글은 어떤 나라에 의회가 생기기 전이거나 다른 어떤 나라에 국민공회가 생기기 전에 죽은 사람에 의해 작성될 수는 없는 것이다.

일상적인 대화에서 그렇듯이 역사에서도 날짜 대신 사실에 대한 언급보다 더 자주 사용되는 것은 없을 것이다. 그렇게 하는 것이 가장 자연스럽다. 첫째, 어떤 사실은 날짜보다 훨씬 더 기억에 잘 자리 잡기 때문이다. 둘째, 어떤 사실은 날짜를 포함하고 있기 때문에 두 가지의 생각을 동시에 일으키는 역할을 한다. 이렇게 어떤 상황을 들어 말하는 방법은 마치 그렇게 표현된 것처럼 언급된 사실이 과거의 일이라는 것을 명확하게 암시한다. 어떤 일에 대해 말할 때, 가령, 내가 결혼하기 전의 일이라든가 아들이 태어나기 전이라든가 내가 미국이나 프랑스에 가기 전이라고 말한다면 명확하게 이해가 되며, 그가 결혼을 했으며 아들이 있고 미국 혹은 프랑스에 있었다는 사실을 상대방이 이해하도록 의도하는 것이다. 언어는 이런 표현 양식의 사용을 다른 의미로 받아들이지 않는다. 그리고 이런 표현이 어디에서 발견되든 지금까지 사용되어 왔던 그런 의미로만 이해될 수 있을 뿐이다.

그러므로 내가 인용한 "이스라엘에 (어떤) 왕이 아직 없을 때에, 다음과 같은 왕들이 차례로 에돔 땅을 다스렸다." 이 구절은 이스라엘의 첫 번째 왕이 지배하기 시작한 후에만 작성될 수 있다. 결과적으로 창세기는 모세에 의해 작성된 것이 아니며 적어도 사울 시대 이전에는 작성될 수 없는 것이다. 이것이 이 구절의 실제적인 의미이다. 그러나 "어떤 왕(any king)"이라는 표현은 한 명 이상의 왕 적어도 두 명의 왕이라는 것을 암시한다. 이것은 다윗 왕의 시대까지 이르게 하며 일반적인 의미로 이해하자면 유대 왕가의 전시대를 관통하는 그 어느 때까지도 이를 수 있다.

왕들이 이스라엘을 통치하기 시작한 후에 작성되었다고 공언하는 성서의 어느 부분에서 이 구절을 마주쳤다면 그것이 적용된 부분을 보지 못한다는 것은 불가능할 것이다. 그렇다면 바로 이 경우에 해당된다. 즉 이스라엘의 모든 왕들에 대한 역사를 제시하는 역대기(歷代記) 두 권은 공공연하게 그리고 사실상 유대 왕국이 시작된 후에 작성된 것이다. 그리고 내가 인용한 이 구절과 창세기 36장의 나머지 모든 구절들은 문자 그대로 역대기 첫 번째 장의 43절부터 시작된다.

역대기의 저자가 역대 상 1장 43절에서 말한 대로 "이스라엘에 왕이 아직 없을 때에, 다음과 같은 왕들이 차례로 에돔 땅을 다스렸다."라고 말할 수 있다는 것은 일관성이 있다. 그는 이스라엘을 통치하던 왕의 목록을 적어두려 했고 또 (실제로) 적어두었기 때문이다. 그러나 똑같은 표현이 그 시대 이전에 사용될 수 있다는 것은 불가능하다. 따라서 창세기의 이 부분을 역대기로부터 가져왔다는 것은 역사적 언어로부터 증명할 수 있는 그 어느 것 만큼이나 분명하다. 그리고 창세기는 역대기보다 오래된 것이 아니며, 연표가 나타내는 대로, 호메로스가 다윗이나 솔로몬 왕과 동시대의 사람이고 이솝은 유대 왕국의 말기에 살았다는 것을 받아들인다면 아마도 호메로스의 책이나 이솝 우화보다 더 오래된 것은 아닐 것이다.

신의 말씀이라는 이상한 믿음만이 자리 잡고 있는 창세기로부터 모세가 저자라는 믿음을 걷어치워야 한다. 그러면 창세기에는 익명의 저자가 쓴 이야기와 우화 그리고 전설이거나 지어낸 허무맹랑한 이야기 아니면 새빨간 거짓말이라는 것 외에는 남는 것이 없다. 이브와 뱀 그리고 노아와 그의 방주 이야기는 별 즐길 가치도 없는 아라비아 설화의 수준으로 떨어지고 8~9백년을 살았다는 사람들에 대한 이야기는 신화에 나오는 거인들의 불멸성만큼이나 허무맹랑하다.

게다가 성서에 기술되어 있는 모세의 성격은 상상할 수 있는 것들 중에서도 가장 무섭다. 만일 그에 관한 이야기들이 사실이라면, 그는 종교 때문에 혹은 종교를 구실로 처음으로 전쟁을 시작하고 수행했던 비열한 자이며, 그 가면 아래 혹은 심취해서 세계 그 어느 나라의 역사에서도 유례가 없는 만행을 저질렀다. 그 중 단 한 가지의 예를 들어보자.

　유대 군대가 약탈과 살인을 저지르고 돌아왔을 때 이야기는 다음과 같이 계속된다. 민수기 31장 13절을 보자;

　"모세와 제사장 엘르아살과 회중의 대표들이 모두 그들을 맞으러 진 밖에 나갔다. 그러나 모세는 전선에서 막 돌아오는, 군지휘관인 천부장들과 백부장들을 보고 화를 내었다. 모세가 그들에게 꾸짖었다. '어쩌자고 여자들을 다 살려 두었소? 이 여자들이야말로 브올에서의 그 사건 때, 발람의 말을 듣고 이스라엘 자손을 꾀어, 주님을 배신하게 하고, 주님의 회중에 염병이 일어나게 한, 바로 그 사람들이오. 그러니 이제 아이들 가운데서 남자는 다 죽이시오. 남자와 동침하여 사내를 안 일이 있는 여자도 다 죽이시오. 여자들 가운데서 남자와 동침하지 않아 사내를 안 일이 없는 처녀는, 당신들이 차지할 몫으로 살려두시오."(18절까지)

　이 이야기가 사실이라면, 세계 역사의 그 어느 시대에도 인간의 이름을 욕되게 만든 역겨운 악당 중에 모세보다 더 악독한 자를 찾는 것은 불가능하다. 여기에는 남자 아이들을 학살하고 어머니들은 몰살시키고 딸들은 능욕하라는 명령이 있다.

　어떤 어머니이든 이 어머니들과 같은 상황에 처해 있다고 해보자. 한 아이는 살해되고 또 다른 아이는 겁탈당할 처지에 놓여 있으며, 그 자신은 사형 집행자의 손 아래 있다. 그 어느 딸이라도 이 딸들과 같은 상황에 처해 있다고 해보자. 자신의 어머니와 오라비를 살해한 자들의 먹잇감이 될 운명인 이들은 어떤 감정을 갖게 될까? 우리가 자연에 간섭하려는 시도는 쓸데없는 짓이다. 자연은 자연의 길을 갈 것이기 때문이다. 그리고 모든 사회적 기반을 억지로 뒤틀려는 종교는 거짓 종교인 것이다.

이 역겨운 명령을 내린 후, 약탈품과 그것을 분배하는 방법에 대한 이야기가 이어진다. 여기에서 사제들의 위선적인 행위가 보여주는 불경스러움은 범죄의 목록을 더욱 늘려놓고 있다. 37절부터 40절까지를 읽어보자;

"그 양 가운데 육백일흔다섯 마리는 주님께 드리는 세금으로 바쳤다. 소는 삼만 육천 마리이고, 그 가운데서 주님께 드린 세금은 일흔두 마리이다. 나귀는 삼만 오백 마리이고, 그 가운데서 주님께 드린 세금은 예순한 마리이다. 사람은 만 육천 명이고, 그 가운데서 서른두 명을 주님께 세금으로 드렸다."

35절에서 모세의 명령에 의해 성노리개의 대상이 된 처녀들의 수가 삼만 이천에 달하는 것으로 나타나는데, 간단히 말해, 이 장에 기술된 내용들이나 성서의 다른 많은 부분에 있는 내용들은 인간적으로 읽기에도, 관대하게 듣기에도 너무나 끔찍하다.

일반적으로 사람들은 신의 말씀이라고 꾸며진 것 속에 어떤 사악함이 담겨 있는지 모른다. 미신적인 관습 속에서 자란 사람들은 성서가 진실하며 선한 것이라고 받아들인다. 그들은 성서에 대해 전혀 의심하지 않는다. 그리고 전능자의 자비에 대한 그들의 생각을 형성한 것으로 믿도록 배워왔던 그 책이 신의 권위로 작성된 것이라고 생각한다. 맙소사! 이것은 전혀 별개의 문제이다. 이 책에는 거짓말과 사악함 그리고 신에 대한 불경이 담겨 있다. 인간의 사악함을 전능자의 명령에 근거한 것으로 만드는 것보다 더 큰 신성모독이 있을 수 있을까?

그러나 모세는 그가 쓴 것이라는 책의 저자가 아니며 성서는 위조된 것임을 밝히려는 나의 주제로 돌아가 보자. 내가 이미 제시한 두 가지 사례는 그 어떤 추가적인 증거 없이도, 그들이 사실이라고 말하거나 인용하는 사건들보다 4~5백년 앞선 것처럼 꾸며대고 있는 책들에 대한 신빙성을 무너뜨리기에 충분하다. 그들을 단까지 추적했다는 경우에서나, 이스라엘 후손들을 통치했다는 왕들의 경우에서나, 얄팍한 예언의 시늉조차 낼 수 없기 때문이다. 표현들은 초(超) 시제로 작성되어 있으며 사람이 초(超) 시제로 예언할 수 있다고 말하는 것은 명백히 바보 같은 짓이다. (여기서 말하는 초(超) 시제란 가령 500년 전에 일어났던 A라는 사건을 마치 800년 전에 300년 후를 내다본 듯 현재에 서술하는 경우를 말한다. 이런 경우는 성서의 거의 모든 예언서에 적용된다. 대표적인 것이 다니엘서다: 역주)

하지만 이 책들 전체에 걸쳐 이와 동일한 증거를 겸비하고 있는 많은 구절들이 흩어져 있다. (모세가 쓴 것으로 알려진 또 다른 책인) 출애굽기 16장 34절(실제로는 35절이 맞다: 역주)에서는 "이스라엘 자손은 정착지에 이를 때까지 사십년 동안 만나를 먹었다. 가나안 땅 접경에 이를 때까지 만나를 먹었다."라고 한다.

이스라엘 자손들이 만나를 먹었든 먹지 않았든 혹은 만나가 무엇이든 혹은 그것이 일종의 버섯일 뿐이거나 작은 버섯이거나 그 지방에 흔히 있던 식용 채소라는 등의 문제는 나의 논점과는 아무런 관계가 없다. 내가 밝히려 하는 것은 모세가 이 이야기를 작성할 수 없었다는 점이다. 이 이야기 자체가 모세의 생애와 그가 살던 시대를 넘어서 확장되어 있기 때문이다. 성서 (그러나 이는 거짓말과 모순투성이인 책으로 어느 부분을 믿어야 할지, 혹은 믿을 부분은 있는지 알 수 없다)에 의하면 모세는 광야에서 죽었으며 가나안 지경에 온 적이 없다. 결과적으로 그는 이스라엘 자손이 무슨 일을 했는지 혹은 그들이 그곳에 왔을 때 무엇을 먹었는지 말할 수 있는 사람이 될 수 없다. 모세가 작성한 것으로 우리에게 알려진, 만나를 먹었다는 이야기는 모세의 후계자인 여호수아 시대까지 확장된다. 여호수아기에 기술된 이야기로 보아 이스라엘 자손들은 요단강을 건넌 후 가나안 땅의 지경에 이른다. "그 땅의 소출을 먹은 다음날부터 만나가 그쳐서, 이스라엘 자손은 더 이상 만나를 얻지 못하였다. 그들은 그 해에 가나안 땅에서 나는

것을 먹었다."(여호수아기 5장 12절)

그러나 이것보다 더 주목할 만한 사례는 신명기에 등장한다. 이것 역시 모세가 그 책의 저자가 될 수 없다는 사실을 보여주며 또한 당시 거인에 대해 널리 유포되어 있던 허무맹랑한 생각을 알려준다. 신명기 3장에는 모세가 행했다고 하는 정복들 중에서 바산 왕 옥을 취하는 이야기가 있다. 11절을 보자 ; "르바임 족속 가운데에서 살아 남은 사람은 바산 왕 옥뿐이었다. 쇠로 만든 그의 침대는, 지금도 암몬 자손이 사는 랍바에 있다. 그것은, 보통 자(규빗)으로 재어서, 길이가 아홉 자요 너비가 넉 자나 된다."

1규빗은 대략 18인치이므로, 그 침대의 길이는 16피트 4인치이고 넓이는 7피트 4인치이다. 거인의 침상에 대해서는 이 정도로 충분하다. 자, 이제 역사적인 부분에 대해 말하자면, 이 증거는 앞선 경우들에 비해 그다지 직접적이거나 분명하지는 않지만 그럼에도 불구하고 매우 있음직하고 확증적인 증거이며 반대 진영의 가장 좋은 증거보다 더 훌륭하다.

이 거인의 존재를 증명하려는 의도로 저자는 그의 침대를 고대 유물로 언급하면서 "지금도 암몬 자손이 사는 랍바에 있다."고 말한다. 침대가 랍바에 있다는 의미이지만 이는 어떤 주장을 확인하는 방법으로 성서에서 흔히 쓰는 서술방법이다. 그러나 이런 말을 한 사람은 모세가 될 수 없다. 모세는 랍바에 대해 알 수도 없고 그곳에 무엇이 있는지도 알 수 없기 때문이다. 랍바는 이 거인 왕에 속한 도시가 아니다. 또 모세가 정복한 도시 중의 하나도 아니다. 따라서 이 침대가 랍바에 있고 그 치수의 특별한 점에 대한 지식은 랍바가 함락된 때에 얻어진 것이 틀림없을 것이다. 그리고 이 일은 모세 사후 400년 후에 일어났다. 여기에 대해서는 사무엘기하 12장 26절을 보자; "요압(다윗의 부하 장군)이 암몬 사람의 도성 랍바를 쳐서, 그 왕의 도성을 점령하고서"

모세의 작품이라고 여겨지는 책들에서 빈번하게 드러나는 시간, 장소 그리고 상황들 간의 모순들을 모두 다 지적하지는 않겠지만, 그것들은 이 책들이 모세에 의해 작성될 수 없었다는 것뿐만 아니라 (시간적으로) 그런 행위들이 전능자의 명령에 따른 것이라 할 수도 없다는 것을 결정적으로 증명한다.

무엇보다 앞의 책들과 마찬가지로 여호수아기는 3인칭으로 작성되었다. 화자는 여호수아를 연구하는 역사가이다. 6장의 마지막 절에서 여호수아가 자신에 대해 "그(여호수아)의 명성이 그 온 땅에 두루 퍼졌다"라고 말했다는 것은 터무니없으며 허영심이 강하게 드러내는 것이기 때문이다. 이제 조금 더 직접적으로 증거를 다루어보기로 하자.

24장 31절에서, "이스라엘은 여호수아의 생전에 … 여호수아 뒤에 생존한 장로들…" 자, 상식적으로 말해서, 여호수아 자신이 죽은 후에 사람들이 무슨 일을 했는지에 대해 말하는 사람이 여호수아가 될 수 있을까? 이 이야기는 여호수아 사후의 어떤 역사가에 의해 작성될 수밖에 없을 뿐만 아니라 여호수아보다 오래 살았던 장로들이 죽고 난 후에 살던 사람이다.

여호수아서 전체를 통해 시간과 관련된 일반적인 의미를 지닌 몇몇 구절들이 있다. 앞서 인용한 구절이 그렇듯이 어떤 특정한 시간에 대한 표시도 없지만 이 책이 여호수아의 시대로부터 상당한 시간이 흐른 후에 작성되었다는 것을 전달해 준다. 그 구절에서 여호수아와 장로들이 사망한 때의 시간 간격은 서술적으로 완벽하게 배제되어 있다. 이러한 증거는 장로들의 사망하기 전까지는 작성될 수 없었다는 점을 입증한다.

하지만 비록 내가 언급한 구절들과 내가 앞으로 인용할 구절들에는 어떤 특정한 시간이 배제되어 있지만 여호수아와 장로들의 죽음 사이에 포함된 시간보다 여호수아의 시대로부터 훨씬 더 멀리 떨어진 시간이라는 것을 의미하고 있다. 10장 12절이 그렇다. 여호수아의 명령 하에 태양이 기브온 위에 머무르고 달이 아얄론 골짜기에 멈춰 있었다는 이야기(이런 이야기는 어린아이들을 즐겁게 해주는 데나 적합한 이야기이지만)를 한 후 이 구절은 다음과 같이 이어진다; "주님께서 사람의 목소리를 이 날처럼 이렇게 들어주신 일은, 전에도 없었고 뒤에도 없었다."

태양이 기브온 산 위에 머물고 달이 아얄론 골짜기에 멈춰 있었다는 이야기는 그 자체로 우화의 한 가지라고 파악할 수 있다. 그러한 상황은 전 세계에 알려지지 않고는 일어날 수 없는 것이다. 세계의 절반은 해가 뜨지 않는 이유를 의심하게 될 것이고 다른 절반은 해가 지지 않는 이유를 의심하게 될 것이다. 그리고 이러한 현상에 대한 전승은 널리 알려졌을 것이다. 하지만 이런 일에 대해 조금이라도 알고 있는 민족은 전혀 없다. 어떤 경우에 해가 환히 비치고 있는 대낮에 달빛을 볼 수 있을까? 시적인 상징으로는 전체적으로 훌륭하다. 이것은 '행로를 따라 운행하던 별들이 시스라와 싸웠다'는 드보라와 바락의 노래와 유사하다. 그러나 마호메트가 하고 있던 일에 대해 훈계하러 온 사람을 향한 마호메트의 비유적인 선언과 비교하면 열악하다. 마호메트는 "당신의 오른 손에 태양을, 왼손에 달을 가지고 내게 온다 해도 나의 진로를 변경시킬 수 없다." 여호수아가 마호메트를 뛰어넘으려면 마치 가이 포크스(Guy Fawkes 1570~1606. 가톨릭 탄압에 저항하여 영국 국회의사당을 폭파하려고 화약음모사건을 일으켰다)가 은밀하게 등잔불을 가지고 다녔던 것처럼 해와 달을 자신의 양쪽 주머니에 넣고 다니면서 자신이 원할 때 꺼내 밝힐 수 있어야만 한다.

숭고함과 우스꽝스러움은 종종 너무 가까이 연계되어 있어 따로따로 분류하기 어렵다.('There is but one step from the sublime to the ridiculous.' 숭고함과 우스꽝스러움은 종이 한 장 차이다 – 나폴레옹 1세: 역주) 숭고한 것으로부터 한걸음 나아가면 우스꽝스럽게 되고 우스꽝스러운 것으로부터 한걸음 나아가면 다시 숭고한 것이 된다. 하지만 시적 환상에서 이끌어낸 이 이야기는 여호수아의 무지를 보여준다. 그는 차라리 지구에게 멈춰 있으라는 명령을 내렸어야 했기 때문이다.

'그날 이후'라는 표현에서 암시하는 시간은 그 구절에 뜻 깊은 의미를 부여하기 위해 그 전에 지나간 모든 시간들과 비교한 것이므로 매우 긴 시간을 의미해야만 한다. 예를 들어, 내일이거나 다음 주 혹은 다음 달이거나 내년을 그런 식으로 말했다면 우스꽝스러운 것이 된다.

그러므로 이 구절에서 말하는 '경이'와 '이전의 시간'이란 말에 의미를 부여하려면 시간은 수천 년의 시간을 의미해야만 한다. 그러나 천 년보다 짧은 시간이라면 하찮게 보일 것이며 이천 년보다 짧다면 겨우 용납할 만한 정도가 될 것이다.

멀기는 하지만 일반적인 시간도 8장에 표현되어 있다. 아이(Ai)라는 도시를 함락시킨 이야기를 한 후 28절에서 다음과 같이 말한다; "여호수아는 아이 성을 불질러서 황폐한 흙더미로 만들었는데, 오늘날까지 그대로 남아 있다." 그리고 다시 29절에서 여호수아가 교수형에 처하여 성문 어귀에 매장한 아이의 왕에 대해 다음과 같이 말한다; "사람들이 주검 위에 큰 돌무더기를 쌓았는데, 그것이 오늘날까지 남아 있다." 즉 여호수아기의 저자가 살았던 날이나 시대까지 있었다는 말이다. 또 다시 10장에서 여호수아가 다섯 왕을 다섯 개의 나무에 매달아 교수형에 처한 후 동굴에 던졌다고 한 후 다음과 같이 이어진다; "굴 어귀를 큰 돌로 막았다. 그 곳은 오늘날까지 그대로 있다."(27절)

여호수아와 부족들의 이런저런 공적들 그리고 그들이 정복하거나 공략했던 장소들을 열거하면서 15장 63절은 다음과 같이 이어진다; "그러나 유다 자손이 예루살렘 성에 살던 여부스 사람을 쫓아내지 못하였으므로, 여부스 사람과 유다 자손이 오늘날까지 예루살렘 성에 함께 살고 있다." 이 구절에서의 의문점은 여부스 사람들과 이스라엘 자손들이 언제부터 함께 살게 되었는가 하는 점이다. 이 문제는 사사기의 첫 번째 장에서 다시 등장하므로 그 부분에 이를 때까지 나의 관찰을 유보하겠다.

이렇게 아무런 보조적인 증거 없이도 여호수아기 자체로부터 여호수아는 그 책의 저자가 아니며 저자가 될 수 없으며 저자는 익명이며 결과적으로 권위가 없다는 것을 보였으므로 앞에서 언급한 대로 사사기로 진행해 보자.

사사기는 분명하게 작자 미상의 책이다. 그러므로 신의 말씀이라고 부를 구실도 부족하다. 이는 명의상의 보증인조차 없으며 전체적으로 작자 불명의 책이다.

이 책은 여호수아서와 똑같은 표현으로 시작한다. 여호수아기 1장 1절은 "주님의 종 모세가 죽은 뒤에… "로 시작하며, 사사기는 "여호수아가 죽은 뒤에… "로 시작한다. 이러한 표현과 두 책 사이의 비슷한 문체는 동일한 저자의 작품이라는 것을 가리키지만 그가 누구인지는 전혀 알 수 없다. 마치 여호수아가 사망한 직후부터 기록한 것처럼 시작하지만 이 책이 증명하고 있는 오직 한 가지는 저자가 여호수아의 시대로부터 한참 지난 후에 살았던 인물이라는 점이다. 책 전체에 대한 개요 혹은 요약이라 할 제2장은 성서의 연표에 따르면 그 역사가 306년에 걸쳐 펼쳐진다. 즉 BC 1426년인 여호수아의 죽음으로부터 BC 1120년의 삼손의 죽음까지 그리고 사울이 자기 아버지의 암나귀들을 찾아다니다 왕이 되기 전 25년이다. 그러나 이 책은 다윗의 시대까지는 작성되지 않았을 것이라고 믿을 만한 상당한 이유가 있으며 적어도 여호수아서도 동일한 시기 이전에는 작성되지 않았다.

사사기 첫 장에서 저자는 여호수아의 죽음을 알린 후 유다의 자손들과 가나안 땅에 거주하던 원주민들 간에 어떤 일이 있었는지에 대해 말한다. 이러한 설명 속에서 저자는 7절에서 갑작스럽게 예루살렘을 언급한 다음, 바로 다음의 8절에서 이렇게 설명한다; "유다 자손이 예루살렘을 치고 점령하여 그 곳의 주민을 칼로 죽이고, 그 성을 불태웠다." 결과적으로 이 책은 예루살렘을 차지하기 전에는 작성될 수 없는 것이다. 독자들은 앞서 인용했던 여호수아기 15장 63절을 기억할 것이다. 그곳에서는 여부스 사람들이 유다의 자손들과 '오늘날까지' 예루살렘에 함께 살았다고 한다. 이것은 그때 여호수아기가 작성되었다는 의미이다.

이미 제시했듯이 지금까지 다루어온 책들이 저자로 알려져 있는 사람들에 의해 작성된 것이 아니며, 또한 그런 사람들이 살았던 적이 있었다 해도 그들이 죽은 후 상당한 시간이 지나기 전까지는 작성되지 않았다는 것을 증명하는 증거들은 너무나도 많다. 그러므로 여기에서 이끌어낼 수 있는 것들보다 이 구절은 그리 중요하지 않게 취급할 수 있을 것이다. 성서를 역사로 믿을 수 있다면 예루살렘이라는 도시는 다윗 시대 이전에는 정복되지 않았기 때문이다. 그러므로 여호수아기와 사사기는 다윗 왕의 통치가 시작되기 전까지는 작성되지 않았다. 다윗 왕의 통치는 여호수아 사후 370년이 지났을 때 시작되었다.

훗날 예루살렘이라고 불리게 된 도시는 원래 여부스(Jebus) 혹은 여부시(Jebusi)로 여부스 족의 수도였다. 다윗이 이 도시를 점령한 이야기는 사무엘기하 5장 4절과 역대지상 14장 4절과 같은 곳에도 등장한다. 성서의 어떤 부분에도 예루살렘이 그 전에 정복되었다거나 그런 견해를 뒷받침하는 언급도 전혀 없다. 사무엘기나 역대지서에는 그들의 다른 정복 전쟁에서 언급되는 것처럼 남자와 여자 그리고 어린이들을 완전히 절멸시켰다거나 살아 있는 것은 하나도 남기지 않았다는 이야기는 없다. 여기에서 아무런 언급도 없다는 것은 항복을 받아 그 도성이 점령되었으며 원주민인 여부스 족은 점령 후에도 계속해서 그곳에서 살았다는 것을 의미한다. 그러므로 여부스 족이 유다의 자손들과 함께 오늘날까지 예루살렘에 살았다는 여호수아기의 이야기는 다른 시대가 아닌 다윗이 그 도시를 점령한 이후에 해당한다.

창세기부터 사사기까지 성서의 모든 책들이 신빙성이 없다는 것을 보이고 나니 이제 룻기에 다다랐다. 게으르고 서툰 방식으로 우습게 서술되었으며 누가 썼는지 아무도 모르는 이 이야기는 어떤 떠돌이 시골 여자가 은밀하게 자기 사촌인 보아즈의 침대로 숨어들어간 것에 대한 이야기이다. 신의 말씀이라고 부르기에는 정말로 너무 엉뚱한 이야기가 아닐까! 하지만 이 책은 성서 중에서 가장 훌륭한 책 중의 한 권이다. 적어도 살인과 약탈에 대한 이야기는 없기 때문이다.

다음은 사무엘기 두 권이다. 이 책들 역시 사무엘이 쓴 것도 아닐 뿐더러 사무엘이 죽은 후 오랜 시간이 지나기 전까지는 작성되지 않았으며, 다른 모든 책들과 마찬가지로 작자 미상이며 근거가 없다는 것을 보여주기로 한다.

이 책들은 사무엘의 시대보다 훨씬 나중에 작성되었으니 당연히 그가 작성한 것이 아님을 확신하기 위해서는 그저 사울이 자기 아버지의 암나귀를 찾아다니다 사무엘을 만나 잃어버린 암나귀에 대해 물어보았다는 이야기만 읽어보면 된다. 이것은 마치 오늘날의 어리석은 사람들이 물건을 잃고 나서 마술사를 찾아가 문의하는 것과 같다.

사울과 사무엘 그리고 암나귀 대한 이야기를 하면서 저자는 이것이 그 당시에 일어났던 일이 아니라 자신이 살던 시대의 옛이야기처럼 전하고 있다. 저자는 사무엘이 살았던 시대의 언어나 용어로 말하고 있지만 어쩔 수 없이 저자가 살았던 시대에 사용하던 언어나 용어로 설명해야만 하기 때문이었다.

사무엘기상 9장에 제시된 그에 관한 이야기에서 사무엘은 선견자(the seer)로 불렸다. 11절에서 사울이 그에 대해 물으면서 이 용어를 사용하고 있다; "그들(사울과 그의 하인)은, 성읍으로 가는 비탈길로 올라가다가, 물 길러 내려오는 처녀들을 만나 '선견자께서 성읍에 계십니까?'하고 물었다." 그리고 사울은 18절에서 이 소녀들이 가르쳐준 방향으로 가서 사무엘을 만났지만 알아보지 못하고 그에게 말한다. "선견자의 집이 어디에 있는지 알려주십시오." 사무엘이 사울에게 대답하였다. "바로 내가 그 선견자요."

사무엘기의 저자가 이러한 질문과 대답을 저자가 작성할 당시에는 사용되지 않던 어법으로서 그 시대의 언어나 방식을 따라 말했을 때, 저자는 이 이야기를 이해시키기 위해서는 이런 질문과 대답을 했을 때의 용어들을 설명해 줄 필요가 있다는 것을 알게 되었다. 그는 그 설명을 9절에서 하고 있다; "옛적에 이스라엘에서 사람들이 하나님께 물으려고 할 때에는, 선견자에게 가자고 말하였다. 오늘날 우리가 '예언자'라고 하는 이들을 옛적에는 '선견자'라고 불렀다." 앞서 언급했던 것처럼 사울과 사무엘과 암나귀의 이야기는 사무엘기가 작성될 당시에는 이미 옛 이야기가 되어 있었고 결과적으로 사무엘이 그 책을 쓰지 않았으며 그 책은 신빙성이 없다.

하지만 그 책들의 내용을 좀 더 파고 들어가 보면 사무엘이 이 책들의 저자가 아니라는 것이 한층 더 명확해진다. 사무엘이 죽고 몇 년이 지난 후에 일어난 일들에 대해 말하고 있기 때문이다. 사무엘은 사울보다 먼저 죽었다. 사무엘기상 28장은 사무엘이 죽은 후 사울과 엔돌의 무당(신접한 여인)이 사무엘의 영혼을 불러내는 이야기를 하고 있다. 그렇지만, 이 책들에 포함되어 있는 일들의 역사는 당신들이 저자라고 말하는 사람은 저자가 아니며, 당신들은 누가 저자인지 모른다는 진실의 이야기가 나타날 때까지 연장되어 있다. 당신들은 이제 이 불경스러운 사기를 계속하기 위해 어떤 거짓의 망령을 만들어 낼 것인가? 순수하고 도덕적인 이신(理神)주의적 종교에 맞서 당신들의 허위와 우상숭배 그리고 꾸며진 계시의 체계를 지탱하기 위해 이 이상 무엇을 제공할 것인가?

성서에 가득 차 있는 잔인하고 살인적인 명령들과 그 결과로 남자, 여자 그리고 어린이들에 대한 수많은 고문과 학살이 당신이 존경하며 기억하는 어떤 친구에 의한 것이라면 당신은 그 비난의 잘못을 찾아준 것에 대해 지극히 만족해야 하며 그의 상처받은 명성을 지켜준 것에 대해 영광스러워 해야 할 것이다. 성서의 무서운 이야기들에 귀를 기울이거나 대수롭지 않게 듣는 것은 당신이 미신의 잔인성에 빠져 있기 때문인가, 아니면 창조주의 명예에는 아무런 관심도 없기 때문인가?

성서는 아무런 근거가 없다는 것을 증명하기 위해 지금까지 밝혀낸 증거들과 앞으로 이 작업의 과정에서 밝혀낼 증거들은 성직자들의 완고함에 상처를 내겠지만 수많은 사람들의 정신을 구원하고 진정시킬 것이다. 성서와 사제술(司祭術)이 그들의 정신 속에 주입시켰으며 그의 도덕적 정의와 자비에 대한 그들의 생각과 끝없이 반대되는 전능자에 대한 모든 완고한 생각들로부터 그들을 해방시킬 것이다.

이제 두 권의 열왕기와 두 권의 역대지를 다루어 보기로 하자.

이 책들은 모두 역사서이며 대개는 악당들이었던 유대 왕들의 생애와 행위들에 국한되어 있다. 하지만 그런 일들에 대해 우리는 로마의 황제들이나 트로이 전쟁에 대한 호메로스의 이야기 보다더 많은 관심을 갖지는 않는다. 게다가 이 작품들은 작자불명이며 저자나 그의 성품에 대해 아는 것이 전혀 없기 때문에 그곳에 설명된 문제들에 대해 어느 정도의 신빙성을 부여해야 할지도 알수 없다. 다른 모든 고대 역사처럼 이것들은 우화와 사실 그리고 사실 같은 것들과 있음직해 보이지 않는 일들이 뒤범벅된 것으로 보인다. 그러나 시간과 장소의 간격과 세상사의 변화는 이들을 쓸모없고 시시한 것으로 만들었다.

이 책들의 주된 용도는 이 거짓된 신의 말씀 속에 있는 혼동과 모순 그리고 잔인성을 보이기 위해 책들을 서로 비교하고 성서의 다른 부분들과 비교해 보는 것이다.

열왕기상권은 솔로몬왕의 시대로 시작한다. 성서의 연대기에 따르면 이 시기는 BC 1015년이다. 그리고 두 번째 책은 BC 588년, 시드기야의 치세 직후에 느부갓네살이 예루살렘을 함락시키고 유대인들을 정복하면서 포로를 바빌론으로 잡아갔을 때 끝난다. 이 두 책은 427년간의 시간을 담고 있다.

역대기 두 권은 전체적으로 다른 저자가 쓴 동일한 시대의 동일한 인물들에 대한 역사이다. 그렇지 않다면 동일한 저자가 똑같은 역사를 두 번 반복해서 쓴 꼴이 되어 우스꽝스러울 것이다. 역대기의 첫 책은 (앞의 아홉 개의 장에서 아담부터 사울까지의 족보를 제시한 후) 다윗 왕의 통치 시대로 시작한다. 역대기의 두 번째 책은 열왕기하와 비슷한 시기로 시드기야의 치세 직후인 BC 588년 무렵에 끝난다. 마지막 장의 마지막 두 절은 역사를 52년, 즉 BC 536년으로 앞당겨 놓고 있다. 하지만 이 두 개의 절은 이 책에 속한 것이 아니다. 에스라기를 다룰 때 확인시켜 주기로 한다.

열왕기 두 권은 이스라엘 전체를 다스렸던 사울, 다윗 그리고 솔로몬의 역사 외에 유대의 왕으로 칭했던 17명과 1명의 여왕 그리고 이스라엘의 왕으로 칭했던 19명의 생애에 대한 요약을 담고 있다. 유대인들의 나라는 솔로몬 왕의 죽음 직후 둘로 분열되어 각자의 왕들을 선택하고 서로 증오에 찬 전쟁을 수행했기 때문이다.

이 두 권은 암살과 반역 그리고 전쟁의 역사에 불과하다. 신의 선물이라는 구실로 야만적으로 침략한 후 가나안 사람들에게 자행했던 잔인함에 익숙해진 유대인들은 그 후로 그 잔인성을 서로에게 격렬하게 실행했다. 거의 절반도 안 되는 왕들이 자연사를 했으며, 후계자의 자리를 확보하기 위해 모든 가족을 몰살하는 경우도 있었다. 그 후계자들은 수년 후 그리고 때로는 몇 달 혹은 더 짧은 기간 내에 똑같은 운명을 맞이하기도 했다.

열왕기하 10장에는 어린이 70명의 머리로 꽉 찬 두 개의 광주리를 성문 어귀에 놓아 두었다는 이야기가 등장한다. 그들은 아합의 자녀들이었으며 예후의 명령으로 살해된 것이었다. 예후는 이처럼 잔인한 짓을 하고 그의 전임자를 살해시킬 목적으로 소위 신의 사람이라는 엘리사로부터 이스라엘 왕으로 기름부음을 받았다는 자이다.

이스라엘 왕 중의 한 사람으로 살룸을 살해하고 겨우 한 달 동안 왕위에 있었던 므나헴의 이야기는 열왕기하 15장 16절에 있다. 므나헴이 딥사를 공략할 때 성문을 열어주지 않았다는 이유로 성안의 임신한 모든 여자들의 배를 갈랐다는 것이다.

전능자가 어떤 민족의 국가를 '그가 선택한 사람들'이라는 명칭으로 구별한다는 가정을 받아들일 수 있으려면 우리는 그 사람들이 가장 순수한 경건함과 인간애로 나머지 모든 세계의 본보기가 된다고 가정해야만 할 것이다. 그렇지만 아합과 같은 자들은 고대 유대인들이 그랬듯이 악한이며 살인자였다. 모세, 아론, 여호수아, 사무엘, 다윗 같은 잔인한 협잡꾼들을 본받아 지구상에 널리 알려진 다른 누구보다 야만성과 사악함으로 이름을 떨쳤다.

만약 단호하게 우리의 눈을 감아버리고 심장을 무감각하게 만들지 않는다면, 오랫동안 우리의 정신 속에 강요되어 확립된 미신에도 불구하고 '그가 선택한 사람들'이라는 아첨 섞인 호칭은 그저 거짓에 불과하다는 것을 알아차리지 못한다는 것은 불가능하다. 그것은 유대인 성직자들과 지도자들이 자신들의 비열한 성품을 가리기 위해 만들어낸 거짓이고, 때로는 그들만큼이나 부패하고 잔인한 기독교 성직자들이 믿는다고 고백했던 거짓이다.

두 권의 역대기에는 동일한 범죄행위들이 반복되어 기록되어 있지만, 저자가 몇몇 왕들의 치세를 제외시켜 역사가 군데군데 단절되어 있다. 열왕기에서 그렇듯이 여기에서도 유대 왕에서 이스라엘 왕으로 그리고 이스라엘 왕에서 유대 왕으로 이야기의 전개가 자주 바뀌는 부분들이 있어 이야기가 모호하다.

같은 책 내에서도 역사가 가끔씩 서로 상충된다. 예를 들어 열왕기하 1장 17절에는 상당히 애매모호하게 "이스라엘에서는 아하시야 왕이 죽었다. (그에게 아들이 없었으므로), 그의 동생 여호람 혹은 요람(아합 왕가의 사람)이 그의 뒤를 이어 왕이 되었다. 때는 남왕국 유다에서 여호사밧의 아들 여호람(혹은 요람)이 즉위하여 다스린 지 이년 되던 해였다."라고 말하고 있다. 같은 책 8장 16절에는 "이스라엘 왕 아합의 아들 요람 제5년에 여호사밧이 아직도 유다의 왕일 때에 여호사밧의 아들 여호람이 다스리기 시작하였다."라 말하고 있다. 즉 한 장에서는 유다의 요람이 이스라엘 왕 요람 2년에 왕이 되었고, 다른 장에서는 이스라엘의 요람이 유대 왕 요람 5년에 왕이 되었다고 말하고 있는 것이다.

하나의 역사서에 이러저러한 왕의 재임기간 동안에 일어났다고 서술되어 있는 몇 가지의 가장 특별한 사건들이 동일한 왕의 통치와 관련된 다른 책에서는 발견되지 않고 있다.

예를 들어 솔로몬의 사후에 처음으로 경쟁했던 두 명의 왕은 르호보암과 여로보암이다. 열왕기상 12장과 13장에는 여로보암이 분향하는 이야기가 제시되며 그곳에서 신의 사람이라 불리는 사람이 제단에 대고 소리를 지른다.

13장 2절에 "제단아, 제단아! 나 주가 말한다. 다윗의 가문에서 한 아들이 태어난다. 그 이름은 요시야다. 그가 너의 위에 분향하는 산당의 제사장들을 너의 위에서 죽여서 제물로 바칠 것이며, 또 그가 너의 위에서 그 제사장들의 뼈를 태울 것이다."

4절에는; "여로보암 왕은, 하나님의 사람이 베델에 있는 제단 쪽에 대고 외치는 말을 듣고, 제단 위로 손을 내밀면서 '저 자를 잡아라.'하고 소리를 쳤다. 그러자 그 사람에게 내어 뻗은 여로보암의 손이 마비되어서, 다시 오므릴 수 없었다."

이스라엘이 두 나라로 분리되는 첫 번째 순간에 한 편의 우두머리에게 일어난 이와 같은 특별한 사건이(이것은 심판으로서 전해진다) 만약 사실이라면 양쪽의 역사에 모두 기록될 것이라고 생각할 것이다. 그러나 비록 후세의 사람들은 선지자가 그에게 말했던 것을 모두 믿었지만, 이들 선지자들 혹은 역사가들은 서로를 믿었던 것으로는 보이지 않는다. 그들은 서로를 너무 잘 알고 있었던 것이다.

열왕기에는 엘리야에 대한 장황한 이야기도 등장한다. 여러 장에 걸쳐 계속되던 이야기는 다음과 같은 이야기로 끝난다. 열왕기하, 2장 11절; "그들이 이야기를 하면서 가고 있는데, 갑자기 불병거와 불말이 나타나서, 그들 두 사람을 갈라놓더니, 엘리야만 회오리바람에 싣고 하늘로 올라갔다." 흠! 역대기의 저자는 엘리야의 이름은 언급하지만 이처럼 기적적인 이야기에 대해서는 아무 언급도 하지 않는다. 또한 열왕기의 같은 책에 서술된 다음과 같은 이야기에 대해서도 언급하지 않는다; 23절, "어린 아이들이 성읍에서 나와 그를 보고 '대머리야, 꺼져라. 대머리야, 꺼져라' 하고 놀려댔다." 그리고 24절에서 이 신의 사람은 "엘리사는 돌아서서 그들을 보고, 주님의 이름으로 저주하였다. 그러자 곧 두 마리의 곰이 숲에서 나와서, 마흔두 명이나 되는 아이들을 찢어 죽였다."

그는 또한 열왕기하 13장의 이야기에 대해서도 침묵하고 지나친다. 즉 마침 사람을 장사하는 자들이 그 시체를 엘리사의 묘실에 들어 던지매(21절) 시체가 엘리사의 뼈에 닿자 (죽은 사람이) 곧 회생하여 일어섰다는 그 이야기다. 이 이야기는 그가 회생하여 일어섰음에도 불구하고 그를 매장했는지 혹은 그를 끌어올렸는지에 대해 아무런 말이 없다. 역대기의 저자는 이런 모든 이야기들에 대해 이와 같은 종류의 이야기들로 거짓이거나 적어도 꾸며낸 이야기라고 비난받기를 원치 않는 오늘날의 저자들처럼 침묵한다.

하지만 이 두 역사가들이 각자 서술한 이야기들은 서로 다를 수는 있겠지만, 성서의 후반부를 채우고 있는 선지자라고 칭하는 사람들에 대해서는 똑같이 침묵하고 있다. 이 두 사람은 히스기야 치세를 다루면서 그 시대에 살았던 이사야에 대해서는 열왕기에서 그리고 역대기에서 재차 언급하고 있다. 그러나 기껏해야 한두 가지 사례를 제외하고는 매우 사소하게 나머지 다른 사람들은 아무도 언급하지 않거나 그들의 존재마저도 내비치지 않는다.

성서의 연대기에 따르면 그들은 이 역사서들이 작성되던 시대에 살았던 사람들이었으며 그들보다 오래 전에 살았던 사람들도 있었다. 만약 성서의 편찬자들이나 사제들 그리고 주석자들이 제시하는 것처럼 이른바 예언자들이 그들의 시대에 그토록 중요한 인물들이었다면 이 역사서들 중의 한 군데에서도 그들에 대해 한마디도 하지 않고 있는 것을 어떻게 설명할 수 있을까?

열왕기와 역대기의 역사는 앞서 언급했듯이 BC 588년까지 다루고 있다. 따라서 그 시기 이전에 어떤 선지자들이 살았는지 살펴보는 것이 적절할 것이다.

다음은 모든 예언자들의 목록이다. 각각의 예언서들의 첫 부분에 첨부된 연대기에 따라 그들이 살았던 BC 년도를 함께 보였다. 또한 열왕기와 역대기가 작성되기 몇 년 전에 살았는지도 보이고 있다.

이름	BC 년도	열왕기/역대기 이전 연도	두 책에서의 언급 여부
이사야	760	172	언급
예레미야	629	41	역대기 마지막 장에서만 언급
에스겔	595	7	언급되지 않음
다니엘	607	19	언급되지 않음
호세아	785	97	언급되지 않음
요엘	800	212	언급되지 않음
아모스	78	199	언급되지 않음
오바댜	78	199	언급되지 않음
요나	862	274	*참조
미가	750	162	언급되지 않음
나훔	713	125	언급되지 않음
하박국	620	38	언급되지 않음
스바냐	630	42	언급되지 않음
학개	588년 이후		
스가랴	588년 이후		
말라기	588년 이후		

(*요나라는 이름은 열왕기하 제14장 25절에서 여로보암에 의한 영토회복에 관한 얘기에서 언급되고 있을 뿐이다. 더 이상의 언급은 없으며, 요나서에 대한 암시도, 니느웨에로의 여행이나 고래와의 만남에 대한 이야기도 없다.)

이 목록은 성서 역사가들에게나 성서에 등장하는 예언자들에도 그다지 명예롭지 못한 것이다. 나는 이들 두 동업자들 사이의 불문율에 관한 문제를 해결하는 일은 사소한 일에 대단히 박식한 사제들과 주석자들에게 남겨주도록 하겠다. 그리고 열왕기와 역대기의 저자들이 내가 이 책 1부에서 시인이라고 생각했던 그 예언자들에 대해 마치 오늘날의 역사가들이 피터 핀다(Peter Pindar : 18세기 영국에서 활동하던 정치풍자가, 존 월콧의 필명)를 취급하듯이 대단히 불명예스러운 침묵으로 다루었던 이유를 밝혀내는 일도 그들에게 맡기겠다.

역대기에 대해 한 가지 더 살펴본 후 성서의 나머지 책들을 검토해 보기로 하겠다.

창세기를 살펴보면서 나는 36장 31절에서 한 구절을 인용했다. 그 구절은 명확하게 왕들이 이스라엘의 자손을 다스리기 시작하는 시기를 언급하고 있는 것이며 역대기상 1장 43절과 내용은 물론 토씨까지 일치한다는 것을 보여주었다.

역대기의 이 구절은 역사의 순서와 일치하지만 창세기는 일치하지 않는다. 창세기의 그 구절과 36장의 대부분의 구절들은 역대기로부터 가져온 것이다.

모세가 작성했다는 창세기는 비록 성서의 첫 부분에 자리잡고 있지만 역대기가 작성된 후 모세의 시대로부터 적어도 860년이 지난 후에야 알려져 있지 않은 어떤 인물에 의해 날조된 것이다.

이러한 사실을 실증하기 위해 제시할 증거는 규칙적이며 오직 두 개의 단계로 구성된다. 첫째, 이미 설명했듯이 창세기의 구절들은 시간에 대해서는 역대기에 의존하고 있다. 둘째, 이 구절 자체가 의존하고 있는 역대기는 모세의 시대가 지난 후 860년이 되기 전까지는 작성되지 않았다. 이를 증명하기 위해 우리는 단지 역대기상의 3장 16절을 살펴보면 된다.

여기에서 저자는 다윗의 후손들의 계보를 제시하면서 시드기야를 언급한다. 느부갓네살이 예루살렘을 정복했던 시드기야의 시대는 BC 588년으로 당연하게도 모세 사후 860년이 되는 해이다. 성서가 아주 오래된 책이라는 것을 미신적으로 떠벌리는 사람들은 ― 특히 모세가 작성했다는 책들에 대해 ― 아무런 조사도 해보지 않고, 경솔하게 믿는 어떤 사람이 남들에게 말하는 것보다 더 나은 아무런 권위도 없이 그렇게 믿는 것이다. 역사적이고 연대기적 증거를 적용하는 한, 성서의 제일 첫번째 책은 호메로스의 책보다 300년 이상 오래 되지도 않았고 이솝우화와는 거의 같은 시대의 것이다.

나는 호메로스의 도덕성을 옹호하려는 것이 아니다. 반대로 나는 호메로스의 작품이 부당한 영광을 누리고 있으며, 명예에 대한 부도덕하고 유해한 생각들을 고무시키는 경향이 있는 책이라고 생각한다. 이솝우화의 경우, 비록 그 교훈은 보편적으로 타당하지만 우화 자체는 종종 잔인하다. 그리고 우화의 잔인성은 교훈이 판단력에 좋은 영향을 주는 것 이상으로 우리들의 감정에, 특히 어린이들의 마음에 더욱 큰 상처를 준다.

이제 열왕기와 역대기를 끝냈으니 그 다음 과정인 에스라기로 넘어가도록 하겠다.

신의 말씀인 것처럼 꾸며진 성서가 편집되면서 발생한 혼란과 저자의 불명확성을 보여주기 위해 내가 발굴해 낸 증거들 중의 한 가지로써 우리는 단지 에스라서의 처음 세 구절과 역대기의 마지막 두 구절을 살펴보기만 하면 된다.

어떤 종류의 잘라내기와 뒤섞기로 인해 에스라기의 첫 세 구절이 역대기의 마지막 두 구절이 되었을까? 혹은 역대기의 마지막 두 구절이 에스라기의 첫 세 구절이 되었던 것일까? 저자가 자신의 작품을 몰랐거나 편집자가 저자를 몰랐던 것이다.

역대기의 마지막 구절은 갑작스럽게 끊어지면서 그 구절의 중간에서 어떤 장소를 나타내지도 않은 채 "위(up)"라는 단어로 끝이 난다. 이 갑작스러운 끊김과 동일한 구절이 다른 책에 등장했다는 것은 이미 내가 언급한 대로 성서가 혼란과 무지 속에서 편집되었으며 편집자들은 자신들이 하고 있던 일에 아무런 근거도 없었음은 물론 우리들 또한 그들이 해놓은 일을 믿을 만한 아무런 근거도 없다는 것을 보여준다.

역대기의 마지막 두 절은 다음과 같다;

22절. "페르시아의 고레스 왕이 왕위에 오른 첫해에, 주님께서는 예레미야를 시켜서 하신 말씀을 이루시려고, 페르시아의 고레스 왕의 마음을 움직이셨다. 고레스는 온 나라에 명령을 내리고, 그것을 다음과 같이 조서로 써서 돌렸다."

23절. "페르시아의 고레스 왕은 다음과 같이 선포한다. 주 하늘의 하나님께서 나에게 이 땅 위의 모든 나라를 주셔서 다스리게 하시고, 유다의 예루살렘에 그의 성전을 지으라고 명하셨다. 이 나라 사람 가운데, 하나님을 섬기는 모든 백성에게, 하나님께서 함께 계시기를 빈다. 그들을 모두 올라가게 하여라."

에스라기의 첫 세 구절은 다음과 같다;

1절. "페르시아 왕 고레스가 왕위에 오른 첫해이다. 주님께서는, 예레미야를 시켜서 하신 말씀을 이루시려고, 페르시아 왕 고레스의 마음을 감동시키셨다. 고레스는 온 나라에 명령을 내리고, 그것을 다음과 같이 조서로 써서 돌렸다.

2절. "페르시아 왕 고레스는 다음과 같이 선포한다. 하늘의 주 하나님이 나에게 이 땅에 있는 모든 나라를 내게 주셔서 다스리게 하셨다. 또 유다에 있는 예루살렘에 그의 성전을 지으라고 명하셨다."

3절. "이 나라 사람 가운데에서, 하나님을 섬기는 모든 사람은 유다에 있는 예루살렘으로 올라가서, 그 곳에 계시는 하나님 곧 주 이스라엘의 하나님의 성전을 지어라. 그 백성에게 하나님이 함께 계시길 빈다."

에스라기에서 확실해 보이는 단 한 가지가 있다면 책이 작성된 시기이다. 그 때는 바로 유대인들이 바빌론 유수에서 돌아온 직후인 BC 536년쯤이다. 에스라(유대의 주석자들에 따르면 외경에서 에스드라스Esdras로 불리는 인물과 동일인이라고 한다)는 당시에 돌아온 사람들 중 한 명으로 아마도 그 사건에 대한 이야기를 쓴 것 같다. 에스라에 이어 책을 쓴 느헤미야도 당시에 돌아온 사람들 중의 한 명으로, 그 역시 동일한 사건에 대해 자신의 이름이 붙은 책을 쓴 것으로 보인다. 그러나 이런 이야기들은 유대인이 아니라면 우리들에게나 다른 사람들에게는 아무런 의미도 없다. 유대인들에게는 그들 나라의 역사의 일부이며 그 책들 속에는 프랑스의 역사나 라팡(Rapin)이 쓴 영국 역사 혹은 다른 모든 나라의 역사책들만큼이나 신의 말씀이 많이 수록되어 있다.

그러나 역사적인 기록의 문제마저도 이 저자들은 아무도 신뢰할 수 없다. 에스라기의 2장에서 저자는 바빌론에서 예루살렘으로 돌아온 부족들과 가족들의 명단과 각 부족들의 정확한 인원수를 제시하고 있다. 그렇게 돌아온 사람들의 명단을 기록하는 일이 이 책을 쓰게 된 주요 목적들 중의 한 가지였던 것으로 보인다. 그러나 여기에는 오류가 있어 이 작업의 의도를 퇴색시키고 있다.

저자는 귀환자 명단을 다음과 같은 방법으로 시작한다. 2장 3절; "바로스 자손이 이천백칠십이 명이요" 4절; "스바댜 자손이 삼백칠십이 명이요" 이런 방식으로 그는 모든 가족들을 기록해 나간다. 그리고 64절에서 합계를 내면서 이렇게 말한다. "돌아온 회중의 수는 사만이천삼백육십 명이다."

하지만 각각의 항목들을 기꺼이 더해보는 사람이라면 누구나 총합이 단지 29,818명이어서 12,542명의 오차가 있다는 것을 발견하게 될 것이다. 그렇다면 성서에 대체 확실한 것이 있기나 한 것일까?

마찬가지 방법으로 느헤미야도 귀환한 가족들의 명단과 그 인원수를 제시하고 있다. 에스라기와 마찬가지로 그는 다음과 같은 말로 시작한다. 7장 8절; "바로스 자손이 이천백칠십이 명이요" 그리고 그런 식으로 모든 가족들을 열거한다. 이 목록은 몇몇 항목에서 에스라기와 다르다. 66절에서, 에스라가 말했던 것처럼 느헤미야도 합계를 말한다; "돌아온 회중의 수는 모두 사만이천

삼백육십 명이다." 그러나 이 목록에 있는 항목들의 합계는 단지 31,089일 뿐이어서 여기에서의 오차는 11,271명이다. 이 저자들은 성서 제작자로는 성공했을지는 몰라도 진실과 정확함이 필요한 일에는 실패한 것 같다.

다음으로 살펴볼 책은 에스더기다. 만일 에스더 부인이 아하수에로 왕의 첩으로서 또는 음주 연회 와중에 만취한 왕 앞에 나타나기를 거부했던(이야기에 따르면 이들은 이레 동안 마시고 주흥이 올라 있었다고 한다) 와스디 여왕의 경쟁자로서 자신을 드러내는 것을 영광스럽게 생각했다면 에스더와 모르드개에게 맡겨두도록 하자. 그런 일은 우리와는 아무런 상관도 없는 일이다. 적어도 나는 아무런 관심도 없다. 게다가 이 이야기는 대부분 허무맹랑하게 보이며 또한 익명의 작가가 쓴 것이다. 다음 책인 욥기로 넘어가도록 하자.

욥기는 지금까지 살펴보았던 모든 책들과는 다른 성격의 책이다. 이 책에는 배반과 살인이 없다. 한없이 가라앉았다가 시련에 맞서기를 거듭하는 인생의 부침(浮沈)이 깊이 각인되어 있는 정신의 명상록이다. 자발적인 복종과 무의식적인 불복(不服) 사이에 있는 대단히 공을 들인 저작으로, 인간이 때때로 그렇듯이 존재하려 하기보다 체념하려는 경향을 보여준다. 이 책에서 다루고 있는 인물의 개성에서 인내는 단지 작은 부분을 차지하고 있을 뿐이다. 도리어 그의 비탄은 종종 충동적이지만 그는 여전히 그것을 지키기 위한 노력을 기울이며, 거듭되는 병마 속에서도 만족이라는 벅찬 의무를 스스로에게 부과시키려 결심한 것으로 보인다.

《이성의 시대》 1부에서 욥기의 정중한 방식에 대해 언급했지만 그 후로 수집할 수 있는 모든 증거로부터 알게 된 것에 따르자면 욥기는 성서에 속하지 않는다는 사실을 당시에는 모르고 그랬던 것이다.

나는 이 주제에 대한 유대 주석학자인 아브네즈라(Abenezra 1089~1164)와 스피노자(Spinoza 1632~1677. 네덜란드의 철학자)의 견해를 알게 되었다. 그들은 모두 욥기가 유대 서적이라는 내부적인 증거가 전혀 없다고 말한다. 이 저작물의 천재성과 이 작품의 연출법이 유대인의 것이 아니라는 것이다. 그래서 이 책은 다른 언어로부터 유대어로 번역되었다는 것이며 그 저자는 이교도라는 것이다. 그리고 사탄(이 이름은 성서에서 처음으로, 그리고 단 한번 여기서 언급된다)이라는 이름으로 제시된 등장인물은 유대의 사상과 전혀 조화를 이루지 않는다는 것이다. 그리고 시(詩)에서 신의 아들들이라고 부른 자들로 신격이 이루어진다고 상정했던 두 번의 성직회의와 사탄이라고 상정된 자가 신격을 갖고 있다고 서술되는 것의 친숙함은 모두 같은 경우이다.

또한 이 책은 그 자체로 과학에서 계발된 정신의 산물이라는 것을 보여준다. 유대인들은 과학으로 명성을 얻지 못했으며, 과학에 대해서는 매우 무지했다. 이 책에서는 자연철학(물리학)의 대상들에 대한 암시가 자주 강력하게 등장하며 유대인의 작품으로 알려진 책들과는 전혀 다른 경향을 보여준다. 황소자리(Pleiades: 플레이아데스 성단), 오리온 그리고 대각성(大角星Arcturus: 아르쿠투스, 목동자리의 가장 큰별)과 같은 천문학적인 명칭들은 희랍의 것이지 유대의 것은 아니며 성서에서는 전혀 찾아볼 수 없다. 유대인들이 천문학에 대해 전혀 몰랐으며 천문학을 연구하지도 않았다. 이러한 명칭들을 자신들의 언어로 번역한 것도 없다. 단지 이 시에서 나오는 그런 명칭들을 채택했던 것일 뿐이다.

유대인들이 이교도 국가들의 문학 작품들을 헤브라이어로 번역하여 자신들의 언어와 결합시켰다는 것은 의심의 여지가 없다. 잠언 31장이 그 증거이다. 1절은 다음과 같다; "르므엘 왕의 잠언, 곧 그의 어머니가 그에게 교훈한 말씀(예언)이다." 이 구절은 뒤따라 나올 잠언의 실마리로 내세운 것이며 그것은 솔로몬이 아닌 르므엘의 잠언이다. 하지만 르므엘은 이스라엘이거나 유대 왕 중의 한 사람이 아닌 다른 나라의 왕이며, 따라서 이교도이다. 그러나 유대인들은 그의 잠언을 받아들였다. 유대인들이 욥기의 저자가 누구인지도 그 책을 어떻게 입수하게 된 것인지도 밝힐 수 없으며, 이 책이 유대의 저작물들과는 성격이 다르며, 성서의 다른 모든 책과 앞뒤의 장들과 아무런 연관 관계가 없으므로, 욥기는 원래 이교도의 책이라는 정황적인 증거를 모두 갖추고 있다.

성서를 만들어 낸 사람들과 시기를 규정한 연표제작자들은 욥기를 어느 곳에 배치하고 어떻게 처리할 것인가를 두고 당황했던 것으로 보인다. 이 책은 역사적 상황은 물론 성서 속에서 위치를 결정할 수 있는 아무런 언급도 포함하지 않고 있기 때문이었다. 그러나 자신들의 무지를 세상에 알리는 것은 자신들의 목적에 부합하지 않을 것이므로 그들은 이 책을 BC 1520년의 시대에 첨부해 놓았다. 당시는 이스라엘 사람들이 애굽에 있던 시기였고 이런 주장에 대한 근거는 내가 그 시기보다 천년 전의 일이라고 말하는 것보다 더 나을 것이 없다. 그러나 이 책이 성서의 그 어떤 책보다 더 오래된 것일 가능성은 있으며, 분노나 혐오의 감정 없이 읽을 수 있는 유일한 책이다.

우리는 유대인들의 시대 이전의 고대 이방인(그들이 부르듯이)의 세계가 무엇인지 전혀 모른다. 다른 모든 나라들의 품성을 비방하고 먹칠하는 것이 유대인들의 관습이었다. 그리고 우리가 그들을 이교도라고 부르게 된 것은 유대인들의 이야기로부터 배운 것이었다. 하지만 우리가 알고 있는 한 그와는 반대로 그들은 정의롭고 도덕적인 사람들이었으며, 유대인들처럼 잔인함과 복수심에 탐닉하지 않으며 단지 그들의 신앙 고백에 익숙하지 않을 뿐이다. 그들의 관습은 선과 악 모두를 성상과 영상으로 인격화해 왔던 것으로 보인다. 마치 오늘날 동상과 그림으로 그렇게 하고 있는 것처럼 말이다. 그러나 그렇다고 해서 그들이 우리가 하는 것보다 더 그것들을 숭배했다고 볼 수는 없다.

시편에 대해서는 별다른 평가가 필요하지 않으므로 그냥 넘어가도록 하겠다. 어느 부분은 도덕적이지만 다른 부분들은 대단한 복수심을 드러낸다. 그리고 대부분의 내용이 이 책이 작성될 당시에 유대인의 나라에서 일어난 일정한 지역적인 상황에 대한 이야기들로써 우리에게는 아무런 의미도 없다. 그러나 이것을 다윗의 잠언이라고 부르는 것은 오류이거나 속임수다. 이것은 오늘날의 노래모음집처럼 서로 다른 시대에 살았던 다양한 작사가들의 노래모음집이다. 시편 137편은 다윗의 사후 400년 이전에는 작성될 수 없는 것이다. 이것은 그만한 시간이 흐르기 전까지는 일어나지 않았던 유대인들의 바빌론 유수 사건을 기념하기 위해 작성된 것이기 때문이다.

"우리가 바빌론의 강변 곳곳에 앉아서, 시온을 생각하면서 울었다. 그 강변 버드나무 가지에 우리의 수금을 걸어두었더니, 우리를 사로잡아 온 자들이 거기에서 우리에게 노래를 청하고, 우리를 짓밟아 끌고 온 자들이 저희들 흥을 돋우어 주기를 요구하며, 시온의 노래 한 가락을 저희들을 위해 불러 보라고 하는구나.”

어떤 사람이 미국인이거나 프랑스인 혹은 영국인에게 “우리에게 당신의 미국 노래, 혹은 프랑스 노래 혹은 영국 노래를 불러 달라”고 말하듯이, 이러한 언급은 시편이 작성된 시기와 관련하여, 성서의 저자들에 대해 세상 사람들에게 전해진 일반적인 속임수를 보여주는 것(이미 언급된 것들에 속하는 것) 외에는 아무런 쓸모도 없다. 시간과 장소 그리고 상황과는 아무런 관계도 없으며 사람들의 이름이 몇몇 책들에 첨부되어 있지만 어떤 사람이 자신의 장례 행렬을 따라 걷는 것만큼이나 그들이 이 책을 썼다는 것은 불가능한 일이다.

잠언. 시편과 마찬가지로 이 책은 모음집이며, 욥기에 대한 검토를 통해 밝혔던 것처럼 유대인의 나라가 아닌 다른 나라에 속한 저자들의 글이다. 게다가 솔로몬의 글이라고 하는 일부 잠언들은 솔로몬의 사후 250년이 지난 이후까지도 등장하지 않았던 것이다. 잠언 25장 1절에는 “이것도 솔로몬의 잠언으로 유다 왕 히스기야의 신하들이 편집한 것이다.”라고 말하고 있기 때문이다. 솔로몬의 시대로부터 히스기야의 시대까지는 250년이다. 어떤 사람이 유명해서 그의 이름이 널리 알려져 있으면 그가 말하지도 않고 하지도 않은 일의 추정상의 창작자가 된다. 그리고 아마도 거의 확실하게 솔로몬이 바로 그런 경우인 것 같다. 당시에는 잠언집을 만드는 것이 유행했던 것으로 보이는데, 마치 요즈음 만담책을 만들어 그것을 보지도 못한 사람을 그 창작자로 만드는 것과 같다.

전도서 역시 솔로몬의 작품으로 알려져 있기는 하지만, 만약 그것이 사실이 아니라면 그 이유는 많다. 전도서는 기진맥진한 방탕아의 쓸쓸한 회상처럼 작성되어 있다. 이를테면 솔로몬이 더 이상 즐길 수 없는 과거의 장면들을 회상하면서 "모든 것이 헛되도다."라고 탄식하는 식이다. 대부분의 은유와 정서가 모호한 것은 번역 탓일 가능성이 크다. 하지만 원본이 있다는 것을 강력히 가리키는 실마리들은 충분히 남아 있다. 우리에게 전해진 솔로몬의 성격은 재치 있으며 허세 부리기를 좋아하고, 방탕했으며 노년에는 우울했다. 그는 방탕하게 살았으며 세상만사에 싫증을 내며 58세의 나이로 죽었다.

칠백 명의 아내와 삼백 명의 첩은 아무도 없는 것보다 더 나쁘다. 제아무리 고조된 향락의 겉모습을 띠고 있다 해도 마음에 새겨둘 것이 전혀 없으므로 애정의 더없이 기쁜 감정을 모두 지워버리고 만다. 분할된 사랑은 전혀 행복하지 않다. 솔로몬의 경우가 바로 그런 것이어서, 지혜에 대한 자부심으로도 그것을 사전에 발견할 수 없었다면, 나중에 겪어야만 했던 고행은 마땅한 것이며 동정을 받을 수 없는 것이다. 이런 관점에서 보자면 그의 설교는 무익한 것이어서 결과를 알기 위해서는 오직 원인을 아는 것만이 필요하기 때문이다. 책 내용 전부를 대신해 칠백 명의 아내와 삼백 명의 첩을 내세울 수도 있을 것이다. 그 후로 모든 것의 덧없음과 영혼의 괴로움은 말할 필요도 없다. 행복을 빼앗아 버린 사람들의 동반자로부터 행복을 이끌어내는 일은 불가능하기 때문이다.

노년에 행복하려면 일생을 통해 마음을 함께할 수 있는 대상들에 익숙해질 필요가 있다. 단순히 환락을 좇는 사람은 노년에 비참해지며 전적으로 사업에 정진하는 사람이 조금은 더 낫다. 반면에 자연철학과 수학 그리고 기계 공학은 평온한 기쁨의 지속적인 원천이며, 사제들과 거짓 믿음이 제공하는 음울한 교리에도 불구하고, 이러한 것들에 대한 연구야말로 진정한 신학으로 인간들에게 창조주를 알게 하고 존중하도록 가르친다. 창조 속에는 과학의 원리들이 있으며, 그것들은 일정불변하고 신성한 근원이기 때문이다.

벤자민 프랑클린을 알았던 사람들은 그의 정신은 언제나 생기 발랄했으며 성품은 늘 평온했다는 것을 기억할 것이다. 결코 노쇠하지 않는 과학이 언제나 그의 연인이었다. 그는 목적 없이 살지 않았다. 우리가 목적을 잃게 되면 병원에 누워 죽음을 기다리는 병약자가 될 것이기 때문이다.

솔로몬의 노래들은 어지간히 육욕적이며 어리석지만 왜곡된 광신주의는 그것을 신성하다고 했다. 성서의 편집자들은 이 노래들을 전도서 다음에 배치했으며 연대학자들은 그 작성 시기를 BC 1014년으로 명시했다. 동일한 연대기에 따르자면 당시에 솔로몬은 19살이었으며 아내와 첩들로 후궁을 만들고 있었다. 성서를 만든 사람들이나 연대학자들은 이 문제를 조금 더 잘 다루었어야만 했다. 차라리 시간에 대해 아무런 언급도 하지 않거나 그 노래들의 가정된 신성과 조금이라도 덜 부합하지 않는 시간을 선택했어야만 했다. 당시의 솔로몬은 천 번의 유흥을 누리는 신혼기를 보내고 있었기 때문이다.

또한 그들은 이 노래들 이후로 오랜 시간이 지난 후에 실제로 그가 전도서를 작성했다면, 모든 것이 헛되다며 영혼의 괴로움을 외쳤듯이 그 노래들을 그 이야기 속에 포함시켜야 한다는 것을 생각했어야만 한다. 이것이 좀더 그럴싸해 보인다. 그 자신 혹은 누군가가 그를 대신해서 전도서 2장 8절에서 "남녀 가수들도 거느려 보았고, 남자들이 좋아하는 처첩도 많이 거느려 보았다." 11절; "그러나 내 손으로 성취한 모든 일과 이루려고 애쓴 나의 수고를 돌이켜보니, 참으로 세상 모든 것이 헛되고, 바람을 잡으려는 것과 같고, 아무런 보람도 없는 것이었다."라고 했기 때문이다. 하지만 편집자들은 일을 불완전하게 마무리했다. 그들이 노래들을 제시했던 것처럼 우리가 그 노래들을 부를 수 있도록 곡조도 제시했어야 했기 때문이다.

예언서로 불리는 책들이 성서의 나머지 모든 부분들을 채우고 있다. 이사야서로 시작해 말라기로 끝나는 예언서는 총 16권이다. 이것들에 대해서는 역대기를 다루었던 부분에서 그 목록을 제시했다. 16명의 예언자들 중에서 마지막 3명을 제외하면 모두 열왕기와 역대기가 작성된 시기에 살고 있었다. 그들 중 이사야와 예레미야 두 사람만이 그 책들의 사실(史實) 속에 언급되어 있다. 이 두 사람부터 시작하면서 예언자로 불리는 사람들의 일반적인 특성에 대해서는 다른 부분에서 설명하려 한다.

이사야의 작품으로 알려진 이 책을 기꺼이 읽으려는 사람이라면 지금까지 만들어진 저작물들 중에서도 가장 거칠고 무질서한 것 중의 하나라는 사실을 알게 될 것이다. 이 책에는 처음과 중간은 물론 끝도 없다. 첫 번째 장들의 두 개 혹은 세 개의 절에 등장하는 짤막한 역사적인 부분과 역사에 대한 약간의 설명을 제외한다면, 이 책은 일관성 없는 과장된 폭언이 이어지고 터무니없는 비유로 가득 차 있으며, 실용성도 없고 의미도 결핍되어 있다. 학생이 이런 내용을 썼다면 거의 용서받을 수 없었을 것이다. 이것은(적어도 번역판에서는) 그러한 종류의 작품이며 발광하는 산문이라 부르는 것이 적절한 그릇된 형식을 갖추고 있다.

역사를 다룬 부분은 36장부터 시작되어 39장의 끝까지 이어진다. 여기에서는 이사야가 살고 있던 유대왕 히스기야 통치 기간 중 일어났던 몇몇 사건들에 대해 말하고 있다. 이 역사의 한 조각은 갑작스럽게 시작하고 끝이 난다. 그 이전의 장이나 이어지는 다음 장은 물론 책의 다른 부분과 아무런 연관 관계도 없다. 이러한 조각들은 이사야 자신이 썼을 가능성이 있다. 그가 여기에서 다루고 있는 상황 속의 등장인물이기 때문이다. 그러나 이런 부분을 제외하면 서로 어떤 연관 관계를 갖고 있는 두 개의 장도 거의 없다.

어떤 것은 첫 번째 절에서 '바빌론에 대한 경고'라는 제목이 붙고 다른 곳에서는 '모압에 대한 경고', 또 다른 장에서는 '다메섹에 대한 경고', 또 다른 장에서는 '애굽에 대한 경고', 또 다른 장에서는 '해변 광야에 대한 경고', 또 다른 장에서는 '이상(異像) 골짜기에 대한 경고'라는 제목이 붙어 있다. …마치 여러분이 "불타는 산의 기사 이야기" "신데렐라 이야기" 또는 "숲속의 소년들" 등등을 말하는 것과 다를 것이 없다.

앞에서 이미 역대기의 마지막 두 절과 에스라기의 첫 세 개의 절들의 사례에서 성서의 편집자들이 서로 다른 저자들의 글들을 혼합시키고 뒤죽박죽으로 만들었다는 사실을 밝힌 바 있다. 그

밖의 다른 이유 없이 이 한 가지만으로도 편집물에 대한 신빙성을 무너뜨리기에 충분하다. 편집자들이 저자가 누구였는지 모른다는 사실은 추정에 의한 증거보다 더 확실한 것이기 때문이다.

대단히 명백한 이런 사례가 이사야의 작품이라고 알려진 책에서도 일어난다. 44장의 후반부와 45장의 시작 부분은 이사야가 작성한 것으로 보기는 어려우며, 적어도 이사야의 사후 150년이 지난 후에 살았던 어떤 사람에 의해 작성된 것일 수밖에 없다.

이 장들은 에스라기에서 이야기했듯이 예루살렘과 성전을 재건하기 위해 바빌론 유수로부터 유대인들의 예루살렘 귀환을 허용했던 고레스왕에 대한 칭찬이다.

44장의 마지막 절과 45장의 첫 번째 절은 다음과 같이 말한다; "고레스를 보시고는, '너는 내가 세운 목자다. 나의 뜻을 모두 네가 이룰 것이다.' 하시며, 예루살렘을 보시고는 '네가 재건될 것이다' 하시며, 성전을 보시고는 '너의 기초가 놓일 것이다' 하신다. 나 주가 기름 부어 세운 고레스에게 말한다. 내가 너의 오른손을 굳게 잡아, 열방을 네 앞에 굴복시키고, 왕들의 허리띠를 풀어 놓겠다. 네가 가는 곳마다 한번 열린 성문은 닫히지 않게 하겠다." 등등.

세상을 향해 이 책이 이사야의 저작이라고 기만한 교회와 사제들의 무지는 얼마나 뻔뻔스러운 것인가. 그들의 연대기에 따르자면 이사야는 히스기야가 죽은 직후인 BC 693년에 죽었으며 유대인들을 예루살렘으로 귀환시키라는 고레스 왕의 포고는 똑같은 연대기에 따르자면 BC 536년으로 두 사건 사이에는 162년의 시간차가 있다.

나는 성서 편집자들이 이 책들을 만들었다고 생각하지 않는다. 그들은 오히려 여기저기 흩어져 있던 작자 미상의 글들을 수집하여 자신들의 목적에 가장 부합하는 저자들의 이름으로 편집해놓은 것이다. 그들은 속임수를 부추겼으며 거의 꾸며낸 것과 다름없다. 불가능한 일이었지만 그들은 그렇게 계속해야만 했기 때문이었다.

동정녀의 몸에 들어간 유령에 의해 신의 아들이 태어났다는 터무니없는 생각에 온힘을 쏟는 학생의 웅변술과 같은 이 낭만적인 책의 모든 부분을 만들어내는데 있어 성서 제작자들의 부자연스러운 솜씨를 볼 때, 우리가 그들을 의심하는 것이 정당화되지 않을 속임수는 전혀 없다. 모든 구절들과 상황들에는 미신적인 고문의 야만적인 수법이 두드러지며 전혀 가질 수 없는 의미를 강요하고 있다. 모든 장(章)의 첫머리는 그리스도와 교회의 이름들로 치장되어 있어 부주의한 독자들은 읽기 시작하기도 전에 오류에 빠질 수도 있다.

"처녀가 잉태하여 아들을 낳을 것이며" 이사야서 7장 14절은 예수 그리스도라 불리는 사람과 그의 어머니 마리아를 의미하는 것으로 해석되어 왔으며 천년 이상 기독교 세계에 그대로 되풀이되었다. 그리고 이러한 견해의 사나움은 어느 한 곳도 피로 물들이지 않은 곳이 없을 정도였으며 그 결과는 황폐화로 특징지어져 왔다. 이런 종류의 주제에 관한 논쟁에 끼어들고 싶은 생각은 없지만, 다만 성서가 가짜라는 것을 보여주는 것으로 나 자신을 국한시킬 것이며, 그렇게 해서 근거를 없애고 그곳에 세워진 미신의 전체적인 구조물을 단번에 무너뜨릴 것이다. 하지만 잠시 멈추고서 이 구절의 불합리한 적용을 폭로하고자 한다.

이사야가 이 말을 건네면서 유대왕 아하스를 속이려고 했던 것인지에 대해서는 내가 상관할 바가 아니다. 다만 이 구절이 악용되는 것을 밝히려는 의도밖에 없다. 이 구절이 나와 나의 어머니와 관련이 없는 것과 마찬가지로 그리스도나 그의 어머니와 관련이 없다. 이 이야기는 단순히 이런 것이다: 앗수르(시리아)의 왕과 이스라엘의 왕(나는 이미 유대인들이 두 개의 국가로 나뉘어졌다는 점을 언급했다. 그 중 하나는 유대로 수도는 예루살렘이었으며, 다른 하나는 이스라엘이다)이 유대왕 아하스에 맞서 연합하여 전쟁을 일으켰으며 그들의 군대를 예루살렘으로 진격시켰다. 아하스와 그의 백성들이 깜짝 놀랐으며 이 이야기를 7장 2절에서는 이렇게 전하고 있다; "왕의 마음과 백성의 마음이 마치 거센 바람

앞에서 요동하는 수풀처럼 흔들렸다."

이러한 상황 속에서 이사야는 아하스에게 말을 건네면서 주님 (모든 예언자들의 위선적인 말투)의 이름으로 이 두 명의 왕은 절대 성공하지 못할 것이라고 안심시킨다. 그리고 반드시 그럴 것이라고 아하스를 안심시키기 위해 징조를 보여줄 것을 부탁하라고 말한다. 이야기는 아하스가 주님을 시험하지 않겠다는 이유로 그렇게 하기를 거부했다는 것이다.

이것에 대해 화자인 이사야는 이렇게 말한다. 14절; "그러므로 주님께서 친히 다윗 왕실에 한 징조를 주실 것입니다. 보십시오, 처녀가 잉태하여 아들을 낳을 것이며" 그리고 16절에서는 이렇게 말한다; "그러나 그 아이가 잘못된 것을 거절하고 옳은 것을 선택할 나이가 되기 전에 임금님께서 미워하시는 저 두 왕(앗수르와 이스라엘)의 땅이 황무지가 될 것입니다." 그래서 여기에 징조가 있고 그 아이가 악을 거부하고 선을 선택할 때까지, 보장 혹은 약속의 완수를 위한 시간이 제한되어 있는 것이다.(여기에서 '처녀'는 원문의 '젊은 여자'의 오역이라고 한다. 히브리어를 헬라어로 번역한 70인역을 만들 때 이 오역이 삽입되었지만 마태복음에서도, 여기에서도 그 오역이 그대로 되풀이되고 있다: 역주)

이사야는 자신의 의견을 이렇게 확실하게 밝혔으므로 거짓 선지자라는 비난과 그에 따른 결과를 회피하기 위해 이 징조가 나타나도록 할 수단을 찾아야 할 필요가 있었다. 이 세상의 어느 시대에서든 임신한 여자를 찾아내거나 여자를 임신시키기는 분명 어려운 일이 아니었다. 어쩌면 이사야는 미리 그런 여자를 알고 있었을지도 모른다. 나는 당시의 선지자들이 오늘날의 성직자들 이상으로 믿을 만하다고 생각하지 않는다. 어찌되었든, 그는 그 다음 장(8장)의 2절에서 이렇게 말한다; "내가 진실한 증인 우리야 제사장과 여베레기야의 아들 스가랴를 불러 증언하게 하겠다. 그런 다음에 나는 예언자인 나의 아내를 가까이하였다. 그러자 그 예언자가 임신하여 아들을 낳았는데,"

우스꽝스럽지만, 여기까지가 그 아이와 처녀에 관한 이야기의 전부다. 이 이야기의 뻔뻔스러운 곡해를 통해 마태의 책과 후대 사제들의 몰염치와 탐욕스러운 이해관계에 근거해 그들이 복음서라고 부르는 이론을 형성했던 것이다.

이 바보 같은 이야기가 알려진 700년 후에, 그들이 예수 그리스도라고 부르는 사람이 그들이 성스럽다고 부르는 유령에 의해 그들이 동정녀라고 부르는 당시에는 약혼을 하고 나중에 결혼한 여자의 몸에서 태어났다는 것을 의미한다는 주장을 하기 위해 이 이야기를 적용했던 것이다. 이 이론에 대해 나 자신의 의견을 말하자면, 주저하지 않고 불신할 것이며 이 이야기는 신이 진실인 것만큼이나 거짓이고 허무맹랑하다고 말할 것이다.

그러나 이사야서의 속임수와 거짓말을 밝혀내려면 우리는 단지 이 이야기의 속편을 주의 깊게 살펴보기만 하면 된다. 비록 이사야서에서는 아무런 언급 없이 넘어갔지만 그 속편은 역대기하 28장에서 이야기되고 있다.

이사야가 하느님의 이름으로 예언하는 것처럼 꾸며댔듯이 유대 왕 아하스에 대한 이들 두 왕의 공격은 실패하는 대신 성공했다. 아하스는 패배하여 몰락했으며 그의 백성 12만 명이 학살되었다. 예루살렘은 약탈되었으며 20만 명의 여자들과 아들딸들이 포로로 잡혀갔다. 거짓말하는 선지자이자 사기꾼인 이사야와 그의 이름이 붙은 거짓의 책에 대해서는 여기까지만 하기로 한다.

이제 예레미야서로 넘어가 보자. 예언자로 불리는 그는 느부갓네살이 예루살렘에 포위 공격을 퍼붓던 시절, 유대의 마지막 왕인 시드기야의 치세에 살았다. 그리고 그는 느부갓네살을 위해 활동한 반역자라는 의심을 강하게 받았다. 예레미야와 관련된 모든 것들은 그가 애매모호한 성격의 소유자라는 것을 보여준다. 18장의 진흙과 토기의 비유에서 자신의 예언과 반대의 결과가 나올 경우 언제든 도망칠 수 있는 문을 열어두는 교활한 방법으로 자신의 예언을 보호하고 있다.

그 장의 7절과 8절에서 그는 전능자로 하여금 이렇게 말하도록 한다; "내가 어떤 민족이나 나라의 뿌리를 뽑아내거나, 그들을 부수거나 멸망시키겠다고 말을 하였더라도, 그 민족이 내가 경고한 죄악에서 돌이키기만 하면 나는 그들에게 내리려고 생각한 재앙을 거둔다." 여기에는 한 가지 경우에 대한 조건이 있다. 이제 그 반대의 경우를 보자.

9절과 10절에서는 이렇게 말한다; "내가 어떤 민족이나 나라를 세우고 심겠다고 말을 하였더라도, 그 백성이 나의 말을 순종하지 않고, 내가 보기에 악한 일을 하기만 하면, 나는 그들에게 내리기로 약속한 복을 거둔다." 여기에는 경우에 대한 조건이 있다. 이 예언의 계획에 따르자면, 전능자가 제아무리 잘못을 한다 해도 예언자는 절대 틀릴 수가 없다. 이런 종류의 터무니없는 핑계와 이런 방식으로 마치 어떤 사람에 대해 말하는 것처럼 전능자에 대해 말하는 것은 다른 무엇보다 성서의 어리석음과 일맥상통한다.

이 책의 신빙성에 관해서는 비록 몇몇 구절들은 예레미야가 말한 것일 수도 있지만, 그가 이 책의 저자가 아니라는 것을 명확하게 판단하기 위해서는 단지 이 책을 읽는 것만이 필요할 뿐이다. 만일 이것들을 역사라는 이름으로 부를 수 있다면, 이 책의 역사적인 부분은 가장 혼란스러운 상태에 있다. 동일한 사건들이 전혀 다른 방식으로 그리고 때로는 서로 모순되는 방식으로 여러 번 반복된다. 그리고 이러한 혼란은 마지막 장까지도 계속된다.

여기에서 이 책의 대부분에 걸쳐 적용된 역사는 새롭게 시작되었다가 갑자기 끝난다.

이 책은 온통 서로 연관성이 없는 당시의 사람들과 사건들에 대한 일화들이 뒤범벅되어 있는 겉모습을 갖추고 있다. 이것들은 마치 오늘날의 신문들에서 찾아볼 수 있는 것처럼 여러 가지 서로 모순되는 사람들과 사건들에 대한 이야기들을 날짜나 순서 혹은 설명도 없이 모아놓는 것과 똑같이 조잡한 수법으로 모아놓았다. 이런 종류의 두세 가지 사례를 들어보기로 하자.

37장에서 칼데아의 군대라고 불리는 느부갓네살의 군대가 얼마 동안 예루살렘을 포위하고 있던 중에, 파라오의 이집트 군대가 그들을 향해 진군해 온다는 소식을 듣자 그들은 포위를 풀고 얼마 동안 퇴각했다고 말한다. 그렇다면 여기에서 이 혼란스러운 역사를 이해하기 위해 시드기야의 전임자인 여호야김의 통치하던 시절에 느부갓네살이 예루살렘을 포위하여 함락시켰고 시드기야를 왕으로, 혹은 총독으로 임명한 사람이 다름 아닌 느부갓네살이고 여기에서 예레미야가 다루고 있는 이 두 번째 포위는 느부갓네살에 대한 시드기야의 반란의 결과라는 사실을 언급하는 것이 타당할 것이다. 이는 43장 10절에서 예레미야가 신의 종이라 부른 느부갓네살의 편을 든 반역자라는 예레미야에게 고착된 의심을 어느 정도 설명해 준다.

37장 11절에서는 다음과 같이 말하고 있다; "바빌로니아 군대가 바로의 군대 때문에 예루살렘에서 철수하였을 때에, 예레미야는 집안의 상속재산을 물려받을 일이 있어서, 예루살렘을 떠나 베냐민 땅으로 가려고 길을 떠났다. 베냐민 문에 이르렀을 때에, 그 곳에 한 수문장이 있었는데, 그는 하나냐의 손자이며, 셀레먀의 아들로서 이리야라고 하는 사람이었다. 그가 예언자 예레미야를 붙들고 말하였다. '당신은 지금 바빌로니아 군인들에게 투항하러 가고 있소.' 이 말을 듣고, 예레미야가 '그렇지 않소. 나는 바빌로니아 진영으로 투항하러 가는 사람이 아니오.' 하고 해명하였으나" 이 장의 마지막 절에 서술되어 있는 대로 예레미야는 제지당하고 조사를 받은 후 반역자로 의심을 받아 투옥된다.

그러나 다음 장에서 예레미야가 투옥된 이야기를 하지만 이 설명과는 전혀 관련이 없다. 하지만 그의 감금은 또 다른 상황 탓으로 돌리고 있으므로 그것을 알기 위해서는 21장으로 돌아가야만 한다. 21장 1절에는 시드기야 왕이 말기야의 아들 바스훌과 마아세야의 아들 스바냐 제사장을 예레미야에게 보냈을 때 당시 예루살렘 앞에 군대를 끌고 와 있던 느부갓네살에 대해 묻도록 한다는 이야기가 나온다.

8절과 9절에는 예레미아의 답변이 있다; "너는 이 백성에게 이렇게 전하여라. '나 주가 말한다. 내가 너희 앞에서 생명의 길과 죽음의 길을 둔다. 이 도성 안에 머물러 있는 사람은 전쟁이나 기근이나 염병으로 죽을 것이다. 그러나 지금 너희를 에워싸고 있는 바빌로니아 군대에게 나아가서 항복하는 사람은, 죽지 않을 것이다. 그 사람은 적어도 자신의 목숨만은 건질 것이다."

이 면담과 회의는 21장의 10절에서 갑작스럽게 단절된다. 이 책이 얼마나 혼란스러운지는 우리가 그 다음의 사태 진전을 보기 위해서 다른 여러 주제들을 다루고 있는 16개의 장을 건너뛰어야만 한다는 것이다. 그래서 연결되는 내용과 이 회담의 결과를 보려면 방금 언급했듯이 38장의 1절로 건너뛰어야 한다.

38장 1절은 다음과 같이 시작한다; "맛단의 아들 스바댜와 바스훌의 아들 그달리야와 셀레먀의 아들 유갈과 말기야의 아들 바스훌이(여기서는 21장에서 보다 더 많은 사람이 언급되어 있다), 예레미야가 온 백성에게 이렇게 전하는 말씀을 들었다. '나 주가 말한다. 이 도성 안에 머물러 있는 사람은 전쟁이나 기근이나 염병으로 죽을 것이다. 그러나 바빌로니아 군인들에게 나아가서 항복하는 사람은 죽지 않을 것이다.(그의 생명이 노략물을 얻음 같이 살리라.)"(여기까지가 회담에서 오고 간 말들이다.) 그러므로 (그들은 시드기야에게 말한다); "이 사람은 마땅히 사형에 처해야 합니다. 그가 이런 말을 해서 아직도 이 도성에 남아 있는 군인들의 사기와 온 백성의 사기를 떨어뜨리고 있습니다." 그리고 6절에서는;

"그 고관들이 예레미야를 붙잡아, 왕자 말기야의 집에 있는 물웅 덩이에 집어넣었다."라고 말한다.

　이 두 이야기들은 서로 다르고 모순된다. 한 이야기에서는 그의 투옥이 성으로부터 도망치려 했기 때문이라 하고 다른 이야기에서는 그가 성 안에서 설교하고 예언을 했기 때문이라고 한다. 한 이야기에서는 성문 앞에서 문지기에게 체포되었다 하고 다른 이야기에서는 시드기야 앞에서 방백들에 의해 고발되는 것으로 나온다.

　다음 39장에는 이 책의 혼란스러운 상태를 보여주는 또 다른 사례가 있다. 느부갓네살이 도성을 포위한 사건이 이전의 여러 장들, 특히 37장과 38장의 주제였음에도 불구하고 39장은 마치 이 주제에 대해서는 한마디 말도 없었던 듯이 그리고 독자들에게 이에 관한 특별한 정보를 일일이 알리려는 듯이 이렇게 시작한다; "유다 왕 시드기야의 제 구년 열째 날에 바빌로니아 왕 느부갓네살이 그의 모든 군대를 거느리고 예루살렘을 치러 올라와서," 등등.

　그러나 마지막 장인 52장의 경우는 더욱 심하다. 이 이야기는 거듭해서 반복되었음에도 불구하고 이 장은 여전히 독자들이 그에 대해 아는 것이 아무것도 없다고 가정하고 있다. 52장의 1절은 이렇게 시작한다; "시드기야가 왕이 되었을 때에, 그는 스물한 살이었다. 그는 예루살렘에서 열 한해 동안 다스렸다. 그의 어머니 하무달은 리블라 출신으로 예레미야의 딸이다." 계속해서 4절에서는; "시드기야 왕 제 구 년 열째 달 십일에 바빌로니아 왕 느부갓네살이 그의 모든 군대를 거느리고 예루살렘을 치러 올라와서, 도성을 포위하고 도성 안을 공격하려고 성벽 바깥 사방에 흙 언덕을 쌓았다." 등등.

그 누구도 이 책의 저자가 되는 것은 불가능하지만 예레미야의 경우에는 특히 그렇다. 이 오류들은 책상 앞에 앉아서 작품을 쓸 때 누구나 범할 수 있는 그런 것들이 아니다. 누구든 이처럼 혼란스러운 방식으로 글을 썼다면 아무도 읽으려 하지 않을 것이다. 그리고 모두들 저자가 광기에 빠져 있다고 짐작할 것이다. 그러므로 이러한 혼란을 설명할 수 있는 유일한 방법은 이 책은 어떤 멍청한 도서 제작자가 예레미야의 이름을 내세워 별개의 입증할 수 없는 일화들을 뒤섞어 편집했다고 생각하는 것이다. 일화들 중의 많은 것들이 그와 그가 살았던 시대의 상황을 언급하고 있기 때문이다.

예레미야의 표리부동함과 거짓 예언에 대한 두 가지 예를 들고 나서 성서의 나머지 부분들을 살펴보기로 하자.

이 이야기는 38장에 나온다. 예레미야가 감옥에 있을 때 시드기야는 그를 부른다. 개인적인 그 면담에서 예레미야는 적에게 항복할 것을 시드기야에게 강력하게 권한다. 17절에서 그는 이렇게 말한다; "너는 바빌로니아 왕의 고관들에게 항복하여야 한다. 그러면 너는 너의 목숨을 구하고" 등등. 이 면담에서 오고간 내용들이 알려질 것을 걱정한 시드기야는 이렇게 말한다(25절); "나하고 이야기했다는 것을 고관들이 알면, 그들이 그대에게 와서, 나하고 무슨 말을 하였으며, 또 내가 무슨 말을 하였는지 자기들에게 사실대로 말하라고 할 것이오. 그들이 그대를 죽이지 않겠다고 하면서 아무것도 숨기지 말고 말하라고 할 것이오. 그러면 그대는, 그대가 요나단의 집으로 돌아가면 죽게 될 터이니, 그 곳으로 돌려보내지 말아 달라고 임금님에게 간청하였다고만 대답하시오."

신의 사람으로 불리는 이 사람은 이런 식으로 자신의 목적에 부합된다고 생각하면 거짓말을 하거나 대단히 심하게 얼버무려 넘기는 짓을 할 수 있다. 분명하게도 그는 탄원을 하기 위해 시드기야에게 간 것도 아니며 탄원도 하지 않았기 때문이다. 그는 부름을 받고 갔던 것이며 그 기회를 이용해 느부갓네살에게 항복하라고 조언을 했던 것이다.

34장은 시드기야에게 했던 예레미야의 예언이다.(2절); "나 주 이스라엘의 하나님이 말한다. 너는 어서 유다 왕 시드기야에게 가서 나의 말을 전하여라. 나 주가 말한다. 내가 이 도성을 바빌로니아 왕의 손에 넘겨 주어서 그가 이 도성에 불을 지르게 하겠다. 너도 그의 손에서 벗어나지 못하고, 꼼짝없이 붙잡혀서 그의 손아귀에 들어갈 것이다. 너는 바빌로니아 왕 앞에 끌려 나가, 그의 얼굴을 직접 보게 될 것이며, 그는 너에게 항복을 요구할 것이다. 너는 바빌로니아로 끌려갈 것이다. 유다 왕 시드기야야, 나 주의 약속을 들어라. 내가 너에게 말한다. 시드기야야, 너는 칼에 찔려 죽지 않고, 평안히 죽을 것이다. 그리고 사람들은 네 조상 곧 너보다 먼저 살았던 선왕들의 죽음을 슬퍼하며 향불을 피웠던 것처럼 네 죽음도 슬퍼하여 향불을 피우며 '슬픕니다, 임금님' 하면서, 너를 애도하여 조가를 부를 것이다. 이것은 내가 친히 약속하는 말이다. 나 주가 하는 말이다."

그런데 사실은 (예레미야가 주님이 공표했다고 공언한 것처럼) 바빌로니아 왕을 직접 마주보며 이야기를 나누고, 평안히 죽어서 선왕들과 함께 분향을 받게 되는 대신, 52장에 따르면, 그 반대의 경우였다.(10절); "바빌로니아 왕은 시드기야의 아들들을 그가 보는 앞에서 처형하고, 역시 리블라에서 유다의 고관들도 모두 처형하였다. 그리고 바빌로니아 왕은 시드기야의 두 눈을 뺀 다음에, 쇠사슬로 묶어서, 바빌론으로 끌고 가서, 그가 죽는 날까지 감옥에 가두어 두었다." 그렇다면, 우리는 이런 예언자들에 대해 협잡꾼이며 거짓말쟁이라고 할 수밖에 없지 않을까?

예레미야는 이러한 불운들을 전혀 겪지 않았다. 느부갓네살은 그에게 호의를 베풀어 자신의 근위대장에게 지시했다.(39장 12절); "너는 그를 데려다가 잘 보살펴 주어라. 너는 그를 조금도 해치지 말고, 오직 그가 너에게 요구하는 대로 그에게 해주어라." 예레미야는 나중에 스스로 느부갓네살의 휘하에 들어가 포위되어 있던 예루살렘을 구하기 위해 진군해 온 애굽에 맞선 그를 위해 예언을 한다. 또 한 명의 거짓말하는 선지자와 그의 이름을 달고 있는 책에 대해서는 여기까지만 하겠다.

이사야와 예레미야의 작품이라고 알려진 책들에 대해서는 조금 더 특별하게 다루었다. 이 두 권의 책은 열왕기와 역대기에 언급되어 있지만 다른 책들은 그렇지 않기 때문이다. 선지자라고 불리던 사람들의 작품이라고 알려진 나머지 책들에 대해서는 그렇게 하지 않을 것이지만, 예언자라 이름 붙은 사람들의 성격을 제시하면서 뭉뚱그려 살펴보기로 하겠다.

이 책의 1부에서 예언자(혹은 선지자: 역주)라는 말은 시인을 가리키는 성서의 용어이며, 유대 시인들의 비약과 은유가 우습게도 지금 예언이라 불리는 것으로 격상되었다고 했다. 나의 이 의견이 옳다는 것에 대해서는 충분히 입증했다.

예언서로 불리는 책들이 시적인 언어로 작성되었을 뿐만 아니라 성서 속에는 우리가 시인을 의미할 때 사용하는 단어가 예언자뿐이 없기 때문이다. 또한 이 단어는 악기의 연주자를 의미한다고 했으며, 한 무리의 예언자들이 현악기와 작은 북 그리고 관악기와 하프 등을 연주하며 예언하는 사례들을 제시했다.

사무엘기상 10장 5절에는 사울이 악기를 연주하며 예언을 한다. 이 구절과 사무엘서의 다른 부분에서 예언자라는 단어는 시와 음악을 나타내는 것으로 한정되었던 것으로 보인다. 비밀스러운 일들을 들여다보는 통찰력을 갖추고 있다고 여겨졌던 사람은 예언자가 아니라 선견자였다. (사무엘기상 9장 9절) 그리고 선견자라는 단어가 더 이상 사용되지 않게 된 후까지는 (아마 사울이 마술사라고 불리는 자들을 추방시켜 버렸을 때) 선견자라는 직업이거나 미리 보는 기술은 예언자라는 말에 편입되지 않았다.

예언자와 예언한다는 단어의 현대적인 의미에 따르면 아주 먼 훗날의 사건들을 예고한다는 것이다. 복음서를 만든 사람들에게는 자신들이 구약의 예언이라고 부른 것들을 신약의 시대에 적용하거나 확장하기 위해 그 단어에 이러한 정도의 의미를 허용할 필요가 있게 되었다. 하지만 구약에 따르면 선견자의 예언과 훗날 예언자의 예언은 선견자라는 단어의 의미가 예언자라는 단어에 편입될 때까지 단지 진행 중인 시간의 사건들이나 혹은 이와 밀접하게 연관된 일들에만 관련되어 있다.

예를 들어 곧 참여하게 될 전투나 여행, 앞으로 수행하게 될 사업이나 해결해야 할 상황 혹은 그들이 당장 처해 있는 어려움 등 모두 다 당면한 문제들과 관련이 있는 것들이며 먼 훗날과 관련된 일들이 아니다. (앞에서 언급한 아하스왕과 이사야가 관련된 이야기에서 "보라 처녀가 잉태하여 아들을 낳으리니"와 같은 표현처럼) 이것은 우리가 점을 본다고 하는 것과 같은 종류의 예언으로, 출생을 점친다거나, 재물을 예측한다거나, 결혼 궁합을 본다거나, 잃어버린 물건을 마법으로 불러내는 등과 같은 일들이다.

시와 음악을 읊조리고 마술을 부리면서 환상에 싸여 떠돌던 그런 무리를 나중에 갖게 된 계급으로 상승시켰던 것은 유대교 교회가 아닌 기독교 교회의 사기이며 오랜 옛날이 아닌 현대의 무지와 미신이다.

그러나 모든 예언자들의 이러한 일반적인 성격 외에 그들에게는 특수한 성격도 있었다. 그들은 파벌에 속해 있었으며, 자신들이 속해 있는 파벌을 기준으로 도움을 주거나 반대하는 예언을 했다. 마치 현재의 이상적이거나 정치적인 작가들이 자신과 관련된 파벌을 옹호하고 다른 파벌을 공격하는 글을 쓰는 것과 같다.

유대인들이 유대와 이스라엘 두 나라로 분리된 후 각각의 파벌에는 자신들만의 예언자들이 있었다. 그들은 서로를 가짜 예언자, 거짓말쟁이 예언자, 사기꾼 등으로 매도하고 비방했다.

유대 파벌의 예언자들은 이스라엘 파벌의 예언자들을 공격하는 예언을 했으며 이스라엘 파벌의 예언자들은 유대 파벌의 예언자들에 반대되는 예언을 했다. 이 파벌적인 예언은 처음으로 경쟁하던 두 명의 왕 르호보암과 여로보암의 치하에서 (두 개의 파벌로) 분리되는 즉시 나타났다. 여로보암이 베델에 세운 제단을 저주하거나 비방하는 예언을 했던 예언자는 르호보암이 왕으로 있던 유대 파벌에 속해 있었다. 집으로 돌아가는 길에 이스라엘 파벌의 예언자는 그를 불러 세우고 말한다(열왕기상 13장 14절); "그대가 유대로부터 온 하나님의 사람이오? 그러자 그가 대답하였다. '그렇습니다.' 그는 하나님의 사람에게 말하였다. '함께 우리 집으로 가서 무엇을 좀 잡수시고 가시지요. … 나도 그대와 같은 예언자요. 주님께서 천사를 보내셔서 나에게 말씀하시길, 그대를 내 집으로 데리고 가서, 밥도 대접하고 마실 물도 대접하라고 하셨소."(18절)

그러나 그것은 거짓말이었다.

하지만 이 이야기에 따르면 유대파의 예언자는 유대로 돌아가지 못했다. 그는 이스라엘파 예언자의 계략에 빠져 길가에서 죽은 채 발견되었기 때문이다. 이스라엘파의 예언자는 의심할 바 없이 자기 파벌에 의해 진짜 예언자이며 유대 예언자는 가짜라고 불리고 있었다.

열왕기하 3장에는 예언자의 성격을 상세하게 보여주는 몇 가지 예언 혹은 마술 행위에 대한 이야기가 있다. 유대왕 여호사밧과 이스라엘왕 요람은 파벌 간의 적대관계를 잠시 멈추고 동맹을 맺게 된다. 이들 두 명의 왕은 에돔의 왕과 합세하여 모압왕에 맞서는 전쟁에 참전한다. 그들이 연합군을 형성하고 진군을 한 후에 식수 부족으로 큰 고난에 겪게 되자 여호사밧이 이렇게 말했다고 한다(11절); "여기에는 주님의 예언자가 없습니까? 이 일을 주님께 물을 예언자가 없습니까? 하고 물었다. 그 때에 이스라엘 왕의 신하 가운데 하나가 대답하였다. 사밧의 아들 엘리사라는 사람이 여기에 있습니다."(엘리사는 유대파 중의 한 명이다) (12절); "그러자 여호사밧이 말하였다. 그에게서 주님의 말씀을 들을 수 있을 것 같습니다."

그리고 나서 세 명의 왕은 엘리사(이미 말했듯이 유대의 예언자였다)를 보러 갔다고 한다. 그러나 이스라엘의 왕을 본 엘라사는 이렇게 말한다; "무슨 일로 나에게 오셨습니까? 임금님의 아버지와 어머니의 예언자들에게나 가 보십시오. 하고 말했다. 이스라엘 왕이 그에게 말하였다. 그런 말씀은 마십시오. 주님께서 우리들 세 왕을 불러내셔서, 모압의 손에 넘겨 주시려고 하십니다. (즉, 식수 부족으로 인한 고통 때문이라는 의미) 그제야 엘리사는 말하였다. 내가 섬기는 만군의 주님께서 살아 계심을 두고 맹세합니다. 내가 유다 왕 여호사밧의 체면을 생각하지 않았더라면, 요람 임금님을 염두에 두지도 않았을 뿐만 아니라, 임금님을 쳐다보지도 않았을 것입니다." 여기에는 파벌적 예언자의 독설과 야비함이 모두 드러나 있다. 이제 그들의 연기 혹은 예언의 방식을 살펴보자.

15절에서 엘리사가 말한다: "이제 나에게 거문고를 타는 사람을 데려 오십시오. 그리하여 거문고 타는 사람이 와서 거문고를 타니, 주님의 권능이 엘리사에게 내렸고." 여기에 마술사의 광대극이 진행되고, 이제 예언이 나온다; "엘리사는 예언을 하기 시작하였다(거의 분명하게도 곡조에 맞춰 노래를 하는 것이다). 주님께서 이렇게 말씀하십니다. 이 계곡에 도랑을 많이 파라." 물을 얻으려면 땅을 파면 되는 것이므로, 이 말은 악기나 광대놀이 없이 누구라도 해줄 수 있는 말이다.

하지만 모든 마술사가 똑같은 연기를 해도 모두 유명해지지는 않는 것처럼 이 예언자들도 마찬가지다. 적어도 내가 언급한 예언자들은 모두 거짓말을 잘 하기로 유명하지만 그들 중 일부는 저주에 탁월한 재능을 보이는 사람들이 있기 때문이다.

방금 언급한 엘리사는 이런 종류의 예언에 가장 뛰어난 인물이다. 그는 암곰 두 마리에게 잡아먹힌 42명의 아이들에게 주의 이름으로 저주를 퍼부은 자였다. 우리는 이 어린이들이 이스라엘 지파에 속해 있을 것이라 추측하지만, 저주를 퍼부을 사람들은 그렇지 않다고 거짓말을 할 것이다. 그래서 이 엘리사의 두 마리 암곰의 이야기는 그저 완틀리(Wantley)의 용 이야기 정도만큼만 신뢰할 수 있을 것이다. 그 이야기는 이렇다; "그 용은 맞붙어 싸울 수도 없는 가여운 아이들 셋을 먹어 치웠다. 마치 사과를 먹듯 아이들을 한 입에 삼켜버렸다."

예언자라고 불리는 사람들에 대한 또 다른 설명은 꿈과 환상을 즐기는 자들이라는 것이지만, 그들이 밤에 그렇게 하는지 혹은 낮에 그렇게 하는지 알 수는 없다. 만약 그들이 아무런 해도 끼치지 않는다면 그들은 단지 약간 장난스러운 사람들이었을 것이다. 이 부류에 속하는 것은 다음과 같다.

에스겔서와 다니엘서: 이 책들에 대한 첫 번째 의문은 다른 모든 책들이 그렇듯이, 이 책들은 과연 진본일까, 다시 말해 과연 에스겔과 다니엘이 쓴 것일까?라는 것이다.

이것에 관해서는 아무런 증거도 없지만, 나 자신의 견해를 유지하는 한 믿지 않기보다는 믿는 편으로 기울어 있다. 이러한 견해에 대한 이유들은 다음과 같다.

첫째, 이 책들에는 모세나, 여호수아, 사무엘 등이 작성했다는 책들이 그들에 의해 작성된 것이 아니라는 것을 증명하는 것처럼 에스겔이나 다니엘에 의해 작성되지 않았다는 내부적인 증거를 포함하고 있지 않기 때문이다.

둘째, 이 책들은 바빌론 유수가 시작되기 전까지는 작성되지 않았기 때문이다. 그리고 성서 속의 어떤 책도 이 시기 이전에는 작성되지 않았다고 믿을 만한 훌륭한 이유가 있다. 이미 증명했듯이, 적어도 이 책들은 유대인의 군주 정치가 시작되기 전에 작성되지 않았다는 것을 책들 자체로부터 증명할 수 있다.

셋째, 이 책들이 에스겔이나 다니엘이 작성한 것으로 여겨지는 방식이 그들이 이 책들을 쓰고 있었을 당시에 놓여 있었을 조건과 일치하기 때문이다.

이 책들을 해설하고 수수께끼를 풀어준다고 가장하기 위해 어리석게도 정력과 시간을 낭비했던 수많은 주석자들과 성직자들이 만일 에스겔이나 다니엘처럼 포로로 끌려갔었다면 이런 형식의 글을 썼던 이유를 이해하는 능력이 크게 향상되었을 것이며, 아무런 성과도 없이 자신들의 발명품을 억지로 선반에 쌓아올리는 수고도 하지 않았을 것이다. 그 사람들이 그랬던 것처럼 자신들이나 친구들 혹은 자신들의 나라에 대해 무엇인가를 써야만 한다면 비밀스러운 방법으로 써야 한다는 것을 스스로 알게 되었을 것이기 때문이다.

이 두 권의 책은 꿈과 환상의 이야기들로만 채워져 있다는 점에서 나머지 다른 책들과는 다르다. 이러한 차이는 그 두 명의 저자가 전쟁 포로였거나 외국의 죄수였다는 상황에서 비롯된 것이었다. 그로 인해 그들은 가장 사소한 정보는 물론이고 정치적인 계획이거나 견해를 애매모호하고 은유적인 표현으로 전달해야만 했던 것이다.

꿈을 꾸거나 환상을 본 것처럼 가장하는 것은 사실을 말하거나 평범한 언어를 사용하는 것이 안전하지 않기 때문이다. 그렇다면 그들이 글로 전하려 했던 사람들은 그들의 의도를 이해했지만 그밖의 다른 사람들에게는 전할 의도가 전혀 없었다고 가정해야만 한다. 그러나 이 부지런한 주석가와 성직자들은 그들이 알게 되기를 의도하지 않았던 것들을 알아내기 위해 온갖 머리를 다 짜냈으며 정작 알아낸 것은 아무런 쓸모도 없는 것이었다.

에스겔과 다니엘은 시드기야 시대 2차로 포로들이 끌려오기 9년 전, 여호야김 시대에 바빌론에 1차로 포로로 잡혀왔다.

당시의 유대인들은 여전히 많았으며 예루살렘에 상당한 병력이 있었다. 그리고 에스겔과 다니엘과 같은 상황에 있는 사람이라면 나라를 되찾고 자신들의 석방을 꾀했을 것이라고 가정하는 것이 자연스러운 일이므로 이 책들을 가득 채우고 있는 꿈과 환상의 이야기는 다름 아닌 그러한 목적을 촉진하기 위해 위장된 의사전달로 간주하는 것이 합리적일 것이다.

그들에게 암호나 비밀 문자의 역할을 했던 것이다. 만일 그렇지 않다면, 그것들은 그저 꾸며낸 이야기들이고 몽상이며 말도 안 되는 것들이다. 혹은 적어도 포로 생활의 따분함을 잊기 위한 기발한 방법일 것이다. 그러나 전자일 가능성이 더 클 것이다.

에스겔은 포로로 잡혀 있던 지방의 그발 강가에서 보았다는 케루빔(지품천사)과 바퀴 속에 있는 바퀴의 환상에 대해 말하는 것으로 자신의 책을 시작한다.

여기에서 그가 말하는 케루빔은 케루빔의 형상이 있던 예루살렘의 성전을 의미했다고 보는 것이 합리적이 아닐까? 그리고 바퀴 속의 바퀴(이것은 언제나 정치적 계략을 의미하는 형상으로 이해되어 왔다)로는 예루살렘을 탈환하려는 계획이나 수단을 의미한다고 가정하는 것이 합리적이 아닐까? 이 책의 뒷부분에서 그는 자신이 예루살렘으로 보내져 성전으로 들어간다고 상상하면서 그발 강가의 환상을 다시 언급하면서(43장 3절) 이 마지막 환상이 그발 강가에서 보았던 환상과 같다고 말한다. 이것은 꿈과 환상으로 가장했던 것들의 목적은 예루살렘의 탈환이며 그 밖의 다른 것이 아니었다는 것을 가리킨다.

주석가들과 사제들이 그 책들로부터 이끌어낸 비현실적인 해석과 응용은 그들이 설명하려 했던 꿈과 환상만큼이나 엉뚱한 것으로 그들은 예언이라 부르는 것으로 변질시켜 버렸으며 시간과 상황을 오늘날까지도 따르도록 만들었다. 이것은 경신성(輕信性)

이거나 사제술(司祭術)이 도달할 수 있는 사기 혹은 극단의 어리
석음을 보여준다.

자신들의 나라가 침략당해 적의 수중에 들어가고 친구와 친족
들이 타국으로 잡혀갔거나 국내에서 노예가 되거나 학살되었거
나 지속적으로 그럴 위험에 빠져 있는 에스겔과 다니엘과 같은
상황에 처해 있는 사람들이, 그랬을 것이라고 추측하는 것보다
더 터무니없는 일은 없을 것이다.

거듭 말하지만, 그런 사람들이 자신들이 죽은 후 천년 혹은 이
천년이 지난 후에 다른 나라들에서 일어날 일에 대해 자신들의
시간과 생각을 온통 쏟아 부었을 것이라고 추측하는 것보다 더
허무맹랑한 일은 없을 것이다. 하지만 그들이 예루살렘의 탈환과
자신들의 석방을 궁리했을 것이며 바로 그것이 이 책들에 담겨
있는 애매모호하고 또 명백히 필사적인 그 글들의 유일한 목적이
었다는 것보다 더 자연스러운 일은 없을 것이다.

이런 의미에서 이 두 책들에 채용된 저술 형식은 선택이 아닌
필요에 의해 강제된 것이며 비이성적인 것이 아니다. 하지만 만
약 우리가 이 책을 예언서로 활용하려 한다면 그것은 거짓이 된
다. 에스겔서 29장에서는 애굽에 대해 이렇게 말한다(11절); "그
땅에는 사람의 발길도 끊어지고, 짐승들까지도 그 땅으로는 지나
다니지 않을 것이다. 그래서 사십 년 동안, 사는 사람이 없을 것

이다." 내가 앞서 검토했던 모든 책들이 그렇듯이, 이것은 전혀 일어난 적이 없으며 결과적으로 거짓이다. 여기에서 이 주제의 부분은 마치도록 하겠다.

《이성의 시대》 1부에서 요나에 대해 그리고 그와 고래에 관해 이야기했다. 만약 믿게 될 것이라 생각하고 썼다면 조롱거리가 되기에 알맞은 이야기이다. 하지만 경신성(輕信性)이 받아들일 수 있는 정도를 시험할 의도였다면 웃음을 주는 이야기가 되었을 것이다. 만약 요나와 고래를 받아들일 수 있다면, 그 어떤 것도 다 받아들일 수 있을 것이기 때문이다.

그러나 욥기와 잠언을 검토하면서 이미 밝혔듯이 성서 내의 어떤 책들이 본래부터 히브리어로 작성된 것인지 아니면 단지 이방인들의 책을 히브리어로 번역한 것인지가 늘 분명하지 않다. 그리고 요나서의 경우 유대인들의 관심사는 전혀 다루지 않으며 그런 문제에 대해서는 아무런 언급조차 하지 않으면서 온통 이방인들의 관심사만을 다루고 있다.

이 책은 유대인보다 오히려 이방인들의 것이며 성서의 예언자이거나 예언하는 사제의 사악하고 악의적인 성품을 풍자하고 그들의 터무니없는 생각을 폭로하기 위해 우화 형식으로 작성된 것일 가능성이 더 크다.

우선 요나는 자신의 임무를 저버리는 반항적인 예언자로서 제시되어 있다. 마치 하찮은 계략으로 신이 찾아낼 수 없는 곳에 숨을 수 있다는 무지한 상상을 한 것처럼 그는 이방인의 배에 몰래 승선하여 욥바에서 다시스로 도망친다. 배는 바다에서 풍랑을 만났고 모두가 이방인인 선원들은 배를 탄 사람들 중에 죄를 지은 사람 때문에 벌어진 심판으로 믿었다. 그들은 범죄자를 찾아내기 위해 제비를 뽑기로 결정했으며 마침내 요나가 뽑혔던 것이다. 하지만 그런 결정이 있기 전에 선원들은 배를 가볍게 하기 위해 모든 기물들과 화물을 바다에 버리는 동안 요나는 바보처럼 선창에서 깊은 잠에 빠져 있었던 것이다.

요나가 제비뽑기로 범법자로 지명된 후에 선원들은 그가 누구이며 어떤 일을 하는 사람인가를 알기 위해 물어보았으며 그는 자신이 유대인이라고 대답했다. 이 이야기는 그가 죄인임을 자백했다는 것을 암시하고 있다.

그러나 그 이방인들은 성서에 등장하는 예언자나 사제들이 이와 똑같은 경우에 이방인에게 그랬듯이 그리고 사무엘이 아각에게, 모세가 여인들과 어린이들에게 그랬듯이 동정심이나 자비심 없이 그를 즉시 희생시키는 대신 자신들의 생명의 위험을 무릅쓰고 그를 구하기 위해 애썼다. 그 이야기는 이렇다. (요나서 1장 13절); "(즉, 비록 요나가 유대인이고 외국인이며 그들이 겪는 재난의 원인이며 화물을 모두 잃게 만든 원인 제공자임에도 불구하고) 뱃사람들은 육지로 되돌아가려고 노를 저었지만 바다에 파도가 점점 더 거세게 일어났으므로 헛일이었다." 여전히 그들은 제비뽑기의 결과를 실행에 옮기기를 꺼려하면서 주님을 향해 울부짖으며 말했다. (14절); "주님, 빕니다. 우리가 이 사람을 죽인다고 해서 우리를 죽이지 말아 주십시오. 주님께서는 뜻하시는 대로 하시는 분이시니, 우리에게 살인죄를 지우지 말아 주십시오."

이것은 요나가 결백할 수도 있기 때문에 요나를 유죄로 추정하지 않고 있지만 제비뽑기의 결과로 요나가 뽑힌 것은 신의 뜻이거나 신을 기쁘게 하는 것이라고 여긴다는 의미이다.

이 기도는 이방인들이 하나의 신을 숭배하며 유대인들이 주장하는 것처럼 그들이 우상숭배자들이 아니라는 것을 보여준다. 그러나 풍랑은 여전히 계속되고 있었고 점점 더 위험해지고 있었으므로 그들은 마침내 제비뽑기의 결과를 실행에 옮겨 요나를 바다에 던지게 되고, 이야기에 따르면, 커다란 물고기가 그를 통째로 삼켰던 것이다.

이제 우리는 풍랑에서 벗어나 물고기의 뱃속으로 안전하게 머물게 된 요나에 대해 생각해보아야만 한다. 여기에서 그가 기도를 했다는 이야기를 듣게 된다. 하지만 그 기도는 시편의 여러 곳에서 가져온 것으로 연관성이거나 일관성도 없이 조난에 맞춰 꾸며낸 것이다. 요나가 처해 있던 상황에는 전혀 맞지 않는 것일 뿐이다.

잠언에 대해 약간의 지식이 있는 이방인이 자신의 경우에 맞춰 복사해올 수 있는 그런 기도이다. 다른 설명 없이 이 상황만으로도 이야기 전체가 꾸며낸 것임을 나타내기에 충분하다. 하지만 이 기도는 어떤 목적이 전제되어 있으며, (성서 예언자의 위선적인 언어를 사용하여) 이야기는 이렇게 계속된다(2장 10절); "주님께서 그 물고기에게 명하시니, 물고기가 요나를 뭍에다가 뱉어 냈다."

그 후 요나는 니느웨로 가는 두번째 임무를 부여받고 길을 떠난다. 이제 우리는 그를 설교자로서 고려해야만 한다. 그가 겪어야 했던 고난과 그것의 원인으로서 자신의 불순종에 대한 기억 그리고 자신이 겪었을 것으로 추측되는 기적적인 탈출 등은 그가 자신의 임무를 수행함에 있어 동정심과 자비심이 깊게 각인되기에 충분했을 것이라고 생각하게 된다. 그러나 그렇게 하는 대신 그는 비난과 저주를 입에 올리며 도시로 진입한다(3장 4절); "사십 일만 지나면 니느웨가 무너진다!"

우리는 이제 자신이 맡은 임무의 마지막 행위에서 이 소문난 선교자를 생각해 보아야만 한다. 여기에서 성서의 예언자 혹은 예언하는 설교자의 악의적인 정신이 사람들이 악마라는 존재에게 있다고 여기는 성격의 어두운 면모가 모두 나타난다.

이야기는 그가 예언을 공표한 후 도시의 동쪽으로 물러났다고 전한다. 그러나 무엇을 위해 그렇게 했을까? 조용히 물러나 자신이나 다른 사람들을 위한 창조주의 자비에 대해 깊이 명상하기 위해서가 아니라 악의에 가득 찬 조급함을 품고 니느웨 성의 파멸을 기다리고 있었던 것이다. 하지만 이야기는 니느웨 사람들이 개심을 했던 것으로 전하고 있으며, 성서 구절에 따르자면, 신은 그들에게 재난을 내리겠다고 했던 것을 후회하면서 처벌을 거두어들인다.

이것에 대해 마지막 장(실제로는 4장: 역주)의 첫 번째 절에서 이렇게 말한다; "요나는 이 일이 매우 못마땅하여 화가 났다." 그의 냉혹한 마음은 자신의 예언이 실현되지 않는 것보다 니느웨 성이 파괴되고 젊은 사람이거나 늙은 사람이거나 모두 다 그 폐허 속에서 소멸되기를 바랐던 것이다.

예언자의 성품을 더욱 분명하게 드러내기 위해 그가 물러나 머물고 있던 곳에 밤 사이에 박넝쿨을 자라게 하여 그에게 강한 햇볕을 피할 수 있는 안락한 쉼터를 약속하지만 다음 날 아침에 넝쿨은 말라 죽는다.

여기에서 예언자의 분노는 극에 달하게 되고 그는 스스로 죽으려 한다. "이렇게 사느니, 차라리 죽는 것이 더 낫겠습니다."라고 말한다. 이 일은 신과 예언자 사이에 있었던 유명한 충고로 이어진다. "박넝쿨이 죽었다고 네가 이렇게 화를 내는 것이 옳으냐?" 요나가 대답하였다. "옳다뿐이겠습니까? 저는 화가 나서 죽겠습니다." 주님께서 말씀하셨다. "네가 수고하지도 않았고, 네가 키운 것도 아니며, 그저 하룻밤 사이에 자라났다가 하룻밤 사이에 죽어 버린 이 식물을 네가 그처럼 아까워하는데, 하물며 좌우를 가릴 줄 모르는 사람들이 십이만 명도 더 되고 짐승들도 수없이 많은 이 큰 성읍 니느웨를, 어찌 내가 아끼지 않겠느냐?"

여기에는 에둘러 말하는 풍자와 이 우화의 도덕성이 모두 담겨 있다. 풍자로써 이 이야기는 모든 성서 예언자들의 성품을 질타한다. 그리고 이 거짓의 책인 성서 속에 가득 차 있는 남자와 여자 그리고 어린이들에 대한 무분별한 심판들을 거세게 비난한다. 노아의 홍수, 소돔과 고모라와 같은 도시들의 파괴, 가나안 사람들의 절멸, 젖먹이와 아이가 있는 여성에 이르기까지 자행된 무분별한 심판을 비난하고 있는 것이다.

좌우를 분별하지 못하는 자가 십 이만여 명이 있다는 것은 어린이들을 의미하는 것으로 똑같은 성찰이 이 모든 경우에 다 적용되는 것이기 때문이다. 또한 다른 나라에 비해 어느 한 나라에 쏟는 창조주의 편파성을 풍자하고 있다.

교훈의 측면을 본다면 이 이야기는 예언에 함유된 악의 정신에 대항하는 설교를 하고 있다. 어떤 사람이 불행을 예언하고 이를 확신하는 만큼, 그는 그 예측이 실현되기를 바라는 경향이 있기 때문이다. 그의 판단이 옳았다는 데에 대한 자부심은 마침내 그의 예측의 실현을 만족감을 가지고 볼 수 있을 때까지, 혹은 실패를 실망을 가지고 볼 수 있을 때까지 그의 마음을 강팍하게 만든다. 이 책은 벤자민 프랭클린이 성서 이야기에서 다루었던 아브라함과 낯선 사람에 대한 이야기가 종교적 박해의 편협성에 대한 반대로 끝나는 것처럼, 예언자들과 그들의 예언에 대하여 그리고 무차별적인 심판에 반대하는 잘 지적된 관점으로 끝이 난다. 요나서에 대해서는 여기까지만 하겠다.

예언서라고 부르는 성서의 시문(詩文)의 부분에 대하여 나는 이미 《이성의 시대》 1부에서, 그리고 여기에서도, 예언이란 말은 성서의 용어로 시(詩)를 의미한다고 말했다. 그리고 이 시에서의 비약과 은유는 많은 부분들이 시간이 경과함에 따라, 그리고 상황의 변화에 따라 애매모호해졌고, 엉뚱하게도 이는 예언으로 확립되었고 원저자가 결코 생각지도 않은 목적에 적용되어 왔다. 사제들이 이 구절들을 인용할 때 그는 기꺼이 자신의 견해에 따라 해설하고 이를 원저자의 의도라고 자신의 회중들에게 전달한다. 바벨론의 매춘부는 모든 사제들의 공동 매춘부였고 각 사제들은 다른 사제들에 대해 매춘부를 데리고 있다고 비난했다. 그들은 서로를 너무도 잘 비난하여 그들은 모두 자신들의 설명에 동의했다.

이제 그들이 소(小) 예언서로 부르는 몇 개의 책들만이 남아 있다. 내가 이미 보여드린 대로 대예언자들은 사기꾼들이지만 휴식을 하고 있는 작은 예언자들을 들쑤셔 놓는 일은 비겁한 일 같다. 그러니 이들은 그냥 그들의 간호사들이나 혹은 사제들의 품안에서 잠자게 내버려 두거나, 망각의 세계로 밀어버리자.

이제 나는 어떤 사람이 그의 어깨에 도끼를 메고 숲을 지나면서 나무들을 찍어 쓰러뜨리듯이 구약 속을 통관하여 지나갔다. 여기에서 그들은 거짓말을 하였고 그들이 할 수만 있다면 쓰러뜨린 나무들을 다시 심을지도 모른다. 그들은 아마도 나무를 다시 땅에 박아 놓을 수도 있다. 그러나 그들은 이들을 자라게 할 수는 없다. 이제 신약으로 들어가 보자.

제2장 신약성서

그들은 신약이 구약의 예언 위에 세워진 것이라고 한다. 만약 그렇다면 신약은 그 근거의 운명을 따라야만 할 것이다.

어떤 여성이 결혼 전에 아이를 가졌다는 것과 그녀가 낳게 될 아이가 비록 부당하지만 처형당해야만 했다는 것이 전혀 특별한 일이 아니듯이 마리아와 같은 여성과 요셉과 같은 남성 그리고 예수가 존재했다는 것을 믿지 않을 이유는 없다. 그들의 존재 자체를 믿거나 믿지 않을 근거가 없다는 것은 중요한 일이 아니다. '그건 그렇고, 그 다음은 어떻게 된다는 말이냐?'라는 일반적인 질문이 따르게 된다. 그렇지만 그런 사람이 있었거나, 적어도 그 상황의 일부분이라도 유사한 경우가 있었을 개연성은 있다. 거의 모든 비현실적인 이야기들은 마치 로빈슨 크루소의 모험 이야기가 전혀 사실은 아니지만 알렉산더 셀커크(Alexander Selkirk 1676~1721, 무인도에서 4년을 보낸 스코틀랜드의 선원)의 사례에서 암시를 얻었던 것처럼 일정한 실제 상황에서 암시를 받은 것이기 때문이다.

내 자신이 고심하고 있는 것은 그 인물들이 있었다거나 없었다의 문제가 아니다. 나는 신약에서 이야기하고 있는 것과 같은 예수 그리스도의 우화와 그것에서 비롯된 열광적이며 몽상적인 교리에 맞서 논박하는 것이다.

전해지는 그대로 받아들인다면, 그 이야기는 불경스럽게도 음란하다. 신약은 약혼을 하고 결혼을 앞둔 젊은 여성의 이야기를 전한다. 평범한 말로 하자면, 그녀는 약혼 중에 불경스러운 구실 하에 유령에 의해 타락하게 된다. (누가복음 1장 35절); "성령이 그대에게 임하시고, 더없이 높으신 분의 능력이 그대를 감싸줄 것이다." 그럼에도 불구하고 그 후 요셉은 그녀와 결혼하고, 그녀를 아내로 삼아 함께 살며, 이제는 그 유령과 경쟁을 한다. 이것이 그 이야기를 알기 쉬운 말로 설명한 것이며, 이런 방식으로 듣게 되었을 때 그 이야기를 받아들여야 한다는 것에 부끄러워하지 않을 사제는 아무도 없을 것이다. (주 1)

신앙의 문제에서 외설은 제아무리 포장되어 있다 해도 언제나 우화와 사기의 상징이다. 신에 대한 진지한 믿음은 이처럼 바보 같은 해석에 빠지게 되는 이야기들과 결부시켜 생각하지 않아야 할 필요가 있기 때문이다.

이 이야기는 표면적으로 주피터와 레다(Leda) 혹은 주피터와 유로파(Europa) 혹은 주피터의 모든 엽색행각과 같은 종류의 이야기이다. 그리고 《이성의 시대》 전반부에서 밝혔듯이 기독교 신앙은 이교도의 신화에 기초하고 있다.

예수 그리스도에 관한 한 신약의 역사적인 부분들은 2년 미만의 매우 짧은 기간과 모두 동일한 나라 안의 거의 동일한 지역에 국한되어 있다. 그래서 여기에서는 구약의 오류를 알아차리게 하고 사기라는 것을 증명해주는 시간과 공간 그리고 상황의 불일치가 그만큼 많이 발견될 것이라고 기대할 수는 없다.

구약과 비교하자면 신약은 1막으로 된 소극(笑劇)과 같아서 일관성을 해치는 아주 많은 위반의 여지는 없다. 하지만 명백한 모순들이 있어서 가짜 예언들의 오류를 제외하고도 예수 그리스도의 이야기가 거짓이라는 것을 보이기에는 충분하다.

나는 논쟁의 여지가 없는 확고한 입장으로 이렇게 주장한다. 첫째, 이야기의 모든 부분이 일치한다는 것이 그 이야기의 진실하다고 증명하지는 못한다. 부분들이 일치할 수는 있어도 전체가 거짓일 수 있기 때문이다. 둘째, 이야기의 부분들이 일치하지 않는 것은 전체가 진실일 수 없다는 점을 증명한다. 일치한다는 것이 진실하다는 것을 증명할 수는 없지만 일치하지 않는 것은 거짓을 확실하게 증명해준다.

예수 그리스도의 역사는 마태, 마가, 누가 그리고 요한이 썼다는 네 권의 책 속에 포함되어 있다. 마태복음의 첫 장은 예수 그리스도의 족보를 제시하며 시작한다. 그리고 누가복음의 셋째 장에도 예수 그리스도의 족보가 제시되어 있다. 이 두 가지 족보가 일치한다 해도 그것이 진실이라는 것을 증명하지는 않는다. 일치함에도 불구하고 날조일 수 있지만 모든 항목이 서로 모순되므로 절대적으로 거짓이라는 것을 증명한다.

만약 마태가 진실을 말하고 있다면 누가는 거짓을 말하는 것이 되고, 만약 누가가 진실을 말하고 있다면 마태는 거짓을 말하는 셈이 된다. 어느 한 쪽을 다른 쪽보다 더 믿을 만한 근거가 없으므로 양쪽 다 믿을 만한 근거가 없다. 그리고 만약 그들이 맨 처음에 말하며 증명하려는 것마저 믿음을 줄 수 없다면 그 이후에 말하는 것들은 신뢰받을 자격이 없다.

진실은 변화하지 않는 것이다. 그리고 우리가 영감이나 계시라는 것을 받아들이려 하면서 그것들이 서로 상충될 수도 있다고 생각하는 것은 불가능하다. 그렇다면 사도들이라고 불리는 자들은 사기꾼이거나, 구약의 경우가 그랬듯이, 그들이 썼다는 책들은 다른 사람들에 의해 작성된 것이다.

마태복음 1장 6절은 다윗에서부터 거슬러올라가 마리아의 남편 요셉을 거쳐 그리스도까지 이르는 28세대의 가계를 이름을 들어 제시하고 있다. 누가 역시 그리스도로부터 마리아의 남편 요셉을 거쳐 다윗까지 내려가는 가계를 이름을 들어 제시하고 있다. 여기에서는 43세대가 제시된다는 것 외에도 이 두 가지 목록에서 다윗과 요셉 두 명의 이름만 같다. 여기에 두 가지 가계 목록을 게재한다. 두 목록을 명쾌하게 비교하기 위해 요셉으로부터 다윗까지 이어지는 동일한 방향으로 나열했다.

마태의 계보		누가의 계보	
그리스도	23 여호사밧	그리스도	23 네리
2 요셉	24 아사	2 요셉	24 멜기
3 야곱	25 아비야	3 헬리	25 앗디
4 맛단	26 르호보암	4 맛단	26 고삼
5 엘르아살	27 솔로몬	5 레위	27 엘마담
6 엘리웃	28 데이비드	6 멜기	28 에르
7 아킴		7 얀나	29 에수
8 사독		8 요셉	30 엘리에서
9 아소르		9 맛다니아	31 요림
10 엘리아김		10 아모스	32 맛닷
11 아비훗		11 나훔	33 레위
12 스룹바벨		12 에슬리	34 시므온
13 스알디엘		13 낙개	35 유디
14 여고냐		14 마앗	36 요셉
15 요시야		15 맛다디아	37 요남
16 아몬		16 서머인	38 엘리아 김
17 므낫세		17 요섹	39 멜레아
18 히스기야		18 요다	40 멘나
19 아하스		19 요아난	41 맛다디
20 요담		20 레사	42 나단
21 웃시야		21 스룹바벨	43 다윗
22 요람		22 스알디엘	

자, 마태와 누가 이 두 사람이(이 두 가지 기사가 보여주듯이) 예수가 누구였고 어떤 존재였던가를 밝히는 예수 그리스도의 역사를 시작하면서 그들 서로가 거짓을 가지고 말했다면 (앞서 물어보았듯이) 그들이 앞으로 전해줄 이상한 일들을 믿을 만한 근거가 있는 것일까? 만약 예수의 타고난 가계에 대한 그들의 설명이 믿음을 줄 수 없다면, 그들이 예수가 유령에 의해 태어난 신의 아들이며 천사가 그 사실을 그의 어머니에게 몰래 전했다고 말할 때 우리가 어떻게 그것을 믿을 수 있을까?

만약 그들이 한 가지 계보에서 거짓말을 했다면 우리가 왜 다른 계보를 믿어야 하는 것일까? 만약 그의 타고난 혈통이 조작된 것이라면, 분명히 그렇지만, 우리는 왜 그의 천상의 계보 역시 조작된 것이며 전체가 황당무계한 것이라고 가정하지 말아야 하는 것일까?

진지하게 생각하는 사람이라면 자연적으로 불가능하고 품위 있는 모든 생각과도 어긋나며 이미 거짓이 드러난 사람이 전하는 이야기를 믿는 것으로 미래의 행복을 위태롭게 할 수 있을까? 우리 스스로가 꾸밈없고 순수하며 뒤섞인 것 없는 하나의 신에 대한 믿음인 이신주의에 머무는 것이 황당하고 불합리하며 억지스럽고 모순되는 이야기의 바다 속에 우리 자신을 맡기는 것보다 더 안전하지 않을까?

하지만 신약에 대한 첫 번째 질문은 구약에 대해서도 그랬듯이 '그 책들은 진짜일까?'이다. 과연 그 책들을 썼다고 하는 사람들이 쓴 것일까? 오직 이러한 근거에 의해 이 책들 속에서 이야기하는 이상한 일들을 신뢰할 수 있을 것이기 때문이다. 이 점에 대해서는 긍정하거나 부정할 직접적인 증거는 없으며 이런 경우의 상태는 모두 의심스럽다는 것이며 의심스럽다는 것은 믿음과 반대되는 것이다. 따라서 이 책들은 이런 종류의 증명으로부터 가장 멀리 떨어져 있는 상태인 것이다.

그러나 이것을 제외하고도 마태, 마가, 누가 그리고 요한이 썼다는 복음서로 불리는 책들은 그들이 작성한 것이 아니라 조작된 것으로 추정된다. 이 네 권의 책에 서술된 역사의 혼란스러운 상태와 다른 책에서 이야기된 일들에 대해 어떤 책은 침묵하고 있다는 사실 그리고 그 책들 사이에서 발견되는 불일치는 그것들이 서로 관계가 없는 개인들의 작품이며 그들이 이야기하는 것처럼 꾸며댄 일들이 오랜 시간이 지난 후에 그들 각자가 스스로 만들어낸 전설이라는 것을 암시하고 있다. 그리고 사도로 불리는 사람들이 그랬던 것처럼 긴밀하게 함께 살았던 사람들의 글도 아니다. 했다는 일들을 지켜보면서 그들과 친밀하게 함께 살았던 사람들의 저작이 아니다. 요컨대 그 책들은 구약이 그랬던 것처럼 저자라고 이름이 붙어있는 사람들보다는 다른 사람들에 의해 조작된 것들이다.

　그러나 이런 것들을 무시하더라도, 만약 마태, 마가, 누가, 요한이 썼다는 복음서들이 마태, 누가, 마가, 요한에 의하여 쓰여진 것이 아니라면 그 복음서들은 처음부터 협잡이라고 추정할 수 있다. 이 네 복음서의 역사기술이 뒤죽박죽이라는 점, 한 책에서 전하는 내용이 다른 책에서는 전혀 언급조차 되지 않는다는 점, 네 복음서간에 서로 불일치하는 것이 수두룩하다는 점 등은 결국 이 책들이 기록하고 있는 사건들이 실제로 일어난 일보다도 한참 후에, 그것도 저자들간에 아무런 횡적 연락조차도 없이 각자 고립된 상태에서 마치 자기들이 이를 직접 경험한양 자기들 나름의 이야기를 꾸며낸 것에 불과하고, 사도들처럼, 서로 긴밀하게 공동생활을 영위하면서 써낸 글도 아니어서, 결국에는 구약에서처럼 책 제목에 붙여진 이름과는 동떨어진 사람들에 의하여 조작되었음을 보여주는 것이다.

　교회가 원죄 없는 잉태라 부르는 것을 천사가 고지했다는 이야기는 마가와 요한이 썼다는 책에서는 언급조차 하지 않으며, 마태복음과 누가복음에서는 서로 다르게 이야기하고 있다. 전자는 천사가 요셉에게 나타났다 하고 후자는 마리아에게 나타났다고 한다. 그러나 요셉과 마리아는 생각해 낼 수 있는 증거들 중 가장 나쁜 것이었다.

다른 사람들이 그들을 위해 증언해야 할 일이지 그들 스스로가 증언할 일이 아니기 때문이다. 지금 아이를 가진 어떤 여자가 자신이 유령에 의해 아이를 가졌다며 심지어 맹세까지 하면서 천사가 그렇게 일러주었다고 주장한다면 신뢰받을 수 있을까? 분명히 그럴 수 없을 것이다. 그렇다면 우리는 왜 누가 언제 어디에서 그랬는지 아무도 모르며 한 번도 본 적이 없는 다른 여자의 똑 같은 이야기를 믿어야 할까?

틀림없을 것 같은 이야기라 해도 믿음을 약화시키게 될 동일한 상황이 절대적인 불가능과 사기의 모든 특징을 갖추고 있는 이 이야기를 믿을 동기로써 제시되었다는 것은 얼마나 이상하고 모순된 것일까!

헤롯이 두 살 이하의 어린이들을 모두 죽였다는 이야기는 모두 마태복음에 있으며 나머지 복음서에는 그에 대해 아무런 언급이 없다. 그런 상황이 사실이었다면 그 사건의 보편성으로 인해 다른 저자들이 모두 알게 되었을 것이고 너무나 충격적인 일이어서 아무도 빠뜨릴 수는 없었을 것이다.

이 작가는 요셉과 마리아가 천사로부터 이집트로 도망치라는 경고를 받았기 때문에 예수는 이 학살을 피했던 것이라고 말한다. 그러나 그는 당시에 두 살이 되지 않았던 요한에게는 어떤 조치를 취해주는 것을 잊어버렸다. 하지만 그곳에 남겨져 있던 요한은 피신한 예수와 마찬가지로 살아남았다. 그러므로 이 이야기는 정황적으로 보아 그 자체가 거짓이다.

이들은 똑같은 말을 재인용하는 데에도 서로 정확히 일치하지 않는다. 십자가형을 받을 때 그리스도에게 주어졌다는 비명(碑銘)은 짧은 것이지만 모두 다르다. 이것 외에도 마가는 예수가 세 번째 시간(아침 9시)에 처형되었다 하고 요한은 여섯 번째 시간(정오 12시)에 처형되었다고 말한다.(주 2)

이 책들에서 전하는 비명은 다음과 같다.

마태: 여기 유대인의 왕 예수가 있다.
마가: 유대인의 왕
누가: 이 자는 유대인의 왕이다.
요한: 나사렛 예수, 유대인의 왕

사소한 것들이지만 우리는 이런 상황들로부터 그 저자들이 누구였든 그리고 어떤 시대에 살았든 상관없이 그 현장에 없었다는 것을 추론할 수 있다. 사도로 불리는 사람들 중에서 오직 베드로만이 그 현장 부근에 있었던 것으로 보인다. 그리고 그는 예수의 추종자라고 고발당했을 때(마태복음 26장 74절); "베드로는 저주하며 맹세하여 말하였다. 나는 그 사람을 알지 못하오."라고 말하지만 우리는 지금 그들의 이야기에 의하면 위증의 죄를 지은 그 베드로를 믿도록 요구받고 있는 것이다. 어떤 이유로 혹은 어떤 근거로 그렇게 해야만 하는 것일까?

그들이 십자가형에 참석했다며 들려주는 상황은 이 네 복음서 속에서 서로 다르게 설명되어 있다.

마태가 썼다는 책에서는 이렇게 말하고 있다; "낮 열두 시부터 어둠이 온 땅을 덮어서 오후 세 시까지 계속되었다."(27장 45절) "그런데 보아라, 성전 휘장이 위에서 아래까지 두 폭으로 찢어졌다. 그리고 땅이 흔들리고, 바위가 갈라지고, 무덤이 열리고, 잠자던 많은 성도의 몸이 살아났다. 그리고 그들은 예수께서 부활하신 뒤에, 무덤에서 나와, 거룩한 도성에 들어가서, 많은 사람에게 나타났다."(51절, 52절, 53절) 이것이 기운 넘치는 마태복음 작가의 이야기이다. 그러나 이 이야기는 다른 책의 작가들로부터 별 지원을 받지 못한다.

마가가 썼다는 책의 작가는 십자가형의 상황을 상세하게 다루면서도 지진이거나 바위가 터졌다거나 무덤이 열리고 죽은 사람들이 걸어 나왔다는 것에 대해서는 아무런 언급도 하지 않는다. 누가복음의 작가 또한 이와 똑같은 상황들에 대해서는 침묵하고 있다. 요한복음 작가의 경우에는 비록 십자가형의 상황을 그리스도가 매장되는 장면까지 상세히 다루고 있지만 어두움은 물론 — 성소의 휘장, 지진, 바위, 무덤 — 죽은 사람들에 대해서는 아무 것도 말하지 않는다.

자, 만약 그런 일들이 일어났던 것이 사실이고, 그 책의 저자들이 실제 그 일이 일어났던 때에 살았으며, 그들이 이른바 네 명의 사도로 불리던 마태, 마가, 누가, 요한이었다면 비록 신령의 도움이 없었다 해도 진정한 연대기 편찬자로서 그 일들을 기록하지 않을 수는 없었을 것이다. 그 일들이 사실이었다고 가정한다면 알려지지 않기에는 너무나 악명이 높았을 것이고 이야기되지 않기에는 너무나 중요했을 것이다. 만약 지진이 있었다면 사도라고 소문난 그들도 모두 눈앞에서 보았을 것이 분명하다. 그 현장에서 벗어나 있기는 불가능했을 것이기 때문이다. 무덤이 열리고 죽었던 사람들이 다시 살아나 거리를 활보했다는 이야기는 지진보다 더욱 중요한 사건이다.

지진이란 어느 때나 일어날 가능성이 있으며 자연계의 일이므로 아무것도 증명할 수 없지만, 무덤이 열렸다는 이야기는 초자연적인 일이며 그들의 교리와 그들의 주장 그리고 그들의 사도라는 신분과 직접적인 접점이 있다. 만약 그것이 사실이었다면 그 책들을 가득 채웠을 것이며 모든 작가들이 주제로 선택하고 일제히 다루었을 것이다. 하지만 그렇게 하는 대신 그가 이런저런 말을 했다는 식의 작고 사소한 일들이거나 쓸데없는 대화들이 줄곧 장황하게 나열되고 있다. 반면에 만약 사실이었다면 가장 중요했을 이 사건은 오직 한 명의 작가만이 가벼운 필치로 사소하게 취급하고, 나머지 작가들은 언급조차 없이 지나쳤다.

거짓말하기는 쉽지만 일단 거짓말을 한 후에는 그것을 입증하기 어렵다. 마태복음의 작가는 다시 살아났다는 성도들이 누구였는지 그리고 시내로 간 그들이 나중에 어떻게 되었는지, 그들을 보았던 사람은 누구였는지를 말했어야만 했다.

그들이 무덤에서 벌거벗은 채 알몸으로 나왔는지, 남성 성도였는지 혹은 여성 성도였는지, 옷을 갖춰 입고 나왔는지, 그렇다면 그 옷은 어디서 구했는지, 그들이 전에 살던 거주지로 가서 배우자들과 재회했는지, 자신들의 재산을 되찾았는지, 사람들은 그들을 어떻게 맞아들였는지, 그들이 재산 회복 소송을 벌였는지, 무단 점유자들을 상대로 소송을 제기했는지, 그들이 아직 이 땅에 머물러 있는지, 그들이 설교나 노동을 하던 이전의 직업을 계속 유지했는지, 혹은 그들이 다시 죽었는지 혹은 살아서 무덤으로 돌아가 다시 매장되었는지 등 그는 자신이 직접 그들을 보았다고 할 만큼 무모하지는 않기 때문이다.

한 무리의 성도가 부활을 했는데 그들이 누구인지 그들을 보았던 사람들이 누구였는지도 아는 사람이 전혀 없고, 그 일에 대해서는 그 이상의 말도 한마디 없고 그 성도들이 우리에게 전한 말도 없다는 것은 참으로 이상한 일이 아닐 수 없다!

우리에게 전해진 대로 이런 일들을 먼저 예언한 예언자들이 있었다면 분명 할 말이 무척 많았을 것이다. 그들은 우리에게 모든 것을 말해줄 수 있었을 것이며, 첫 번째 예언에 대한 주석이나 해설을 곁들인, 적어도 지금 우리가 알고 있는 것보다 조금이라도 더 상세한 사후의 예언을 알고 있어야만 했을 것이다. 만약 모세나 아론, 여호수아나 사무엘 그리고 다윗의 시대였다면 개종하지 않은 유대인들은 예루살렘 전역에 단 한 사람도 남아 있지 않았을 것이다. 만약 세례 요한의 시대였다며 당시의 성도들이 그곳에 있었다면 모든 사람들이 그들을 알아볼 것이며 그들은 다른 모든 사도들보다 설교도 더 잘하고 더 유명했을 것이다. 하지만 그렇게 하는 대신 그 성도들은 마치 아무런 목적도 없이 밤에 나타났다가 아침에 시들어 버리는 요나의 박넝쿨처럼 갑자기 등장하는 것으로 꾸며졌다. 이제 이 이야기는 충분히 했다.

십자가형에 뒤이어 나오는 부활의 이야기와 이런 저런 것 모두 다 저자들이 누구이든 상관없이 일치하지 않는 것이 너무 많아서 그들 중 아무도 현장에 없었다는 것은 명확하다.

마태복음은 그리스도가 묘지에 안치되었을 때 제자들이 시신을 훔쳐가지 못하도록 유대인들이 빌라도에게 파수꾼이거나 경비병을 배치하도록 요청했다고 설명한다. 그리고 그러한 요청의 결과로 묘지가 안전할 수 있도록 그 입구를 바위로 막고 보초를 세워두었다고 한다. 그러나 다른 책들에서는 이런 요청이나 바위로 막았다거나 경비병과 파수꾼에 대해서도 아무런 언급이 없다.

그들의 이야기에 따르면 아무런 일도 없었다. 그러나 마태복음에는 경비병 혹은 보초에 대한 두 번째 이야기가 이어진다. 이것은 이 책들의 오류를 알아차리도록 하므로 결론 부분에서 지적하도록 하겠다.

마태복음은 이 이야기를 이어가면서 28장 1절에서 "안식일이 지나고, 이레의 첫 날이 동이 틀 무렵에, 막달라 마리아와 다른 마리아가 무덤을 보러 갔다."라고 한다. 마가는 해가 떠오르는 때라고 하고 요한은 어두웠다고 한다. 누가는 무덤에 온 여자들이 막달라 마리아와 요안나 그리고 야고보의 어머니인 마리아와 다른 여자들이라 하고 요한은 막달라 마리아가 혼자 왔다고 한다. 그들이 그곳 인근에서 처음으로 본 사람이 막달라 마리아를 잘 알고 있던 베드로였다는 것에는 대단히 잘 일치한다. 막달라 마리아는 아는 사람이 많았으며 그녀가 서성거리고 있었을 것이라는 추측은 그리 잘못된 것이 아니다.

마태복음은 계속해서(28장 2절); "그런데 갑자기 큰 지진이 일어났다. 주님의 한 천사가 하늘에서 내려와 무덤에 다가와서, 그

돌을 굴려 내고 그 돌 위에 앉았다."라고 한다. 그러나 다른 복음서들은 지진에 대해서는 아무런 언급도 없으며 천사가 바위를 굴려내고 그 위에 앉아 있었다는 언급도 없다. 그들의 이야기에 따르자면 그 곳에 앉아 있던 천사는 없었다는 것이다. 마가는 천사가 무덤 내의 오른편에 앉아 있었다고 한다. 누가는 두 명의 천사가 있었으며 모두 서 있었다고 한다. 요한은 그 둘이 모두 앉아 있었으며, 머리 쪽과 발쪽에 각각 앉아 있었다고 한다.

마태는 무덤 밖의 바위 위에 앉아 있던 천사가 두 명의 마리아에게 그리스도가 승천했다고 했으며 그러자 여자들이 빨리 떠났다고 한다. 마가는 여자들이 바위가 무덤의 입구로부터 굴러 없어진 것을 보고 이상히 여기면서 무덤 안으로 들어갔으며 무덤속의 오른편에 앉아 있던 천사가 그들에게 그렇게 말했다고 한다. 누가는 서 있던 두 명의 천사가 그랬다 하고 요한은 예수 그리스도가 직접 막달라 마리아에게 그 말을 했으며, 그녀는 무덤 안에 들어가지 않았으며 다만 허리를 굽혀 그 안을 들여다보았다고 한다.

자, 만약 이 네 권의 책을 쓴 작가들이 (여기에서 증명을 시도하려는 알리바이의 성격은 이른바 사체가 초자연적인 방법에 의해 없어졌다는 것이므로) 알리바이를 증명하기 위해 법정에 출두했으며 여기에서 제시한 것과 동일하게 모순되는 방식으로 증거를 제시했다면 그들은 위증죄로 귀가 잘리는 위험에 빠졌을 것이며 그런 처벌을 받는 것이 마땅하다. 그럼에도 이것이 증거이며, 신적인 영감에 의해 제시되었으며 변경할 수 없는 신의 말씀으로서 이 책들이 세상에 강요하고 있는 것이다.

마태복음의 작가는 이런 이야기를 제시한 후에 다른 책들에서는 찾아볼 수 없는 한 가지 이야기를 하는데, 이것은 내가 방금 전에 언급한 것과 같다.

(여자들이 바위 위에 앉아 있던 천사와 대화를 한 후) 그가 말한다. (28장 11절); "여자들이 가는데, 경비병(무덤을 지키라고 파견한 자들을 뜻한다) 가운데 몇 사람이 성 안으로 들어가서, 일어난 일을 모두 대제사장들에게 보고하였다. 대제사장들은 장로들과 함께 모여 의논한 끝에, 병사들에게 은돈을 많이 집어주고 말하였다. '예수의 제자들이 밤중에 와서, 우리가 잠든 사이에 시체를 훔쳐갔다 하고 말하여라. 이 소문이 총독의 귀에 들어가게 되더라도, 우리가 잘 말해서, 너희에게 아무 해가 미치지 않게 해주겠다.' 그들은 돈을 받고서, 시키는 대로 하였다. 그리고 이 말이 오늘날까지 유대인들 사이에 널리 퍼져 있다. "

'오늘날까지' 라는 표현은 마태가 썼다고 하는 이 책이 마태가 쓴 것이 아니며 이 책이 다루고 있는 것처럼 꾸미고 있는 일들이 오랜 시간이 지난 후에 조작된 것이라는 증거이다. 이 표현은 아주 긴 시간의 간격을 암시하고 있기 때문이다. 우리 시대에 일어난 어떤 일에 대해 이런 식으로 말하는 것은 앞뒤가 맞지 않는 일일 것이다. 그러므로 이 표현에 이해할 수 있는 의미를 부여하려면 적어도 몇 세대의 시간이 흘렀다고 가정해야 한다. 이런 식의 어법은 우리의 생각을 고대시대로 이끌어가기 때문이다.

이 이야기의 허무맹랑함 역시 주목해 볼 만 하다. 마태복음의 작가가 대단히 상상력이 부족하고 어리석은 사람이라는 것을 보여주기 때문이다. 그는 가능성이라는 점에서 그 자체로 모순이 되는 이야기를 한다.

만약 파수꾼들이 실제로 있었다면, 그들이 잠들어 있는 동안에 시신이 도난당했으며 잠을 잔 것이 도난을 방지하지 못한 이유라고 말할 수도 있지만 마찬가지로 잠들어 있었기 때문에 누가 어떻게 훔쳐갔는지 알 수 없어야만 한다. 그럼에도 그들은 제자들이 훔쳐간 것이라고 말하는 것이다. 만약 잠을 자고 있는 동안 전혀 알 수 없었던 어떤 일이 일어났다고 하면서 그 일이 일어난 방식과 그 일을 했던 사람에 대한 증거를 제출한다면 그것은 증거로 인정되지 않을 것이다. 신앙 고백의 증거로는 충분할 수는 있어도 진실이 중요한 그 어떤 곳에서도 충분한 것이 아니다.

이제 이 책들에서 이렇게 꾸며진 부활 이후에 그리스도의 꾸며진 출현(出現)과 관련된 증거의 부분에 도착했다.

마태복음의 작가는 무덤 입구의 바위 위에 앉아 있던 천사가 두 명의 마리아에게 말했던 것을 이야기한다.(28장 7절); "그는 죽은 사람 가운데서 살아 나셔서 그들보다 먼저 갈릴리로 가시니, 그들은 거기서 그를 뵙게 될 것이라고 하여라." 동일한 이 저자는 그 다음 두 절(8절과 9절)에서 천사가 그들에게 이렇게 말하고 난 직후에 똑같은 의도를 그리스도가 직접 이 두 여인에게 전하도록 했으며, 그들은 즉시 달려가 그것을 제자들에게 전했다고 이야기한다. 그리고 16절에서는 "열한 제자가 갈릴리에 가서, 예수께서 일러주신 산에 이르렀다. 그들은 예수를 뵙고, 절을 하였다."라고 한다.

그러나 요한복음의 저자는 우리에게 이것과는 매우 다른 이야기를 한다. (20장 19절); "그 날, 곧 주간의 첫 날(즉 그리스도가 승천했다는 바로 그 날) 저녁에, 제자들은 유대 사람들이 무서워서, 문을 모두 닫아걸고 있었다. 그 때에 예수께서 와서, 그들 가운데로 들어서셔서, ⋯ 인사말을 하셨다."

마태에 따르자면 열한 명의 제자들이 예수 자신의 약속대로 산에서 예수를 만나기 위해 갈릴리로 갔지만, 요한에 따르자면 바로 그 시간에 유대인이 두려웠던 제자들은 약속과는 달리 다른 곳에 비밀리에 모여 있었다는 것이다.

누가복음의 작가는 요한보다 더 명확하게 마태의 말과 모순된다. 그는 그 회합이 예수가 승천한 그 날 예루살렘에서 있었으며 그곳에 열한 명의 제자가 있었다고 분명하게 말하고 있기 때문이다(누가복음 24장 13절~33절 참조).

자, 우리가 이 제자라는 사람들이 고의적인 거짓말을 할 권리가 있다고 인정하지 않는 한, 제자라고 불리는 이 열한 명의 사람 중 누군가가 이 책들의 작가가 될 수 있다는 것은 가능하지 않다. 마태에 따르면 예수가 승천했다는 바로 그 날에 그의 약속에 따라 그 열한 명은 산에서 예수를 만나기 위해 갈릴리로 갔다면 누가와 요한은 그 열한 명 중의 두 명이 되어야 한다. 하지만 누가복음의 저자는 분명하게 그리고 요한은 그와 거의 비슷하게 회합은 같은 날에 예루살렘의 어느 집에서 있었다고 암시한다. 반면에 만약 열한 명이 예루살렘의 어떤 집에서 모였다면 마태는 그 열한 명 중의 한 명이어야만 한다. 그러나 마태는 회합이 갈릴리에 있는 산에서 있었다고 말하므로 결과적으로 이 책들에서 제시된 증거들은 서로를 무효로 만들어버린다.

마가복음의 저자는 갈릴리에서 있었다는 회합에 대해서는 아무런 언급도 하지 않지만 16장 12절에서는 그리스도가 부활 후에 다른 책들에서는 전혀 언급이 없는 다른 모양으로 시골길을 가는 두 사람에게 나타났다고 말한다. 그리고 이 두 사람이 나머지 사람들에게 그 이야기를 했지만 믿지 않았다고 한다.

누가 역시 승천했다는 날에도 그리스도가 저녁때까지 온종일 다른 일들로 바빴다는 이야기를 전하는데, 이것은 그가 갈릴리의 산으로 갔다는 설명을 완전히 무효로 만들어버린다. 그는 어떤 두 사람이었는지 말하지 않으면서 그 날 두 사람이 예루살렘에서 2.4km(1.5마일) 떨어진 엠마오라는 마을로 갔다고 말한다. 그리고 변장을 한 그리스도가 그들과 동행했으며 저녁때까지 그들과 머물면서 저녁식사도 같이 한 후 그들의 시야에서 사라졌으며, 같은 날 저녁에 예루살렘에서 있었던 열한 명의 회합에 다시 나타났다고 말한다.

이것이 그리스도의 꾸며진 재출현의 증거가 서술되고 있는 모순된 방식이다. 이 작가들이 일치하는 유일한 것은 재출현에 대해 슬그머니 감추려는 듯한 비밀스러운 태도이다. 그것이 갈릴리에 있는 깊은 산중이거나 문을 걸어 잠근 예루살렘의 어느 집이거나 모두 감추려는 듯한 장소들이다.

그렇다면, 어떤 이유로 이처럼 감추려는 듯한 모습을 이해해야 할까? 한편으로는 이러한 태도는 추정된 혹은 꾸며진 목적 — 그리스도가 승천했다는 것을 세상에 확신시키려는 목적과는 직접적으로 조화를 이루지 못한다. 또 다른 면에서는 승천을 공개적으로 주장하는 것은 이 책들의 작가들을 공개적인 검증에 노출시키게 된다. 따라서 그들은 이 사건을 사사로운 일로 만들어둘 필요가 있었던 것이다.

그리스도를 500명 이상의 사람들이 보았다는 이야기는 바울 혼자서만 말한 것이고 500명의 사람들이 직접 한 이야기는 아니다. 그러므로 오직 한 사람만의 증언이며 동일한 이야기에 따르면 그런 일이 일어났다는 말을 들었을 때 그 말을 믿지 않았던 사람의 증언이기도 한 것이다.

이 이야기가 제시되어 있는 고린도 전서 15장의 작가가 바울이라고 가정한다면, 그의 증거는 마치 법정에 들어가 자신이 과거에 선서한 것은 모두 거짓이라고 선서하는 사람과 같다. 누구든 종종 자신의 견해를 바꿀 권리가 있으며, 그 역시 언제나 그럴 권리가 있지만 그런 권리는 사실의 문제까지 확장되어 적용되지는 않는다.

이제 하늘로 승천하는 마지막 장면이다. 여기에는 유대인들의 모든 두려움과 그 밖의 모든 것들이 필연적으로 의문의 여지가 없어야만 한다. 만약 이것이 진실이라면 모든 것이 증명될 것이며, 그것에 근거해 앞으로 있을 제자들의 전도에 대한 진실성의 증거에 대한 요구는 중지될 것이다.

말은 선언이거나 약속이거나 관계없이 갈릴리의 산 속이나 예루살렘의 문 닫힌 어떤 집에서 개인적으로 전해졌다면 비록 그런 말이 전해졌다고 추정된다 해도 공적인 증거는 될 수 없다. 그러므로 이 마지막 장면은 부정이거나 논쟁의 가능성을 미리 배제해야만 한다. 그리고 《이성의 시대》 1부에서 언급했듯이 이 장면은 한낮의 태양처럼 공개적으로 볼 수 있어야만 한다. 적어도 십자가형이 전해졌던 것만큼 공개적인 것이어야만 한다. 어쨌든 직접적으로 살펴보기로 하자.

우선, 마태복음의 저자는 이것에 대해 한마디도 하지 않으며 요한복음의 저자도 마찬가지다. 사정이 이렇다면, 다른 일들에 대해서는 하찮은 것까지 기록하는 그 저자들이, 만약 그것이 사실이었다면 이 일에 침묵했다는 것을 가정하기는 어렵지 않을까? 마가복음의 저자는 마치 이 이야기를 과장해서 이야기하는 것에 싫증이 난 것처럼 혹은 부끄럽다는 듯이, 되는대로 경솔한 태도로 슬쩍 지나쳐 버렸다. 누가복음의 저자 역시 마찬가지다. 심지어 이 두 사람 사이에서는 그의 마지막 이별이 있었다고 전해지는 장소에 대해서도 명확하게 일치하지 않는다.

마가복음은 열한 명의 제자가 식사를 할 때 그리스도가 나타났다고 말하면서, 예루살렘에 있었던 그들의 회합을 암시한다. 이어서 그 회합에서 오갔던 대화를 이야기한다. 그 직후에 그는 (마치 어린 학생이 재미없는 이야기를 끝내듯이) 이렇게 말한다; "주 예수께서 말씀을 마치신 후에 하늘로 올려지사 신의 오른편에 앉으시니라." 그러나 누가 복음의 저자는 승천이 베다니에서 일어났다고 말한다. 그리스도가 그들을 멀리 베다니까지 이끌고 가서 그곳에서 그들과 작별하고 하늘로 올려졌다고 한다.

마호메트도 그랬고 모세도 그랬듯이, 사도 유다는 이렇게 말한다.(9절); "천사장 미가엘은 모세의 시체를 놓고 악마와 다투면서…" 우리가 이런 식의 우화들 혹은 그것들 중의 하나를 믿는한, 우리는 하찮은 전능자를 믿는 것이다.

이제 마태, 마가, 누가 그리고 요한이 썼다는 네 권의 책들을 모두 검토해보았다. 그리고 십자가형부터 승천이라고 불리는 사건까지의 전체 시간은 불과 며칠로 분명히 3~4일을 넘지 않으며 모든 상황이 일어났다는 곳은 거의 같은 장소인 예루살렘이라는 것을 고려할 때, 이 책들 속에 있는 것처럼 그토록 명백한 불합리와 모순과 거짓이 기록된 이야기를 찾아내는 것이 불가능하다고 믿는다.

그것은 이 고찰을 시작할 때 찾아낼 것으로 기대했던 것보다 더 많고 두드러진 것들이며《이성의 시대》전반부를 쓸 때 가졌던 생각보다 훨씬 더 심각하다. 당시에는 참고할 구약은 물론 신약도 없었으며 또 구할 수도 없었다. 나 자신의 처지는 생존의 문제마저도 매일 점점 더 위험해지고 있었다. 이 주제에 대해 의미있는 무언가를 남기고 싶었으므로 나는 신속하고 정확해야만 했다. 당시에 인용했던 것들은 오직 기억에 의존해야만 했지만 정확하다. 전반부에서 내가 제시한 견해들 즉, 구약과 신약은 세상을 상대로 한 사기이며, 인간의 타락과 예수가 신의 아들이며 신의 노여움을 달래기 위해 죽었으며 이상한 방법으로 구원한다는 이야기는 모두 허무맹랑한 창작이며 전능자의 지혜와 능력을 모욕하는 일이라는 가장 명확하고 오랫동안 확립된 신념의 결과들이다.

또한 유일하게 진실한 종교인 이신론에 의해 그때나 지금이나 하나의 신에 대한 믿음과 신의 도덕적 인격의 모방 혹은 도덕적 미덕으로 불리는 것들의 실행에 대해 말하는 것은 나의 가장 명확하고 오랫동안 확립된 신념의 결과이다. 나는 종교에 관한한, 이것에만 내세의 행복에 대한 나의 소망을 모두 의지한다. 그래서 지금 나는 이렇게 말한다, 그러니 신이시여 도와주소서.

하지만 다시 본론으로 돌아오자. 비록 오랜 시간이 지나 이 네 권의 책의 작가들이 누구인가를 사실로써 확인하는 것은 불가능하지만 (이것 하나만으로도 그들을 의심하기에 충분하며, 의심하는 것을 믿을 수는 없다) 그 책들의 작가라고 알려진 사람들이 작성한 것이 아니라는 것을 확인하기는 어렵지 않다. 이 책들이 담고 있는 모순들은 두 가지를 웅변적으로 말해준다.

첫째, 작가들은 자신들이 이야기하는 일들을 직접 눈으로 보았거나 귀로 들었던 사람들일 수 없다. 그랬다면 그들은 그러한 모순들 없이 이야기했을 것이다. 따라서 이 책들은 이런 종류의 일들을 목격한 것으로 가정되는 사도라고 불리는 사람들에 의해 작성된 것이 아니다.

둘째, 누구였든 상관없이 그 작가들이 공모하여 사기를 친 것은 아니다. 하지만 각각의 작가들이 개별적으로 다른 사람들에 대한 사전 지식 없이 작업했던 것이다.

한 가지를 증명하는데 적용되는 바로 그 증거가 두 가지 경우 모두를 증명하는데 동일하게 적용된다. 즉 이 책들은 사도라고 불리는 사람들이 쓴 것이 아니며 또한 공모하여 사기 행각을 벌인 것도 아니다. 신령감응(영감)에 대해서는 전적으로 논외의 일이다. 우리는 신령감응과 모순을 그렇게 할 수 있듯이 진실과 거짓을 한데 묶으려는 시도를 똑같이 잘 할 수도 있다.

만약 네 사람이 어떤 장면을 눈으로 보고 귀로 들었다면 전혀 공모하지 않고도 그 일이 일어났던 시간과 장소에 대해서는 일치할 것이다. 그 일에 대한 그들 개개인의 인식은 각자가 잘 알고 있으니 공모는 전적으로 불필요하게 된다. 한 사람은 시골의 산이었다 하고 다른 사람은 읍내의 집이었다고 말하지 않을 것이다. 한 사람은 해가 떠오르는 때였고 다른 사람은 해질녘이라고 말하지 않을 것이다. 그 장소가 어디였든, 시간이 언제였든 간에 그들은 모두 동일하게 알고 있을 것이기 때문이다.

이와는 반대로 네 사람이 하나의 이야기를 공모한다면 그들은 각자의 이야기들이 전체적인 이야기를 뒷받침하도록 서로 일치시키고 확인할 수 있도록 만들 것이다. 그런 공모는 어느 한 가지 경우에서는 사실의 결핍을 보충해주고 다른 경우에서는 사실에 대한 지식이 공모의 필요성을 없도록 만들 것이다. 그러므로 동일한 모순들이 있다는 것은 이런 공모가 없었다는 것을 증명하며, 또한 이 기록자들이 사실에 대한 지식이 없었다는 것을 (혹은 그들이 사실로 이야기한 일들에 대한 지식이 없었다는 사실을) 증명한다. 또한 그들의 기록이 거짓이라는 것을 알아차리게 한다. 그러므로 이 책들은 사도라고 불리던 사람들이 쓴 것도 아닐 뿐더러 공모한 사기꾼들이 쓴 것도 아니다. 그렇다면 이 책들은 어떻게 작성된 것일까?

나는 구약 성서에서 그렇듯이 어떤 사람들을 예언자인 것처럼 주장하는 경우를 제외하고 의도적인 거짓말 또는 애초부터 거짓말이라고 불리는 것들이 많다고 쉽게 믿는 부류는 아니다. 예언한다는 것은 전문적으로 거짓말을 하는 것이기 때문이다.

거의 대부분의 경우 단순한 가설일지라도 쉽사리 믿는 경향의 도움을 받아 조만간에 점점 거짓말이 되었다가 마침내는 사실처럼 말해지는 과정을 밝혀내는 것은 그리 어렵지 않다. 그리고 우리가 이런 종류의 일에 관대하게 넘어갈 이유를 찾을 수는 있다 해도 심각한 거짓에 빠져들어서는 안 된다.

사후에 나타났다는 예수 그리스도의 이야기는 겁에 질린 상상력으로 환상 속에서 끊임없이 만들어내고 쉽사리 믿게 되는 그런 종류의 유령 이야기이다.

얼마 전에도 율리우스 카이사르의 암살에 대한 이런 종류의 이야기들이 회자되었다. 이런 이야기들은 일반적으로 폭력에 의한 죽음이거나 무고한 사람에 대한 처형에서 비롯된다. 이런 종류의 사건들은 동정심을 품게 되면서 호의적인 이야기로 펼쳐지게 된다. 그것이 조금씩 더 진전되어 마침내는 가장 확실한 진실이 된다. 일단 유령으로 시작되어 경신성(輕信性)이 그 이야기에 생명력을 불어넣게 되고 그 출현의 당위성을 부여하게 되고, 이 네 권의 책 속에 등장하는 예수 그리스도에 대한 이야기처럼 이러쿵저러쿵 말들이 전해지다가 유령과 그 유령의 소유자에 대한 수많은 이야기들이 생겨나게 되는 것이다.

예수 그리스도의 출현에 대한 이야기는 자연현상과 전설과 사실을 구별하는 불가능한 일의 이상한 조합으로 전해지고 있다. 비현실적인 환상을 보고 있는 사람이 말하듯이, 그는 문이 닫혀 있을 때 갑자기 들어왔다가 갑자기 사라지는가 하면 시야에서 사라졌다가 다시 나타났다는 것으로 제시되고 있다. 그러다가 허기가 져서 식탁에 앉아 저녁을 먹는다. 그러나 이런 이야기를 하는 사람들이 절대로 모든 사실들을 제시하지 않는 것처럼 여기에서도 그렇게 한다.

그들은 예수가 소생하여 무덤을 떠나면서 입고 있었던 수의를 남겨두고 떠났다고 했다. 그러나 나중에 나타날 때 입을 다른 옷을 준비해 두는 것을 잊었거나 승천할 때 그 옷들을 어떻게 했는지 — 모두 벗었는지, 옷을 갖춰 입은 채 올라갔는지 — 이야기하는 것을 잊었던 것이다.

엘리야의 경우, 그가 망토를 아래로 던져버리도록 할 만큼 충분히 주의를 기울였지만 불마차 속에서 어떻게 타버리지 않았는가에 대해서는 말하지 않는다. 하지만 상상력이 이런 종류의 이야기가 갖는 부족한 점들을 모두 채워주므로 우리 마음대로 불도마뱀의 털로 만들었다고 상상하면 될 것이다.

교회의 역사에 충분한 지식이 없는 사람들은 마치 모세가 썼다는 책들이 모세의 시대부터 존재해 왔다고 생각하는 것처럼 신약성서라는 책이 예수 그리스도의 시대부터 존재했던 것으로 생각할 수도 있다. 그러나 사실은 역사적으로 그렇지 않다. 신약성서라고 불리는 그런 책들은 그리스도가 살았다는 시대로부터 300년

이 지날 때까지는 존재하지 않았다.

마태, 마가, 누가, 요한이 썼다는 책들이 언제부터 등장하기 시작했는지는 전혀 명확하지 않은 일이다. 그 책들을 누가 썼는지는 물론 언제 작성된 것인지에 대한 증거는 최소한의 흔적조차 없다. 현재 통용되고 있는 이름들이 아니라 사도라고 가정되는 다른 이름들로 불릴 수도 있었을 것이다.

원본은 현존하는 그 어느 교회에서도 갖고 있지 않다. 그것은 마치 시나이 산에서 신이 손가락으로 써서 모세에게 주었다고 꾸미고 있는 두 개의 돌판을 유대인들이 갖고 있지 않는 것과 다를 바 없다. 그리고 비록 있다고 해도 양쪽의 경우 모두 필사본을 입증할 가능성은 전혀 없다.

이 책들이 작성될 당시에는 인쇄술이 없었으므로, 당연하게도 필사본 외의 출판물은 있을 수 없었다. 누구든 마음대로 작성하거나 고쳐 쓰고 그것을 원본이라고 부를 수 있었다.(주3)

전능자가 그 자신과 자신의 의지를 그처럼 믿을 수 없는 수단을 가진 인간에게 맡긴다는 것이거나 그러한 불확실성에 우리의 믿음을 강요받아야만 하는 것이 전능자의 지혜와 일치하는 것이라고 가정할 수 있을까? 우리는 전능자가 만들어낸 잡초의 한 잎마저도 만들거나 변경할 수 없으며 심지어 모방조차 할 수 없다. 하지만 우리는 신의 말씀을 인간의 말만큼이나 쉽게 만들어내고 고쳐 쓸 수 있는 것이다.

그리스도가 살았다고 전해지는 시대로부터 약 350년 후에 지금 말하고 있는 종류의 몇 가지 저작물들이 다양한 개인들의 손에 뿔뿔이 흩어져 있었다. 그리고 교회들 스스로가 속세의 권력으로 계급 조직 혹은 교회 조직을 형성하기 시작하면서 그것들을 수집해 율법으로 삼아 현재 우리가 보고 있는 신약성서라고 불렀다. 《이성의 시대》 1부에서 언급했듯이 그들은 수집한 저작물들 중 어떤 것이 신의 말씀이 되어야 하고 어떤 것이 그럴 수 없는지를 투표에 의해 결정했다. 그 전에는 유대의 랍비들이 구약성서를 투표로 결정했다.

전국적인 조직을 갖춘 모든 교회들이 그렇듯이 교회의 목적은 권력과 돈이며 사용하는 수단은 공포이므로 그들이 수집한 저작물들 중 가장 불가사의하고 이상한 것이 투표에서 채택될 가능성이 가장 높을 것이라고 생각하는 것이 일관성이 있다. 그리고 책들의 진위를 투표로 대신하는 것은 더 이상 추적할 수 없기 때문이다.

그러나 당시에 스스로를 기독교도라고 부르는 자들 사이에서는 논쟁이 최고조에 달했다. 교리의 논점뿐만이 아니라 책들의 진위에 대해서도 마찬가지였다. 서기 400년경 성 아우구스티누스(St. Augustinus 350~430. 초대 그리스도교의 이론을 세운 철학자이며, 사상가)라는 자와 파우스트(Fauste)라는 자 사이의 논쟁에서 후자는 이렇게 말한다. "복음서라고 불리는 책들은 사도들의 시대로부터 오랜 시간이 지난 후에 몇몇의 확실치 않은 사람들에 의해 작성된 것들이다. 자신들이 잘 알 수도 없었던 일들에 대한 이야기가 세상에서 인정받지 못할 것이 두려워 사도들의 이름으로 발간했던 것이다. 그것은 바보스럽고 앞뒤가 맞지 않는 이야기들로 가득 차 있으며, 그것들 사이에는 일치하는 것은 물론 상호 관계도 없다."

또한 다른 곳에서는 이 책들을 신의 말씀이라고 주장하는 사람들에게 이렇게 말한다. "여러분의 전임자들은 우리 주님의 경전에 많은 것들을 끼워 넣었습니다. 그것들은 비록 주님의 이름을 달고 있지만 주님의 교리와는 맞지 않습니다. 이것은 놀라운 일이 아닙니다. 이러한 것들이 종종 그 자신이나 그의 사도들에 의해 작성되지 않았으며, 단지 그것들의 대부분이 꾸며낸 이야기와 애매한 기록들에 근거한 것이며, 그것이 무엇인지 나는 잘 모르지만, 반(半)유대인들에 의해 작성된 것들이고 그들 사이에서도 서로 일치하지 않지만, 그럼에도 불구하고 우리 주님의 사도들의 이름으로 발간되었으며, 그들 자신들의 오류와 그들의 거짓말들을 사도들에게 돌렸다는 것이 증명되었기 때문입니다."

독자들은 이 인용문에 의해 그들이 신의 말씀을 투표로 정할 때 신약성서의 신빙성은 부정되었으며 그 책들을 설화와 위조 그리고 거짓으로 취급했다는 사실을 알게 될 것이다. 그러나 교회의 이익을 위해 긁어모은 투표의 도움을 받아 반대파를 꺾어 누르고 결국에는 모든 연구 조사를 억눌러버렸다.

만약 우리가 그들을 믿는다면, 기적은 기적을 낳게 될 것이며 사람들이 믿거나 믿지 않거나 상관없이 믿는다고 말하도록 교육받게 될 것이다. 그러나 프랑스 혁명은 (생각을 주입하는 것으로) 기적을 일으키는 교회의 권력을 파문시켰다. 교회는 혁명이 시작된 이후로 모든 성자들의 도움을 받고도 단 한 가지의 기적도 일으킬 수 없었다. 교회는 지금보다 더 간절하게 기적이 필요한 적이 없었지만, 우리는 예언의 도움 없이도 과거의 모든 기적들이 속임수이며 거짓말이라는 결론을 내릴 수 있을 것이다.

그리스도가 살았다고 하는 시대와 신약성서가 책으로 모양을 갖춘 시기 사이에 300년 이상의 시간이 지났다는 것을 고려할 때, 역사적 증거의 도움 없이도 그 진위가 대단히 불확실하다는 것을 알아야만 한다. 저자에 관한 한 호메로스의 책은 비록 그가 아주 오래된 천년 전의 사람이지만 그 진위는 신약성서에 비해 훨씬 더 잘 확립되어 있다. 호메로스의 책을 쓸 수 있는 사람은 대단히 훌륭한 시인뿐이며, 따라서 지극히 소수의 사람들만이 시도할 수 있다. 그런 작업을 할 수 있는 사람이라면 자신의 작품을 다른 사람에게 주어 자신의 명성을 내던져버리지는 않을 것이다. 마찬가지로 오직 소수의 사람들만이 《유클리드 기하학》을 쓸 수 있다. 대단히 훌륭한 기하학자만이 그런 책의 저자가 될 수 있기 때문이다.

그러나 신약성서의 책들과 관련하여 특히, 그리스도의 부활과 승천과 같은 이야기를 전하는 부분은 유령 이야기이거나 세상살이에 대해 이야기할 수 있는 사람이라면 누구나 그런 책들 정도는 만들어낼 수 있다. 그 이야기는 대단히 조악한 것이기 때문이다. 그러므로 신약성서의 위조 가능성은 호메로스나 유클리드보다 수백만 배는 더 크다.

오늘날의 수많은 사제나 성직자, 주교이거나 누구든 설교를 하거나 라틴어 한 구절쯤은 —특히, 이전에 수없이 번역된 것이라면 — 번역도 할 수 있다. 그러나 그들 중에서 호메로스와 같은 시를 쓸 수 있거나 유클리드와 같은 과학서를 쓸 수 있는 사람이 있을까? 극히 드문 예외적인 경우 외에는 사람들의 지식은 그저 낫 놓고 기역자를 아는 정도이고, 과학지식은 삼 곱하기 일은 삼이라는 정도이다. 만약 그들이 그 시대에 살고 있었다면 이 정도만으로도 신약성서의 모든 책들을 쓰고도 남았을 것이다.

위조할 기회가 더 많을수록 그 유혹 또한 더 커지게 된다. 사람들이 호메로스나 유클리드의 이름을 도용해서 글을 쓴다 해도 아무런 이득도 얻지 못한다. 만약 그들과 같은 수준으로 쓸 수 있다면 자신의 이름으로 쓰는 것이 더 나을 것이며, 만약 그들보다 수준이 떨어진다면 성공할 수 없을 것이다. 전자의 경우에는 자존심이 막아설 것이며, 후자의 경우에는 불가능할 것이다. 그러나 신약성서를 구성하는 그런 책들의 경우에는 위조를 선택할 유혹에 쉽게 빠질 수 있다.

만들어낼 수 있는 최상의 거짓 역사는 그 시대로부터 2~3백년이 지난 시점에서 실제 작자의 이름 아래 작성된 원본이라는 판정을 받을 수 없다. 교회는 그들의 새로운 교리를 위한 구실을 원했으며, 진실이나 재능은 논외였으므로 성공할 수 있는 기회는 오직 위조에만 있었다.

그러나 (앞에서 살펴보았듯이) 죽었던 사람이 걸어 다닌다는 이야기가 그리 희귀한 이야기가 아니듯이, 잔혹하거나 터무니없는 방법으로 죽었던 사람의 유령이나 귀신의 이야기도 마찬가지다. 당시의 사람들이 그런 일들을 믿는 관습이 있듯이, 천사 혹은 악마의 출현 그리고 그들이 사람 안으로 들어와 마치 학질에 걸려 발작하듯이 떨게 만드는가 하면, 마치 토해 내듯이 몸 밖으로 빠져나오는 이야기도 마찬가지다. (마가복음에서는 막달라 마리아가 일곱 악마를 데리고 왔거나 침대로 끌어들였다고 한다) — 이런 종류의 이야기가 예수 그리스도라 불리는 사람에 대한 소문과 같이

퍼지고 나중에 마태, 마가, 누가 그리고 요한이 썼다는 네 권의
책의 근거가 되었다는 것은 전혀 특별한 일이 아니다.

각각의 저자들은 자신이 들었거나 그 비슷한 이야기를 하면서
자신들의 책에 전승 속에서 목격자라고 알려진 성자 혹은 사도의
이름을 붙였을 것이다. 오직 이러한 근거만이 그 책들 속의 모순
을 설명할 수 있다. 만약 그런 경우가 아니라면 그것들은 경신성
(輕信性)에 대한 변명도 필요 없이 노골적인 사기이고 거짓말이며
위조이다.

앞에서 언급했듯이 그 책들이 반(半) 유대인들에 의해 작성되
었다는 것은 충분히 알아차릴 수 있다. 자객의 두목이나 사기꾼
들, 모세 그리고 예언자라고 불리는 사람들에 대한 잦은 인용은
이런 문제를 분명하게 해준다. 반면에 교회는 서로간의 호응을
위해 구약과 신약을 인정하는 것으로 이 사기수법을 보완했다.

유대인 기독교도와 이방인 기독교도 사이에는 예언으로 불리
는 것과 예언되었다는 것들 그리고 표적과 그것이 의미하는 것들
을 샅샅이 찾아내 마치 오래된 자물쇠와 열쇠처럼 적절하게 잘
짜맞추어 놓았다. 이브와 독사는 충분히 멍청하게 이야기되었고
사람과 독사의 적대적 관계는 충분히 자연스럽게 이야기되었다.
(뱀은 언제나 사람의 발뒤꿈치를 문다. 더 높은 곳까지는 도달할 수

없기 때문이다. 그리고 사람은 항상 뱀의 대가리를 공격한다. 뱀에게 물리지 않기 위한 가장 효과적인 방법이기 때문이다.(주 4)

말하자면, 이 멍청한 이야기는 예언이 되고 표본이 되었으며, 시작을 위한 징후가 되었다. 아하스를 향한 이사야의 사기성 거짓말, 즉 처녀가 아들을 임신하고 낳는다는 이야기는 아하스가 정복자가 된다는 표징이었지만 (앞에서 이사야서를 다룰 때 살펴보았듯이) 아하스가 패배하자 이 사건은 곡해되고 이야기의 마무리에 이용되었다.

요나와 고래 역시 하나의 징표 혹은 표본이 되었다. 요나는 예수이며 고래는 무덤이다. 마태복음 12장 40절에서 이렇게 말하기 때문이다(그들은 그리스도 자신이 자신에 대해 말하도록 한다); "요나가 사흘 낮과 사흘 밤 동안을 물고기 뱃속에 있었던 것같이, 인자도 사흘 낮과 사흘 밤 동안을 땅 속에 있을 것이다." 하지만 그들의 이야기에 따르자면 너무나도 어색하게도 그리스도는 단지 하루와 두 밤만, 72시간이 아닌 대략 36시간 동안 무덤에 있었다. 즉 금요일 밤, 토요일 그리고 토요일 밤이었다. 그들은 일요일 해가 떠오를 때 혹은 그 전에 그가 살아났다고 했기 때문이다. 그렇지만 이 이야기는 창세기에서 사람은 뱀에 물리고 사람은 뱀의 머리를 걷어차 버리게 된다는 이야기 혹은 이사야서의 처녀와 그녀의 아들 이야기들과 매우 잘 들어맞으므로 이것들은 정설의

한 가지로 받아들이게 된다. 신약성서의 역사적인 부분과 그 증거들에 대해서는 여기까지 하겠다.

바울 서신 — 바울이 썼다는 열네 개의 서신들은 신약성서의 나머지 부분을 거의 다 차지하고 있다. 그 서신들이 그들이 썼다고 말하는 그 사람이 썼는지는 그다지 중요한 문제가 아니다. 그 작가가 누구이든 자신의 신조를 논쟁으로 증명하려고 하기 때문이다. 그는 부활과 승천에 대한 이야기의 그 어느 장면에 대해서도 목격했던 것 같은 태도를 취하지 않는다. 그리고 그는 그것들을 믿지 않았다고 분명하게 밝히고 있다.

그가 다마스쿠스으로 가는 도중 벼락에 맞아 땅에 쓰러졌다는 이야기에는 기적적이거나 특별한 것은 전혀 없다. 그는 생명을 구했으며 그것은 벼락을 맞은 다른 많은 사람들보다 운이 더 좋은 것이다. 그리고 그가 3일 동안 시력을 잃었고 그 기간 동안 아무 것도 먹거나 마시지 못했다는 이야기는 그런 상황에서는 흔히 있는 일은 전혀 아니다.

그와 함께 있었던 동반자들은 그와 같은 방식의 고통을 당한 것 같지는 않다. 그들은 그를 이끌고 나머지 여행을 마칠 정도로 상태가 좋았으며 어떤 환상을 본 척도 하지 않는다.

그에 대한 이야기에 따르자면, 바울이라고 불리던 인물의 성격은 상당히 폭력적이고 광신적이다. 그는 나중에 열성적으로 설교를 하는 것만큼이나 다른 사람들을 과격하게 박해했다. 그가 맞았던 벼락은 유대인이거나 기독교인으로서 그의 성격을 바꾸지는 않았지만 생각을 바꾸어 놓았으며 그는 여전히 열심당원이었다. 이런 종류의 사람들은 자신들이 설교하는 그 어떤 교리에서도 결코 훌륭한 도덕적 증인이 되지 않는다. 그들은 믿음이나 행동에 있어 언제나 극단적이다.

그가 논쟁으로 증명을 시도한 교리는 동일한 육신의 부활이며, 그는 이것을 영원불멸의 증거로써 제시했다. 하지만 사람들은 생각하는 방식이 매우 다르며 동일한 전제들로부터 이끌어내는 결론도 다르므로, 동일한 육신의 부활이라는 교리는 영원불멸의 증거와는 전혀 상관이 없으며 나에게는 정반대의 증거를 제시한 것으로 보인다.

만약 내가 이미 나의 육신으로 죽었으며 내가 살던 동일한 육신으로 다시 살아났다면, 나는 다시 죽어야 한다는 추정적 증거가 되기 때문이다. 부활은 반복적인 죽음을 맞이하지 않을 것이라는 보장이 전혀 없다. 학질에 의한 발작을 겪고 나서 또 다시 발작을 겪지 않을 것이라는 보장이 없는 것과 다를 바 없다. 따라서 영원불멸을 믿기 위해 나는 이 우울한 부활의 교리에 담겨 있는 생각보다 좀 더 고상한 생각을 가져야만 한다.

게다가, 희망뿐만이 아니라 선택의 문제라면 나는 오히려 현재 나의 육체보다 더 튼튼하고 더 편리한 형태를 가지려 할 것이다. 천지창조 속의 모든 동물들은 우리보다 어떤 면에서는 탁월하다. 비둘기나 독수리를 언급하지 않더라도 날개달린 곤충은 몇 분만에 인간이 한 시간에 할 수 있는 것보다 더 넓은 공간을 매우 쉽게 옮겨 다닐 수 있다. 아주 작은 물고기의 움직임은 그 몸에 비례하여 비교할 수 없을 만큼 인간보다 뛰어나며 지치지도 않는다. 가장 느림보인 달팽이조차도 지하 감옥의 바닥으로부터 기어 올라갈 수 있다. 반면에 그런 능력이 없는 인간은 그곳에서 죽게 될 것이다. 거미는 즐거운 놀이로써 아주 높은 곳에서 뛰어내릴 수 있다.

인간의 개인적인 능력은 매우 제한되어 있으며 그의 무거운 골격은 다방면의 즐거움을 누리기에는 너무도 조악하게 구성되어 있어 바울의 견해가 진실이기를 바라도록 우리를 설득할 수 있는 것이 전혀 없다. 그 장면의 중대성에 비해 너무나도 초라하며, 그 주제의 숭고함에 비해 너무나도 품위가 없다.

그러나 다른 모든 논쟁거리들을 떠나 존재의식은 우리가 또 다른 삶에 대해 유일하게 품어볼 수 있는 생각이며 그러한 의식은 영원히 지속된다. 존재에 대한 인식, 혹은 우리가 존재하고 있다는 의식은 지금의 삶 속에서도 반드시 동일한 형태는 물론 동일한 물질로 한정되어야 하는 것은 아니다.

20년이나 30년 전에 우리의 육체를 구성하고 있던 것과 동일한 형태도 전혀 아니며 어떤 경우에도 동일한 물질로 구성되어 있지도 않지만 우리는 동일한 사람이라는 것을 인식하고 있다. 우리 신체의 거의 반을 구성하고 있는 팔과 다리도 존재의식에는 반드시 필요한 것이 아니다. 잃어버릴 수도 있고 제거될 수도 있지만 존재에 대한 완벽한 의식은 남아 있다. 팔 다리 대신 날개를 공급받거나 다른 부속 기관을 제공받는다 해도 우리는 그것이 우리의 존재의식을 바꿀 것이라고 생각할 수 없다.

간단히 말해, 우리는 우리들 내면에 이러한 존재의식을 만들어내는 성분이 얼마나 크게 차지하고 있는지, 혹은 얼마나 적게 차지하고 있는지 그리고 그 적은 것이 얼마나 정교한 것인지를 모른다. 그리고 존재의식 외의 모든 것은 마치 복숭아의 과육(果肉)과 같아서 생장 기능을 담당하는 씨 속의 작은 입자와는 별개의 것으로 분리되어 있다.

도대체 정교한 물질의 지극히 정교한 어떤 동작에 의해 우리가 정신이라고 부르는 것 속에서 생각을 만들어내는 것인지 누가 감히 말할 수 있을까? 그러나 마치 지금 내가 글을 쓰면서 생각을 만들어내듯이, 일단 생각이 만들어지면 영원불멸한 것이 될 수 있다. 생각은 그러한 능력을 갖추고 있는 인간의 유일한 작품인 것이다.

청동이나 대리석으로 만든 조각상은 소멸될 것이며 그것들의 모조품은 동일한 조각상이 아니며 동일한 솜씨로 만든 것도 아니다. 복사판 그림이 동일한 그림이 아닌 것과 다를 바 없다. 그러나 어떤 생각을 수천 번 넘게 인쇄하고 다시 인쇄하고, 그 어떤 물질을 사용해서 하든 — 나무나 돌에 새겨 넣든 — 그 생각은 어떤 경우이든 영원하며 그 어떤 경우에도 동일한 생각이다.

생각은 손상되지 않고 존재할 능력이 있다. 물질의 변화에도 영향을 받지 않으며 우리가 알고 있거나 생각할 수 있는 다른 모든 것들과 근본적으로 구별되며 다른 특성을 갖는다. 만약 그렇다면 만들어진 것 그 자체로 영원불멸의 능력을 갖는다.

그것을 만들어낸 힘은 상징 이상의 것이다. 그것은 존재의식과 똑같은 것으로 그것 역시 영원불멸이 될 수 있다. 그리고 그 생각이 처음으로 등장했던 인쇄물이나 저작물이 그렇듯이 최초에 관계되었던 물질로부터 독립적이다. 어느 한 가지 생각은 다른 것보다 더 믿기 어렵지 않으며, 우리는 그 한 가지가 진실이라는 것을 알 수 있다.

존재의식이 동일한 형태나 동일한 물질에 의존하지 않는다는 것은, 우리의 오감이 받아들일 능력이 있는 한 창조의 작품들 속에 잘 드러나 있다. 동물 창조의 수많은 사례들이 내세의 삶에 대한 믿음을 바울보다 훨씬 더 잘 들려준다. 그들의 작은 생명은 지상과 천국의 현재와 미래의 상태를 닮았으며, 이렇게 표현해도 된다면, 영원불멸의 축소판으로 구성되어 있다.

우리가 보기에 가장 아름다운 창조의 부분은 날개 달린 곤충들이며 그것들은 원래부터 그런 모양은 아니었다. 그것들은 점진적인 변화에 의해 모방할 수 없이 훌륭한 현재의 형태를 획득했다. 오늘날의 느릿느릿 기어다니는 유충은 며칠 동안의 활기 없는 형태를 거쳐 죽은 것과 비슷한 상태가 된다. 그리고 생명의 축소된 장엄함을 보여주는 다음 단계의 변화를 거쳐 화려한 나비가 된다. 이전의 피조물과는 전혀 닮은 데가 없으며 모든 것이 바뀐다. 나비의 능력은 모두 새로운 것이며 그 전과는 다른 생명이다. 우리는 존재의식이 이러한 동물의 상태에서 그 전과 같지 않은 것이라고 생각할 수 없다.

그렇다면 나는 왜 내세에서 동일한 육신의 부활이 존재에 대한 인식에 필요하다고 믿어야만 하는 것일까?

《이성의 시대》 전반부에서 나는 창조만이 단 하나의 진실하며 진정한 신의 말씀이라고 했다. 그리고 창조의 책 속에서 이러한 사례 혹은 이러한 내용이 이 일이 그런 것이라는 것을 보여줄 뿐만 아니라 바로 그렇다는 것을 보여준다. 그리고 미래의 상태에 대한 믿음은 창조 속에서 확인할 수 있는 사실들에 기초한 이성적인 믿음이다.

우리가 현재보다 더 나은 상태와 형태로 내세에 존재할 것이라고 믿는 것은 애벌레가 나비가 되어 똥더미를 벗어나 하늘로 날아간다는 것을 믿는 것보다 — 그것을 사실로써 알지 못했다 해도 — 더 어렵지 않기 때문이다.

고린도전서 15장에서 바울이 썼다는 의심스러운 용어는 일부 기독교 교파의 장례식에서 사용하고 있지만 마치 장례식에서 울리는 종만큼이나 아무런 의미가 없다. 납득할 만한 설명도 전혀 없고 상상할 만한 것도 전혀 없이 찾아낼 수만 있다면 독자들이 그 의미를 찾아내도록 떠넘기고 있다.(39절); "모든 살이 똑같은 살은 아닙니다. 사람의 살도 있고, 짐승의 살도 있고, 새의 살도 있고, 물고기의 살도 있습니다." 그래서 어쨌다는 것일까? — 아무것도 없다. 요리사라도 이 정도는 말할 수 있으리라. (40절); "하늘에 속한 몸도 있고, 땅에 속한 몸도 있습니다. 하늘에 속한 몸들의 영광과 땅에 속한 몸들의 영광이 저마다 다릅니다." 그래서 무엇이 어떻다는 말일까? — 역시 아무것도 없다.

그리고 그 차이가 무엇이라는 것일까? 그는 아무것도 말하지 않았다.(41절); "해의 영광이 다르고, 달의 영광도 다르고, 별들의 영광도 다릅니다. 별마다 영광이 다릅니다." 그래서 무엇이 어쨌다는 말인가? — 역시 아무 내용이 없다. 다만, 그의 말 중 어느 별과 다른 별의 거리가 다르다는 것 대신 영광이 다르다고 말하는 것 외에는 아무런 내용이 없다.

달이 해만큼 밝지 않다고 말하는 것이 더 나을 수도 있었을 것이다. 이 모든 것들은 운명을 미리 알기 위해 찾아온 쉽사리 속아넘어가는 사람들을 혼란에 빠뜨리기 위해 자신도 전혀 이해하지 못하는 말들을 골라잡는 마법사의 주문보다 더 나을 것이 없다. 성직자와 마법사는 똑같은 직업을 가진 사람들이다.

바울은 가끔 식물이 자라나는 원리로부터 자신의 부활 체계를 증명하기 위해 자연주의자인 척하기도 한다.(36절); "어리석은 사람이여! 그대가 뿌리는 씨는 죽지 않고서는 살아나지 못합니다." 이 말에 대해 그 자신의 언어를 사용해 이렇게 대꾸할 수도 있을 것이다: "어리석은 바울이여, 네가 심은 것이 죽으면 살아나지 못한다. 땅에서 죽은 씨는 결코 살아나지도 못하고 자라지도 못하고 오직 살아 있는 씨만이 다음 곡물을 생산할 수 있기 때문이다." 그러나 어떤 관점에서 보더라도 이 은유는 전혀 직유(直喩)가 아니다. 이것은 연속되는 것이지 부활이 아닌 것이다.

애벌레가 나비가 되는 것처럼 어떤 존재의 한 상태로부터 다른 상태로 나아가는 것이 이런 경우에 적용된다. 그러나 씨앗의 경우는 그렇지 않으며, 다른 사람들 대해 말하고 있는 그 내용이 바울이 어리석은 사람이라는 것을 보여준다.

바울이 썼다는 열네 개의 서간문이 그가 쓴 것인지는 그리 중요한 문제가 아니다. 서간문들은 논쟁적이거나 독단적이다. 그리고 그 논거에는 결함이 있으며 독단적인 부분은 단지 추정적인 것이어서 누가 쓴 것인지는 문제가 되지 않는다. 신약성서의 나머지 부분들에 대해서도 똑같은 말을 할 수 있을 것이다.

스스로를 기독교 교회라고 부르는 교회의 원리는 서간문이 아니라 마태, 마가, 누가, 그리고 요한이 썼다는 네 권의 책들에 포함된 복음과 거짓 예언에 근거한 것이다. 서간문은 이런 것들에 종속되어 있으므로 그것들의 운명을 따라야만 한다. 만약 예수 그리스도의 이야기가 믿을 수 없는 것이라면 그것을 진리라고 추정하여 성립된 모든 논거는 함께 무너져야만 한다.

우리는 역사로부터 이 교회의 주요 지도자들 중의 한 명인 아타나시우스가 신약성서가 만들어질 당시에 살았다는 것을 알고 있다.

또한 신경(信經)이라는 이름하에 그가 우리에게 남겨 놓은 부조리한 허튼소리로부터 신약성서를 만들었던 사람들의 특징도 알고 있으며, 똑같은 역사로부터 신양성서를 구성하는 책들의 신빙성이 당시에 부정되었다는 사실도 알고 있다.

아타나시우스 같은 자들의 투표에 의해 신약성서는 신의 말씀으로 선포되었다. 신의 말씀을 투표로 선포한다는 것보다 더 이상한 일은 없을 것이다. 그런 권위에 자신들의 믿음을 의지하는 사람들은 인간을 신의 자리에 앉히는 것이며 미래의 행복을 위한 보장도 전혀 받지 못한다. 하지만 쉽사리 믿는 것이 죄악은 아니지만 확신에 저항하는 것으로 죄악이 되고 만다.

쉽사리 믿는 것은 양심의 태동기에 진실을 확인하려는 노력을 억압한다. 우리는 그 어떤 것에 대해서도 스스로에게 믿음을 강요해서는 안 된다.

여기에서 구약과 신약에 대한 논의를 마치려 한다. 이 책들이 위조라는 것을 증명하기 위해 찾아낸 증거들은 그 책들 자체에서 뽑아낸 것이다. 이 증거들은 마치 양날의 칼처럼 어느 쪽으로든 적용된다. 이 증거들이 거부된다면 성서의 신빙성도 거부된다. 성서 속의 증거이기 때문이다. 만약 증거가 인정된다면 그 책들의 신빙성이 없다는 것이 증명된다. 신약과 구약 성서에 포함되어 있는 서로 모순되는 불가능한 일들은 소송 사건에서 유리한 증언과 불리한 증언을 모두 서약한 사람의 입장에 놓이게 한다. 그 어느 쪽의 증언도 모두 위증죄로 유죄선고를 받을 것이며, 양쪽 모두 평판을 잃게 만든다.

장차 구약과 신약에 대한 신뢰가 무너진다면, 나로 인해 그렇게 된 것은 아니다. 나는 단지 뒤섞여 있는 혼란스러운 많은 문제들로부터 증거를 끄집어내고 그것들을 명확히 볼 수 있고 쉽게 이해할 수 있도록 밝은 곳에 정리해 둔 것일 뿐이다. 이제 이 작업을 마쳤으니 내 자신이 판단했던 것처럼 독자들 스스로가 판단하도록 맡겨두려 한다.

제3장 결론

《이성의 시대》 전반부에서 나는 불가사의, 기적 그리고 예언이라는 세 가지 사기술에 대해 말했다. 그 글에 대한 반론들 중에서 그곳에서 언급한 주제들에 최소한의 영향을 끼칠 만한 것을 찾아볼 수 없었으므로 이 후반부에서는 불필요한 부연설명을 덧붙이는 수고는 하지 않을 것이다.

그 글에서 계시라는 것에 대해서도 언급했으며 구약과 신약에 그 용어가 터무니없이 잘못 사용되고 있다는 것도 밝혔다. 분명하게도 계시는 행위자이거나 목격자인 사람이 그 일에 대한 이야기를 전한다는 것은 불가능하다. 어떤 사람이 했다거나 보았다면 그 자신이 했거나 보았던 것을 말하기 위해서는 계시가 전혀 필요하지 않다. 그는 이미 알고 있기 때문이다. 그에게 그것을 말하도록 하거나 글로 쓰도록 할 필요도 없다. 그러한 경우에 계시라는 용어를 적용하는 것은 무지하거나 사기인 것이다. 그럼에도 구약과 신약은 이러한 모든 계시에 대한 사기성 짙은 설명으로 분류되어 있다.

그렇다면, 이 용어가 신과 인간 사이의 관계를 의미하는 한,

계시는 신이 자신의 의지를 인간에게 보이는 어떤 것에만 적용할 수 있다. 그러나 전능자의 능력으로는 모든 일이 가능하기 때문에 비록 그러한 의사소통을 하는 그의 능력을 부득이 인정한다 해도 그렇게 계시된 일은 그것을 받은 사람에게만 계시인 것이다(그건 그렇다 치고, 만약 어떤 일이 계시되었다 해도 그것을 증명하는 것은 불가능하다).

다른 사람에게 전하는 그의 이야기는 계시가 아니며, 그 이야기를 믿는 사람은 모두 그 이야기를 전하는 사람을 믿는 것이지만, 계시를 받았다는 사람이 속았을 수도 있고 꿈을 꾸었을 수도 있으며 또는 사기꾼이거나 거짓말을 했을 수도 있다.

그가 하는 말의 진실성을 판단할 수 있는 기준은 전혀 없다. 그 계시의 도덕성조차도 계시의 증거는 아닐 것이기 때문이다. 이런 모든 경우에 적절한 대답은, "나에게 계시가 주어질 때, 비로소 그것을 계시라고 믿을 것이다. 그러나 그 전에는 계시가 아니며 계시라고 믿도록 나에게 의무를 지울 수는 없다. 내가 어떤 사람의 말을 신의 말씀으로 받아들이거나, 인간을 신의 위치에 두는 것은 올바르지 않다."가 될 것이다.

이것이 내가 《이성의 시대》 제1부에서 밝힌 계시에 대한 나의 태도였다. 앞서 말했듯이, 전능자에게는 모든 일들이 가능하기 때문에, 계시를 가능한 일로써 경건하게 받아들이지만, 이러한 태도는 한 사람이 다른 사람을 상대로 속이는 것을 방지하고 거짓 계시를 사악하게 활용하는 것을 사전에 배제한다.

하지만 나의 의견을 말하자면, 비록 계시의 가능성은 인정하지만, 전능자가 창조의 작품 속에 자신을 보편적으로 드러내거나, 악행에 대해 반감이나 선행을 행하려는 인간의 성품을 통해서가 아니라, 어떤 형태의 이야기나 언어 혹은 환영이거나 현상 또는 인간의 오감으로 받아들일 수 있는 방법들로 인간에게 어떤 것을 전달하려 한다는 것은 전혀 믿지 않는다.

가장 역겨운 사악함과 가장 끔찍한 잔인함과 인류를 괴롭혀온 가장 큰 불행은 이른바 계시 혹은 계시종교에서 비롯된 것이다. 인간이 존재하기 시작한 이후로 줄곧 널리 퍼지고 있는 계시종교는 신성의 품격을 거스르는 가장 모욕적인 신앙이었으며 인간의 도덕성과 평화와 행복에 가장 파괴적인 것이었다.

만약 가능하다면, 모세, 여호수아, 사무엘 그리고 성서의 예언자들과 같은 사기꾼과 괴물이 거짓된 신의 말씀을 입에 올리고 다니며 우리들 사이에서 신뢰를 얻는 것을 묵인하는 것보다 차라리, 만약 그런 것이 있기나 하다면, 천명의 악마들이 떼로 몰려다니며 공공연히 악마의 교리를 퍼뜨리도록 허용하는 것이 훨씬 더 나을 것이다.

온 나라의 남자와 여자와 유아들에 대한 끔찍한 학살은 구약을 가득 채우고 있으며, 그 시대 이후로 유럽을 피와 잿더미로 덮어버린 잔인한 박해와 죽음에 이르게 하는 고문 그리고 종교 전쟁들은 왜 일어났던 것일까? 계시종교라는 불경한 종교와 신이 인간에게 말을 했다는 기괴한 신앙이 아니라면 그런 일들이 왜 일어났던 것일까? 구약 속의 거짓말들이 한 가지 원인이며, 신약의 거짓말들이 또 다른 원인이었다.

일부 기독교인들은 기독교가 칼에 의해 확립된 것이 아니라고 주장하지만, 그들은 과연 어느 시기를 두고 말하는 것인가? 열두 명이 무력으로 시작하기는 불가능했다. 그들에게는 그럴 힘이 없었다. 하지만 기독교의 신앙 고백자들은 칼을 휘두를 만큼 충분히 강력해지자마자 무력을 사용했으며 화형도 실시했다. 마호멧도 그보다 더 빨리 할 수는 없었다.

대제사장의 하인의 귀를 잘라버렸던(만일 그 이야기가 사실이라면) 베드로의 기질이라면 그 하인의 목도 칠 수 있었을 것이며, 할 수만 있었다면 그 주인의 목도 쳤을 것이다. 이런 일 외에도 기독교는 원래 구약에 기초하고 있는데, 구약은 전적으로 칼에 의해 확립되었다. 위협하기 위한 것이 아니라 절멸시키기 위한 최악의 사용법을 통해 확립되었다. 유대인들은 개종을 시키지 않고 모두 다 학살했다.

구약은 신약의 아버지이며 모두 신의 말씀이라고 불린다. 기독교인들은 두 가지 책을 모두 읽으며, 성직자들은 두 가지 책으로부터 설교를 하며, 이른바 기독교라고 불리는 것은 두 가지 책으로 만들어진 것이다. 그러므로 기독교가 칼에 의해 세워지지 않았다고 말하는 것은 거짓말이다.

박해를 하지 않았던 유일한 교파는 퀘이커 교도이다. 그렇다는 유일한 이유는 그들은 기독교도라기보다 이신론자들이라는 것이다. 그들은 예수 그리스도에 대해 그리 많이 믿지 않으며 성서들을 죽은 문서라고 부른다. 만약 그들이 성서를 더욱 나쁜 명칭으로 불렀다면 진실에 더 가까이 다가갔을 것이다.

위험한 이교 신앙이며 불경스러운 사기술로써 계시종교의 모든 관념을 추방하는 것은 창조주의 품격을 존중하고 인위적인 고통의 목록이 줄어들기를 바라며 인류 사이에 널리 뿌려진 박해의 원인을 제거하려는 모든 사람에게 주어진 의무이다.

계시종교라고 불리는 이 거짓된 것으로부터 우리는 무엇을 배웠던 것일까? 인간에게 유익한 것은 전혀 없으며 인간의 창조자에게는 불명예스러운 모든 것이다. 구약은 우리에게 무엇을 가르치는 것일까? 약탈과 잔인함과 살인이다. 신약은 우리에게 무엇을 가르치는 것일까? 전능자가 약혼한 여성과 방탕한 일을 범했다고 믿으라는 것이며 그것에 대한 믿음을 신앙이라고 부르라는 것이다.

이 책들 속에 여기저기 불규칙하게 그리고 희미하게 흩어져 있는 도덕성의 파편들은 이 계시종교라는 거짓된 것에서 아무런 역할도 하지 못한다.

도덕성은 자연스러운 양심의 명령이며, 도덕성에 의해 사회가 결합되며, 도덕성이 없다면 사회는 존재할 수 없다는 것은 모든 종교와 모든 사회에서 동일하다. 신약은 이 주제에 대해 전혀 새로운 것을 가르치지 않으며, 뛰어난 것으로 보이려고 시도한 곳에서는 비열해지고 우스꽝스러워진다. 위해에 대해 복수하지 말라는 교리는 신약보다 유대인들뿐만 아니라 이방인들로부터 수집한 잠언에 훨씬 더 잘 표현되어 있다.

잠언 25장 21절은 이렇게 말하고 있다; "네 원수가 배고파 하거든 먹을 것을 주고, 목말라 하거든 마실 물을 주어라." 하지만 신약에서는 이렇게 말한다. (마태 5장 39절); "누가 네 오른쪽 뺨을 치거든, 왼쪽 뺨 마저 돌려 대어라." 이것은 인내의 품위를 손상시키는 것이며 인간을 아첨꾼으로 몰락시키는 일이다.

원수를 사랑하라는 것은 또 다른 거짓 도덕성의 교리이면서 아무런 의미도 없다. 도덕주의자로서 위해를 당해도 복수하지 않는 것은 인간에게 주어진 의무다. 이것은 정치적인 의미에서도 마찬가지로 훌륭하다. 서로에게 복수를 하고 그것을 정의라고 부른다면 복수는 끝없이 이어진다. 하지만 위해를 당한 것만큼 사랑하라는 것은, 만약 그렇게 할 수 있다면, 범죄를 더 장려하는 것이 될 것이다. 게다가 '원수'라는 단어는 도덕적인 교훈에 사용하기에는 너무나 모호하고 개략적이다.

도덕적인 교훈은 격언처럼 언제나 명확하게 규정되어 있어야만 한다. 종교적이거나 때로는 정치적인 견해의 경우가 그렇듯이, 만약 어떤 사람이 오해나 편견으로 인해 다른 사람의 원수가 되었다면 그 사람은 마음속에 범죄적인 의도를 품고 있는 원수와는 전혀 다르다. 우리가 어떤 생각에 그것이 품을 수 있는 최선의 의미를 부여하는 것은 의무이면서 우리 자신에게도 평정심을 제공한다.

그러나 이런 잘못된 동기마저도 상대방을 사랑하기 위한 동기는 되지 못하며, 아무런 동기도 없이 자발적으로 사랑하라고 말하는 것은 도덕적으로 그리고 실질적으로 불가능하다.

그것을 의무로 규정하는 것에 의해 도덕성은 훼손될 것이며 무엇보다 실천하는 것이 불가능하다. 만약 실천할 수 있다면 악을 낳게 되거나 앞에서도 언급했듯이 범죄를 장려하게 된다. 자신이 대접받고 싶은 대로 행하라는 금언에는 원수를 사랑하라는 이 이상한 교리를 포함하고 있지 않다. 자신의 죄이거나 적의로 인해 사랑받을 것이라고 기대하는 사람은 아무도 없기 때문이다.

원수를 사랑하라는 이 교리를 설교하는 사람들은 대체로 가장 가혹한 박해자들이며, 시종일관 박해를 실천하고 있다. 그 교리가 위선적이기 때문이며, 그런 위선자들이 설교하는 것과 정반대로 행동하는 것은 자연스러운 일이다. 나로서는 이 교리를 인정하지 않으며, 거짓되거나 황당무계한 도덕이라고 생각한다.

하지만 미국 독립전쟁이거나 프랑스혁명 기간 동안 내가 박해를 했다고 말할 수 있는 사람은 없다. 어떤 경우에도 내가 악을 악으로 갚았다고 말하는 사람도 없다. 그러나 악행을 선행으로 보답하거나 악에 대해 선으로 돌려주는 것이 인간의 의무는 아니다. 그런 일이 있었다면 그것은 자발적인 행위이며 의무는 아닌 것이다. 또한 그런 교리가 계시종교에서 어떤 역할을 할 수 있다고 가정하는 것은 터무니없다.

창조주는 모든 것에 관용을 베풀기 때문에, 우리는 서로에게 관용을 베푸는 것으로 그의 도덕적인 품격을 본받는다. 하지만 이 교리는 창조주가 인간의 선한 정도가 아니라 악한 정도에 따라 사랑하는 것이라는 의미를 갖게 된다.

만약 여기에서 우리가 처해 있는 상황의 본질을 생각한다면 우리는 계시종교와 같은 것은 필요가 없다는 것을 알아야만 한다. 우리가 알고 싶은 것은 무엇일까? 전세계를 다스리고 조정하는 전능자의 권능이 존재한다는 것을 우리에게 알려주는 창조의 세계, 즉 우리가 지켜보고 있는 이 우주가 아닌가? 그리고 이 창조된 세계야말로 그 어떤 사기꾼이라도 만들 수 있고 신의 말씀이라고 부를 수 있는 책에서 읽을 수 있는 그 어떤 것보다 더 무한히 강력하게 우리의 감각에 제시되는 증거가 아닐까? 도덕성에 대해 말하자면, 그것에 대한 지식은 모든 인간의 양심 속에 존재하고 있다.

　자, 이제 다 왔다. 비록 그 존재의 본질이나 방식을 알아차리는 것은 불가능하여 파악할 수는 없지만, 전능자의 권능이 존재한다는 것은 우리에게 충분히 드러나 있다. 우리는 우리 자신이 어떻게 이 땅에 왔는지 이해할 수는 없지만, 우리가 이 땅에 있다는 사실은 알고 있다. 또한 우리를 존재하도록 이끌어낸 전능자는 언제든 원한다면 우리에게 이 땅에서 살아온 방식에 대해 설명할 것을 요구할 수 있다는 것을 알고 있어야만 한다. 그러므로 믿음에 대한 이런저런 동기를 구하지 말고 그가 그렇게 할 것이라고 믿는 것이 이성적인 태도이다. 우리는 그의 권능을 이미 알고 있기 때문이다. 개연성 혹은 가능성일지라도 그런 일이 있을 것이라고 알고 있기만 하면 된다. 만약 우리가 그것을 하나의 사실로써 알고 있다면 우리는 그저 공포의 노예가 될 뿐이고, 우리의 믿음은 아무런 가치도 없게 될 것이며, 우리가 행하는 최상의 행위도 전혀 미덕이 되지 못할 것이기 때문이다.

그러면 이신론은 속임수에 빠질 가능성 없이 우리가 알아야 할 필요가 있거나 알아야 마땅한 모든 것들을 가르쳐준다. 창조된 세계가 이신론자의 성서다. 그는 그곳에서 창조자가 직접 쓴 글을 읽고, 그의 존재가 확실하다는 것 그리고 그의 권능이 변하지 않는다는 것을 읽는다. 그리고 그것 외의 구약과 신약은 모두 날조라는 것을 알아차린다. 내세에서 설명을 요구받을 수도 있다는 개연성은 성찰하는 사람의 믿음에 영향을 끼치게 될 것이다. 사실을 만들 수 있거나 파괴할 수 있는 것은 우리의 믿음이거나 불신이 아니기 때문이다. 이것이 우리가 처해 있는 상황이므로 자유로운 인간으로서 우리가 머물기에 적절하다. 오직 어리석은 사람만이 마치 신이 없다는 것처럼 살 것이며 철학자 혹은 심약한 사람마저도 그렇게 살지는 않을 것이다.

그러나 기독교 교의라는 이상한 우화와 구약에서 전하는 야만적인 모험담 그리고 신약의 어둡고 외설적인 허튼소리들과 뒤섞이며 신에 대한 믿음은 너무나도 약화되어 인간의 정신은 마치 안개 속에 있는 것처럼 당혹스러워하고 있다.

혼란스럽게 뒤엉켜 있는 이런 모든 것들을 보면서 인간은 사실과 우화를 구별하지 못한다. 그로 인해 아무것도 믿을 수 없게 되면서 모든 것을 거부하고 싶은 마음을 품게 된다. 그러나 신에 대한 믿음은 다른 모든 것들과 구별되며 다른 것들과 혼동해서는 안 된다. 삼위일체의 개념은 신에 대한 믿음을 약화시켜 버렸다. 믿음의 대상을 늘려놓는 것은 믿음의 분열로 작용하게 되며, 분열된 모든 것은 분열된 만큼 약해지게 된다.

종교는 이런 수단들에 의해 사실 대신 형식의 문제가 되었으며, 원칙 대신 개념의 문제가 되었다. 도덕성은 신앙이라 부르는 가상의 것에 자리를 내주기 위해 추방되었다. 그리고 이 신앙은 소문난 방탕에 그 기원을 두고 있다. 신 대신 한 인간이 전도되고 있다. 그의 처형이 감사의 대상이 되고 있다. 설교자들은 암살자들의 무리처럼 스스로 피범벅이 되어 그것이 제공하는 번쩍거림을 찬미하는 척 한다. 그들은 처형의 공덕(功德)에 대해 지루하게 설교한다. 그리고는 예수 그리스도가 처형당한 것을 찬양하고 처형을 했다는 이유로 유대인들을 비난한다. 사람들은 한데 뒤엉켜 전도되는 이 모든 허튼소리들을 들으면서 창조의 신과 기독교인들이 상상하는 신과 혼동하게 되고, 마침내는 신이 없다는 듯이 살고 있다.

지금까지 만들어진 모든 종교체계들 중에서도 기독교라고 불리는 이것보다 더 전능자를 훼손시키고, 이성에 반하며, 그 자체로 모순되는 종교는 없었다. 믿기에는 너무 부조리하며, 확신하기에는 너무 불가능한 것들이 많으며, 실천하기에는 너무나 일관성이 없어 감성을 마비시키거나 오직 무신론자와 광신자들만을 양산해 낸다.

기독교는 권력의 수단으로써 폭정의 목적에 이바지하며, 축재의 수단으로써 성직자들의 탐욕에 기여한다. 하지만 보편적인 인간의 행복이라는 측면에 관한 한, 현세이거나 내세에서 아무런 기여도 하지 않는다.

인간에 의해 조작되지 않았으며 신성한 창조력의 모든 증거를 갖추고 있는 유일한 종교는 순수하고 꾸밈없는 이신론(理神論)이다. 이것은 인간이 믿어야 할 첫 번째 종교가 되어야만 하며 아마 마지막 종교가 될 것이다. 그러나 순수하고 꾸밈없는 이신론은 전제적인 정부의 목적에는 부합하지 않는다. 전제적인 정부는 종교를 동력으로 이용할 수 없지만 인간이 꾸며낸 것들과 뒤섞는 것으로 자신들의 권력을 종교의 한 부분으로 만들어버린다.

종교가 성직자들의 탐욕을 충족시켜 주지는 않지만 그들 자신과 그들의 기능을 종교에 통합시키는 것으로 정부처럼 종교체계 내의 당파가 되어간다. 세속교회와 전제국가에 의해 종교와 국가의 대단히 불가사의한 결합이 이루어진다.

만약 인간이 신에 대한 믿음을 가져야만 할 만큼 완벽하고 강력하게 감화되었다면 그의 도덕적인 삶은 그 믿음의 힘에 의해 규정될 것이다. 그는 신과 그 자신에 대한 두려움을 갖게 될 것이며, 신과 자신으로부터 감출 수 없는 일은 하지 않으려 할 것이

274

다. 이러한 믿음이 완전한 힘을 발휘할 수 있는 기회를 제공하려면 믿음만이 홀로 작용할 필요가 있다. 이것이 이신론이다. 그러나 기독교의 삼위일체 제도에 따라 신의 한 부분은 죽는 인간이 담당하고 다른 부분은 성령이라 불리는 날아가는 비둘기가 담당한다면 그처럼 엉뚱한 발상에 믿음 자체가 부여되는 것은 불가능하다.(주5)

마치 정부가 국민들의 권리를 모르게 하는 것처럼, 사람들을 창조자에 대해 모르도록 유지시켜온 것은 기독교 교회와 그 밖의 조작된 모든 종교체계의 계략이었다. 어느 한 가지 체계는 다른 체계만큼이나 거짓된 것이며 서로를 지원하기에 적합한 것이다.

기독교 교회에서 그렇듯이 신학에 대한 연구는 무의미에 대한 연구이다. 신학은 무의미에 근거하고 있으며 아무런 원리도 없다. 아무런 권위도 없이 이루어지며 아무런 자료도 없어 아무 것도 증명할 수 없으며 그 어떤 결론도 허용하지 않는다. 근거하고 있는 원칙들을 갖추고 있지 못한다면 그 어떤 것도 과학으로써 연구될 수는 없다. 기독교 신학이 바로 그런 경우이므로 무의미에 대한 연구인 것이다.

그렇다면 현재 이루어지고 있는 것처럼 그 의미가 언제나 논쟁을 불러일으키며 그 진위가 거부되고 있는 구약과 신약을 통해 신학을 연구하는 대신 우리는 창조라는 경전을 주목할 필요가 있다. 우리가 그곳에서 발견하는 원리들은 영원한 것이며 신성한 기원에 대한 것이다. 그것들은 현재 이 세상에 존재하는 모든 과학의 기초이므로 신학의 기초가 되어야만 한다.

우리는 오직 신의 작품을 통해서만 신을 알 수 있다. 우리는 신의 특성을 전혀 파악할 수 없지만 우리를 신께 인도하는 일정한 원리들을 따르는 것으로 파악할 수 있다. 만약 우리에게 신의 무한함을 이해할 수단이 없다면 우리는 그저 신의 권능에 대해 혼란스러운 생각만을 가지고 있을 뿐이다. 우리는 그의 지혜에 대해 전혀 알 수는 없지만 그것이 작동하는 규칙과 방법을 아는 것으로 파악할 수 있다. 과학의 원리들이 우리를 이러한 지식으로 이끌어간다. 인간의 창조자가 과학의 창조자이기 때문이다. 그러한 매개체를 통해 인간은 마치 얼굴을 맞대고 있듯이 신을 볼 수 있게 된다.

인간이 행성들의 움직임과 그것들이 다양한 모습을 갖추게 된 원인과 가장 먼 곳의 혜성까지도 빈틈없는 질서로 공전하는 것을 기록하고 그것들 서로간의 관계와 의존 그리고 창조주에 의해 확립된 이 모든 것을 지배하고 규정하는 법칙의 체계를 알게 되는 위치에 서서 우주의 구조를 한눈에 파악하는 시각능력을 부여받고 신중하게 관찰할 수 있게 된다면, 그는 그 어떤 교회의 신학으로도 가르쳐줄 수 없는 창조주의 능력과 지혜와 무한함과 아낌없이 주는 관대함을 알아차리게 될 것이다.

또한 인간이 지닌 모든 과학지식과 이 땅에서 인간을 편안하게 만들어주는 모든 역학적인 기술들이 그런 근원에서 비롯된 것임을 알게 되고 자신이 본 장면에 의해 그의 정신은 고양되고 사실에 의해 확신을 하게 되어 지식이 늘어나는 만큼 감사하는 마음도 더 커지게 될 것이다.

그의 종교 또는 그의 숭배는 한 인간으로서 자신의 발전과 결합될 것이며, 농업과 과학 그리고 기계공학의 모든 것이 그렇듯이 그가 갖게 될 어떤 직업이든 창조의 원리들과 일정하게 연결되어 있어 그가 지금 듣고 있는 기독교의 신학 설교보다 신에 대해 그리고 인간이 신에게 빚지고 있는 은혜에 대해 더 많이 가르쳐줄 것이다. 위대한 대상은 위대한 생각을 고취시키며, 아낌없이 베푸는 관대함은 감사하는 마음을 더욱 크게 촉발시킨다. 그러나 구약과 신약의 천박한 이야기와 교리들은 오직 경멸을 불러일으키는 것에나 어울린다.

어쨌든 이번 생(生)에서는, 비록 인간이 지금까지 설명한 구체적인 장면에는 도달할 수 없겠지만 그것을 증명해 보일 수는 있다. 인간은 창조가 기반하고 있는 원리들에 대한 지식을 갖고 있기 때문이다. 우리는 그 작품들을 모형으로 제시할 수 있으며 우주 역시 같은 방법으로 표현할 수 있다는 것을 알고 있다. 우리가 자그마한 땅의 길이나 넓이를 재는 것과 동일한 원리로 수백만 배나 큰 땅도 측량할 수 있다. 지름이 일 인치인 원은 우주를 둘러쌀 수 있는 원과 동일한 기하학적인 성질을 갖고 있다. 배의 항로를 나타내기 위해 종이 위에 그려진 삼각형의 동일한 성질은 대양에서 항로를 나타내는 데에도 적용된다. 천체라고 불리는 것에 적용된다면 비록 그것이 수백만 마일 떨어져 있다 해도 일식이 나타날 시간까지 분단위로 확인할 수 있다. 이런 지식은 신성한 기원에서 비롯된 것이며, 창조의 경전으로부터 배운 것이지 인간에게 아무것도 가르치지 않는 교회의 어리석은 성서에서 배운 것이 아니다.

오늘날 우리에게 기계에 대한 지식이 없다 해도 앞서 언급했던 것처럼 우주의 구조와 기계적인 장치를 알아차리는 것이 가능하다면 인간은 적어도 현재 우리가 갖고 있는 기계장치들 몇 가지쯤은 쉽게 만들어낼 생각을 가질 수 있을 것이며, 그렇게 갖게 된 생각은 실제로 점점 더 발전해 나갔을 것이다. 또는 태양계의(儀)라 불리는 것과 같은 우주의 모형이 제시되고 동작시킬 수 있게 되었다면 인간의 정신은 그와 동일한 생각에 도달했을 것이다.

그러한 대상과 주제는 인간으로서 그리고 사회의 일원으로서 그 자신에게 유용하면서도 즐거운 지식을 계발시켜 준다. 그리고 설교자의 재능과 상관없이 오직 하찮은 설교만을 뽑아낼 수밖에 없는 구약과 신약의 어리석은 내용보다 창조주에 대한 믿음과 인간이 그에게 바쳐야 할 숭배와 감사의 지식을 심어줄 훨씬 더 중요한 문제를 제공한다. 만약 인간이 설교를 해야만 한다면, 진실이라고 알려진 내용을 바탕으로 한 유익한 것을 설교하도록 해야 한다.

창조의 경전은 무궁무진한 내용을 품고 있다. 우주의 기하학이나 동물과 식물의 생명 체계 혹은 무생물의 특성 등과 관련된 과학의 모든 분야는 철학은 물론 신앙심 그리고 인간의 진보에 대한 감사를 위한 교재(敎材)이다. 만약 종교 체계에 그런 혁명이 일어난다면 어쩌면 모든 설교자는 철학자여야만 한다고 말할 수 있을 것이다. 거의 확실하게, 모든 신앙의 회당은 과학의 학교가 되어야만 한다.

변치 않는 과학의 법칙과 이성의 올바른 사용으로부터 벗어나 계시종교라 불리는 조작된 것의 설립에 의해 전능자에 대한 야만적이며 불경스러운 엉뚱한 생각들이 너무나도 많이 형성되어 왔다.

유대인들은 자신들의 종교가 차지할 공간을 확보하기 위해 전능자를 인류의 살해자로 만들었다. 기독교는 유대인의 종교를 폐지하고 몰아내기 위해 전능자가 스스로를 살해하도록 만들고 그를 새로운 종교의 창시자로 삼았다. 그리고 이러한 일들에 대한 핑계를 찾아내 인정받기 위해 그들은 전능자의 능력과 지혜가 불완전하거나 변하기 쉬운 것으로 가정해야만 했다.

의지가 변하기 쉽다는 것은 심판이 불완전하다는 것이다. 철학자들은 과학의 법칙이거나 물질의 성질에 대한 창조주의 법칙은 절대 변하지 않는다는 것을 알고 있다. 그렇다면 그들은 왜 그 법칙이 인간에 대해서는 변한다고 가정하는 것일까?

여기에서 이 주제에 대한 논의를 마치도록 하겠다. 나는 이 글의 전체를 통해 구약과 신약이 사기이며 날조라는 것을 설명했다. 그리고 그것을 증명하기 위해 찾아낸 증거들을 반박할 수 있는 사람이라면 누구라도 반박하도록 남겨두었다. 그리고 이 글의 결론에서 제시했던 생각들은 독자들의 판단에 맡기려 한다. 정부나 종교와 관련된 문제들에서 의견이 자유롭게 교환된다면 진실이 최종적으로 그리고 강력하게 승리할 것이라고, 나는 확신한다.

제2부 끝

| 저자 주 |

주 1 예수의 동정녀 어머니로 여겨지는 마리아는 다른 여러 자녀들을 두었
다. 마태복음 13장 55절, 56절 참조.

주 2 요한복음 19장 14절에 따르면 여섯째 시간(정오)까지도 판결은 나오지
않았다. 따라서 처형은 정오 이전에 실시될 수 없었다. 그러나 마가복음
15장 25절에서는 셋째 시간(아침 아홉시)에 처형되었다고 분명히 밝히
고 있다.

주 3 《이성의 시대》제1부는 2년 동안 발행되지 않았지만 그 내용에는 이미
내가 쓰지 않은 표현들이 들어가 있었다. 그 내용인 즉, 누가복음이 다
만 대다수의 한 목소리 만을 간직한다는 것이다. 그것이 사실일 수도 있
지만, 내가 쓴 글이 아니다. (내 책과 관련된) 상황을 알고 있던 어떤 사
람이 영국이나 미국 어딘가에서 인쇄된 어떤 판의 한 페이지 말미에 이
말들을 추가한 것이고 그 후 이것이 본문에 삽입되어 내가 쓴 것으로 만
든 것이다. 인쇄술이 사용되고 있었고 그래서 각개의 인쇄본들에 대한
변경이 불가능한 시대였음에도 불구하고 이런 일이 단시간 안에 일어났
다면, 인쇄술이 없던 시대에 장시간 동안 어떤 일이 일어났을지 알 수
없을 것이다. 그 당시는 글을 쓸 수 있는 사람이라면 누구나 복사본을
만들 수 있었으니 누구든 이것을 마태, 마가, 누가 혹은 요한이 썼다는
복음의 원본이라고 부를 수 있지 않았을까?

주 4 창세기 3장 15절: "여자의 후손은 네 머리를 상하게 할 것이요 너는 그
의 발꿈치를 상하게 할 것이니라"

주 5 마태복음 3장 16절에서는 성스러운 유령이 비둘기처럼 내려왔다고 말
하고 있다. 여기에서 비둘기 대신 해가 없는 짐승인 거위가 내려왔다고
해도 좋았을 것이며 둘 다 거짓말이기는 마찬가지다.

이 책의 저자인 토머스 페인은 영국에서 태어난 미국인으로 미국
건국의 아버지들 중 한 사람이다. 그의 대표작이라 할 《상식(Common
Sense)》은 미국 독립의 당위성을 간결하면서도 명확히 서술한 책으로
1776년 1월 10일 필라델피아에서 출판되었다.

이 책은 출판 3개월만에 10만 부가 인쇄되었고 당시 13개 주 200만
가량의 주민들에게 50만부가 팔렸다. 본래 저자가 붙이려던 책 제목
은 '평범한 진리(Plain Truth)'였지만 친구인 벤자민 프랭클린의 권유로
《상식》으로 결정했다고 한다.

《이성의 시대》는 당대에 풍미하던 이신론(Deism)을 옹호하고 조직
화된 종교를 비판하면서 상당한 악명을 떨쳤다. 특히 기독교 교리에
대한 신랄한 비판으로 인해 1809년 6월 8일에 있었던 그의 장례식에는
단 6명의 조문객만이 참석했다고 한다.

이 책을 번역하면서 놀랐던 것은 저자의 통찰력과 날카로운 분석
능력이다. 당시만 해도 예수나 성서에 대한 연구는 본격적으로 이루
어지기 전이었다. 역사적인 차원에서 기독교의 창시자로 알려진 예

수와 성서에 대한 연구가 본격적으로 시작된 것은 19세기 초였으므로 이 책이 작성된 18세기 말에는 이 분야에 대한 연구 결과들이 축적되기 전이었다. 그럼에도 불구하고 단순히 성서 자체만 읽고 이 정도의 날카로운 분석을 내놓았다는 사실에 역자는 찬탄을 금할 수 없다.

역자는 이공학도로서 이런 종류의 책을 번역하기에는 인문학 소양이 많이 부족하다고 생각한다. 종교에 대한 개인적인 관심에 이끌려 이 책을 번역하기 시작했지만, 당시의 문장 스타일이 꽤나 까다로워 번역에 상당한 어려움을 겪었다. 최선을 다 했지만, 한두 군데 미묘한 오역의 가능성을 배제할 수는 없다고 본다. 이점 독자들의 양해를 구한다.

2018년 11월 로스앤젤레스

정귀영

미국의 독립 혁명과
프랑스 혁명에 사상적 기초를 제공한 혁명가

　토마스 페인(Thomas Paine 1737~1809)은 영국에서 태어났다. 퀘이커 교도인 부모님(코르셋 제조업자)의 교육을 주로 받았으며 학교는 13살 때까지만 다녔다. 30세 중반까지 여러 직업을 전전했으며 서섹스 주 루이스의 세무서에 근무하면서 사회의 모순을 깨닫게 되었다. 세무서 관리들이 뇌물을 받고 비리를 저지르는 것을 보고 〈간접세 관리들의 문제〉(1772)라는 글을 썼다. 결국 이 일로 불명예 퇴직을 하게 되고 사업에 뛰어들었으나 실패를 거듭했다. 두 번의 결혼 생활도 평탄치 않아 불운한 시절을 보내던 중 벤자민 프랭클린을 만나면서 새로운 전기를 맞게 되었다.

　《상식》으로 미국 혁명을 고무시키다

　페인은 벤자민 프랭클린의 소개장을 들고 신대륙으로 건너가는 이민자들의 행렬에 들어섰다. 1774년 꿈의 땅으로 일컬어지고 있던 신대륙의 필라델피아에 도착하여 〈펜실베니아 매거진〉의 기자로 일했다.

익명으로 시와 논문을 발표하고 '노예제'를 비판하는 글을 쓰기도 했다. 당시 신대륙은 영국의 관세를 거부하는 투쟁을 벌이고 있었으며 영국 왕 조지 3세는 외국 용병을 고용하여 아메리카 대륙의 투쟁을 저지하려고 했다. 이것은 미국인들을 더욱 분노하게 만들었으며, 영국과 단절을 해야 한다는 여론이 형성되었다.

이 과정을 지켜보던 페인은 미국 독립의 정당성과 민주적 공화정치의 정당성을 주장하는 소책자 《상식(Common Sence)》(1776)을 출판하게 된다. 페인은 이 책에서 군주제의 철폐, 만민 평등, 인민에 의한 공화정을 주장했다. 당시 무명이었던 페인의 글은 수많은 미국 대중들을 자극했다. 그의 글은 간결했으며, 법적 논쟁이 아니라 상점이나 농장에서 일하는 평범한 시민들도 쉽게 이해할 수 있는 주장이었다. 아메리카가 지금까지 영국에 예속되어 왔으나 아무런 이득이 없었으며, 이것은 누구나 알고 있는 상식에 지나지 않는다고 지적한 것이다.

"만약 식민지가 오늘날까지 영국의 통치 밑에서 번영하지 않았느냐고 누군가가 묻는다면 나는 이렇게 반박할 것이다. 그것은 지금까지 이 아이는 우유를 먹고도 잘 자랐으니 고기를 줄 필요가 없다는 말과 마찬가지이다."

《상식》은 출간 뒤 폭발적인 반응을 일으켰으며, 이후 혁명의 불길이 신대륙을 뒤덮었다. 존 애덤스, 토머스 제퍼슨, 벤자민 프랭클린 등과 같은 정치가들에 의해 미국의 독립선언서가 작성되었고, 마침내 1776년 7월 4일 미국은 영국으로부터 독립을 선언하게 된다. 독립선언문은 페인의 주장을 거의 채택했다.

그는 독립 선언의 기반이 되는 원리를 다음과 같이 말한다.

"인간은 모두 평등하게 창조되었다. 인간에게는 그의 창조자가 부여한 양도할 수 없는 권리가 있다. 그것은 생명, 자유 그리고 행복 추구다."

《인권》으로 영국에서는 반역, 프랑스에서는 혁명의 주체

한편 페인의 책은 영국과 프랑스에도 영향을 주었다. 1787년 즈음 프랑스로 건너간 그는 1791년 〈인권〉 1부, 1792년에 2부를 발표했다. 영국의 군주제를 지지하고, 프랑스 혁명을 비판하는 보수주의자 에드먼드 버크의 〈성찰〉에 대한 반론이었다. 〈인권〉은 군주제를 거부하고 왕의 권력이 세습되는 것을 반대한 책이다. 따라서 프랑스에서는 혁명의 사상적 기초가 되었으나, 영국에서는 반란을 선동한다는 죄목으로 판매를 금지했다. 영국은 페인에게 체포령을 내렸다. 반면에 프랑스 혁명주의자들은 그를 환호하며 국민공회의 의원으로 선출했다. 결국 페인의 사상은 18세기의 2대 정치 혁명이라 할 수 있는 미국의 독립 혁명, 프랑스 혁명의 기초가 되었다.

그러나 페인은 군주제의 폐지는 찬성했으나 루이 16세의 처형에 대

해서는 반대하여 프랑스 혁명파였던 로베스피에르에 의해 투옥을 당한다. 1793년 프랑스 공안위원회에 체포되어 뤽상부르 감옥에 구금되었다.

페인의 《이성의 시대》는 구금되기 전에 제1부를 완성했으며, 감옥에 수감되면서 원고를 미국인에게 넘겼다. 그리고 다시 제2부를 쓰기 시작하여 1796년에 완성했다.

로베스피에르가 실각한 이후 풀려난 페인은 1802년 제퍼슨 대통령의 요청으로 다시 미국으로 돌아갔다. 그러나 혁명 기간 중에 집필한 《이성의 시대》(1794~1796)에 대해 미국의 기독교 보수론자들은 그를 '무신론자'로 몰아 비난했다. 이신론(理神論: 기독교의 교리를 인간의 이성의 한계 내에서 인정하려는 사상)을 기반으로 쓴 이 책에서 종교 제도와 성서의 정통성을 비판했기 때문이다.

결국 한때는 '미국 건국의 아버지'로 추앙받던 영웅이었지만 거처할 곳도 없이 친지들의 집을 전전했으며, 술과 빈곤 그리고 자신을 개종시키려는 사람들에 의해 괴롭힘을 당하다가 1809년 6월 뉴욕에서 사망했다.

임종의 순간에도 주치의가 그에게 '예수 그리스도가 하느님의 아들이라는 것을 믿느냐'고 물었을 때, 페인은 '그것은 믿고 싶지 않다.'고 말했다.

사후에도 끝나지 않았던 고난

페인은 1772년 〈간접세 관리들의 문제〉에서 영국의 세무 관리들의 부패를 고발하고 이러한 부패를 없애기 위해서는 관리들의 보수를 올려주어야 한다는 주장을 했다.

이어서 《토지 분배 정의》라는 책에서는 영국의 엔클로저 운동으로 토지를 보유한 부자들이 생겨난 반면에 땅을 소유하지 못한 빈민들은 가난에서 벗어나지 못하고 있다고 경고했다. 토지를 상속하여 부가 세습되고 있는 이 새로운 자본체제에 대해 새로운 보상책이 필요하다고 주장한 것이다. 그것은 토지세였다. '사유재산은 사회적 제도로 생겨난 것'이므로 토지세를 적용해야 하며, 토지세로 거두어들인 돈으로 빈민들에게 최소한의 도움을 제공해야 한다는 주장이었다. 21세기의 복지제도와 거의 유사한 주장이었다.

그러나 18세기 말에는 너무 이른 깨달음이었다. 페인은 미국인들의 냉대 속에서 늙고 병들어 1809년 세상을 떴다. 그러나 페인의 사상에 의해 세상에 대해 눈을 뜨게 된 사람들이 있었다. 그 중의 한 사람이 영국의 서적상 리처드 칼라일(Richard Carlile 1790~1843)이다. 칼라일은 페인의 《인권》을 읽고 사회의 부조리에 대해 각성을 하게 되어 개혁적인 성향을 갖게 되었다. 급진적인 신문을 발행하고 금서였던 페인의 《인권》을 공공연하게 판매했으며, 《이성의 시대》를 출판했다.

이 일로 영국 정부는 칼라일에게 '신성모독죄'를 선고하여 벌금과 징역형 2년을 선고했다. 그러나 벌금을 내지 않아 징역은 3년 정도 더 늘어났다.

이와 같은 사건에 대해 당시 영국에서 급진적인 사상가로 활동하던 존 스튜어트 밀(John Stuart Mill 1806~1873)은 1823년 신문에 〈종교적 박해에 대해서〉를 기고하면서 리처드 칼라일을 투옥한 것에 대해, 특정 종교를 반박하는 사상을 금지하는 영국 헌법은 진리를 저해하는 것이라고 주장했다. 나아가 밀은 헌법에서 누가 어떤 종교를 선택할 것인가를 판단하는 권한을 국가에 주는 것은 전제주의라고 비판했다. 밀은 1859년 《자유론》을 출간하여 개인의 사상과 언론, 출판, 그리고 행동의 자유를 옹호하여 민주주의라는 새로운 정치체제의 기반을 마련하였다.

그러나 영국에서는 물론이고, 신대륙 아메리카에서 기독교를 제외한 종교의 자유란 요원한 일이었다. 기독교의 신을 부정한 페인은 죽어서도 누울 곳이 없었다. 퀘이커 교단에서도 꺼려했으며, 결국 미국 뉴로셸의 농장에 묻혔으나 그의 묘비는 주변의 종교적 열정에 가득한 주민들이 던져대는 돌로 수난을 당해야 했다. 그 후 그의 사상을 추종했던 영국의 정치가 윌리엄 코벳이 그의 유해를 영국으로 가져와 장례를 치루겠다고 했으나 성공하지 못했다. 결국 페인의 유골은 사람들의 무관심 속에서 분실되어 버렸다.

18세기 유럽을 중심으로 일어난 계몽주의 사상은 인간의 이성을 존중하고, 이성에 의한 인류의 진보를 주장했다. 과학이 아닌 무지와 미신을 거부하고 인간의 이성에 상반되는 제도와 관습을 개혁할 것을 주장했다. 페인의 사상은 이들 계몽주의 사상가들과 같은 맥락이었다. 기존의 종교적 세계관을 거부했기 때문에 생전에도, 또한 죽은 이후에도 그에 대한 공격은 끝나지 않았다.

부록 2: 토머스 페인의 이성주의

'신은 있지만 인간과 교류하지 않는다.
그러므로 계시는 가짜이고 인간이 신을 안다고 할 수 없다'

   《이성의 시대》는 페인의 이신론적 입장에서 기독교의 기본원리와
성서의 오류를 파헤친 책이다. 이신론(理神論)이란 18세기 계몽주의
시대의 종교철학으로 계시종교를 거부하고 모든 종교 사상을 인간의
이성에 의해 합리적으로 이해하려는 철학이다. 프랑스의 사상가 볼테
르로부터 루소, 영국의 디드로, 독일의 칸트까지 그리고 이후 수세기
동안 논란이 이어졌다.
   토머스 페인은 무신론자가 아니었다. 부모님이 퀘이커 교도였으므
로, 신실한 퀘이커 교리에 따라 교육을 받았다. 그러나 '성서 속에 가
득 차 있는 남자와 여자 그리고 어린이들에 대한 무분별한 심판, 노
아의 홍수, 소돔과 고모라와 같은 도시들의 파괴, 가나안 사람들의
절멸, 젖먹이와 아이가 있는 여성에 이르기까지 자행된 무분별한 심
판…' 등등 무분별하고, 폭력적이며, 수많은 오류로 가득한 성서의 내
용은, 인간의 이성으로서는 도저히 받아들일 수 없는 창조주에 대한
신성모독이 분명하다고 생각했다.

페인은 창조주의 무한함에 대해서는 결코 거부하지 않는다. 다만 전능자의 명령에 근거한 것이라는 성서는 창조주에 대한 신성모독이 분명하기 때문에 위조된 것임을 밝히는 것이 '진정한 이신론자'로서의 자신의 의무라는 인식을 갖게 되었다고 말한다.

구성과 핵심 내용

《이성의 시대》는 제1부와 제2부로 구성되어 있다.

제1부는 국가적인 성직제도와 강제적인 종교의 체계와 관련하여 도덕과 인류애를 위한 참된 종교관의 필요성을 제시하기 위해 종교라는 이름으로 행해지는 위선적인 거짓말이 성서에 어떻게 구현되어 있는지를 살펴본다.

◆ '계시'라는 용어에 대한 견해: 모세가 신으로부터 십계명을 받았다는 주장은 일부 성서학자들의 이야기일 뿐, 신성을 확인할 만한 명확한 증거가 없다.

◆ 예수는 신의 아들이다: 당시의 이교도나 신화작가들 사이에 퍼져 있는 견해의 한 가지였다. 게다가 유대인들은 이교도의 신화를 거부하며 예수 이야기에 어떤 신빙성도 부여하지 않았다. 게다가 예수 그리스도는 자신에 관한 것에 대해 단 한 줄도 기록한 것이 없다.

◆ 부활과 승천: 부활과 승천이 일어났다고 말하는 바로 그 시기에 살았던 사람들의 후손들인 유대인들은 그 이야기가 사실이 아니라고 말한다.

◆ 신과 사탄의 전쟁 이야기: 고대 신화와 크게 다르지 않다.

◆구약과 신약: 신의 말씀으로 믿어야 할 이 책들은 외적인 증거나 권위가 거의 없다. 성서의 절반 이상을 차지하고 있는 관능적인 방탕과 잔인하고 가학적인 처형 혹은 복수심에 대한 외설적인 이야기들을 읽어보면 신의 말씀이라기보다 악마의 말이라고 부르는 것이 보다 일관성이 있다.

◆ 과학과 신학: 우리가 자연철학이라고 부르는 것은 과학의 모든 분야를 포함하며, 그 중에서도 주요한 위치를 차지하고 있는 천문학은 신의 작품을 연구하는 학문이다. 신의 지혜와 권능을 연구하는 천문학이 진정한 신학이다.

그러나 현재 기독교의 신앙체계 내에서 연구하고 있는 신학은 이 세계에 끼친 해악들이 적지 않다. 마치 '훌륭한 바보'처럼 괴롭히고 비난하기 위해 그리고 거짓 신앙의 추한 마녀들에게 자리를 마련해 주기 위해 신학 고유의 아름다운 체계를 내버렸다.

◆ 불가사의와 기적 그리고 예언: 앞의 두 가지는 진정한 종교와
양립할 수 없으며, 세 번째 것은 언제나 의심받아야만 한다.

페인은《이성의 시대》1부를 끝내면서 자신은 결코 '신'을 부정하는
것이 아니며, 참된 종교를 주장하는 것이라며 이렇게 말한다. '우리가
보는 천지창조는 실재하는 것이며, 영원히 존재하는 신의 말씀이다.
우리는 그 안에서 기만당할 수 없다. 천지창조는 신의 능력을 증명하
는 것이며, 신의 지혜를 보여주며, 신의 선함과 은혜를 나타낸다.'

제2부는 성서의 신빙성을 고찰하기 위해 구약과 신약의 내용을 구
체적으로 적시하며, 진실성, 논리적, 연대기적 오류에 대한 증거를 제
시한다.
페인은 기독교 보수주의자들에게 자신이 주장한 오류를 번복할 수
있는 합리적인 증거를 요구하며, 자신을 향해 적대감을 드러낼 사제
들에게 모든 종류의 오류에 맞설 자신의 강력한 무기는 '이성'이라고
외치며 말한다.
'이제 나는 어떤 사람이 그의 어깨에 도끼를 메고 숲을 지나가면서
나무들을 찍어 쓰러뜨리듯이 성서 속을 통하여 지나갔다. 여기서 그
들은 거짓말을 하였고 그들이 할 수만 있다면 쓰러뜨린 나무들을 다
시 심을지도 모른다. 그들은 아마도 나무를 땅에 박아 놓을 수도 있
다. 그러나 그들은 이제 자라게 할 수는 없다.'